于雪棠 著

《周易》与中国上古文学 （修订版）

人民出版社

序

在中国古代文学发展历程中，从来都是泛文学与纯文学并存，很难把二者截然分开。二者之间血脉相通、共存互动，形成中国古代文学鲜明的民族特色。中国古代泛文学杂糅共存，决定了对中国古代文学的研究既可以专门关注纯文学，也可以把泛文学作为对象。两种研究方式各有所长，没有高下之分。即以中国古代两部最早的文学理论批评著作《诗品》和《文心雕龙》而言，前者是纯文学的，后者是泛文学的，尽管它们所出现的自然分工是如此明确，但却是各有千秋，都是文学批评史上垂范后世的不朽之作。

对中国古代文学的研究可以把纯文学作为对象，也可以把泛文学作为对象，不过，对于中国古代文学研究者来说，无论是研究纯文学还是泛文学，都必须具备相应的古代文学素养，能够兼通经史，否则，就会举步维艰，或者是陷入无法继续开拓的困境。当代中国古代文学研究者绝大多数接受的是现代教育，在国学功底方面已经根本无法与前代学者相比，因此，如何解决好古代文学研究中兼通经史的问题，成为深化中国古代文学研究的关键问题之一。对此，当代的中国古代文学研究者可以采取两种方式：一种是从事研究之初就在大文化背景下对古代文学进行审视，把经史作为从事研究的坚实基础，把文学研究和经史相贯通。这种研究方法的优长之处是功底扎实，在面对具体问题时能够融会贯通，思维具有较强的穿透力，能够在文学之外找到解决文学问题的途径和方法。这种从大文化背景下研究古代文学的方式也很容易产生流弊，如果分寸把握得不当，往往用文化的批评代替或冲淡文学的研究，甚至在大文化的背景中往而不返，入而不出，从而丧失研究的文学本位。另外，把文学和经史相沟通是一项艰难的工作，需要有较长的周期，不能期待很快就推出创造性的结果。真正付诸实行需要有坚忍不拔的毅力，必须真正养成学术上的定力。把中国古代文学研究和古代经史相沟通还有另一种方式，那就是先从中国古代文学本身切入，尤其是紧紧围绕文本解读这个中心，然后依次向外扩展，由文本而涉及作家生平、时代风尚、历史传统等，并且在适当时机由文学扩展到经史，和传统文化相沟通。这是一条比较稳妥的路，许多学者都是从这条路上走过来的，有的正在朝这条路上走。它的长处是可以牢牢把握文学本位，不易出现偏离文学研究的现象。同时，由于对文学本身有较多的了解，所以，在把文学研究和经史相沟通、和大文化背景相联系的时候针对性更强，盲目性较少，毋庸讳言，这种研究方式有时也容易出现局限。由于都是针对文学上的具体问题去研读经史，往往对大的文化背景缺少准确的把握，甚至出现误解或片面性。

　　雪棠博士自幼受到良好的家庭熏陶，后来又受到系统的专业训练，培养起对中国古代文学浓厚的兴趣，并且有良好的文化素养。在她走向学术研究之路以前，就已经阅读了大量中国古代文学作品，并且赋诗填词、作文写赋，积累了古典诗文创作的经验。在她走上学术研究之路的初始阶段，首先接触的不是纯粹的文学作品，而是系统研读《周易》《礼记》《论语》《老子》《庄子》这些经典著作。由于雪棠博士以往良好的文学功底，她很快就熟悉了在大文化背景下研究中国古代文学的基本思路和方法，并相继推出系列论文。她的研究兼有上述两种方式的特长，既有大文化的开阔视野，又能坚持文学本位，把研读经史的心得融会到文学作品的解读之中，收到良好的效果。她在攻读博士学位期间发表的多篇论文，展示了这位年轻学子不断探索，不断超越自己的学术历程。

雪棠的博士论文主要探讨《周易》和先秦两汉文学的关系，这是一个艰深的题目，带有较大风险，她的选择显示出可贵的学术勇气和自信心。《周易》作为重要的经学著作，历来在哲学、政治方面备受关注，进入20世纪之后，对它的研究又伸展到历史和民俗领域。至于《周易》的文学研究，一直是薄弱环节。虽然高亨等前辈学者在半个世纪之前就已经开始发掘《周易》的文学价值，但基本上限于把《周易》的卦爻辞和《诗经》的比兴相对照。进入新时期以后，《周易》和文学的联系得到普遍关注，不断有新的研究成果问世。但是，相比较而言，古代文论在这方面的研究明显领先于古代文学，古代文学在这个领域尚未取得明显的突破。

以往有关《周易》与中国古代文学关系的研究，很大程度上停留于具体问题的论述，而缺乏全面的梳理和整体观照，缺乏必要的深度和系统的理论。雪棠的博士论文对先哲时贤的已有研究成果广采博收，同时又进一步开拓新的领域，最终形成宏伟的框架和完整的体系。她不但把《周易》的某些意象和《诗经》的比兴相对照，而且从思维方式上把握《周易》的总体特征；她不但展示由《周易》派生的文本形态，同时还梳理由《周易》思维张力所形成的文本内部结构。她的研究是宏观的、整体性的，同时又不乏具体问题的深入探讨。从个别卦的系统解读，到某些浓缩型意象的深入发掘，都给人耳目一新的感觉。尤其可贵的是，她始终坚持文学本位，无论理论上引申多远，文化背景方面展示得如何开阔，最后都回归到文学本位，落实到文本解读上。在这部即将出版的著作中，她充分利用以往丰富的知识储备，虽然探讨的重点是《周易》与先秦两汉文学的关系，但又不局限于先秦两汉文学，而是伸展到后来的许多文学作品中。愚以为，先秦阶段是中国古代文学原型生成期，中古阶段是文学范型确立期。与此相应，中国古代文学，从上古到中古经历了由严峻风格到理想风格的演变。雪棠博士的这部著作，对于深入理解中国古代文学的上述转变富有启示意义。

雪棠从1996年开始攻读我的博士研究生，在此之前我们就已经有过学术交流。如果从我们研究她的第一篇论文算起，如今已有十年之久。在她攻读博士期间，我们曾经逐字逐句研读《周易》本经。当时由于我的考虑不周，对《周易》爻辞采用的是分爻位讲解的方式，而不是逐卦推移。采取这种研读方式的初衷是为了把握爻位相对稳定的象征意义，但往往妨碍对各卦的总体把握，对一卦之内爻辞的连贯性注意得不够。另外，雪棠攻读博士期间，我正勉为其难地在东北师大忝列系主任之位，杂务困扰，分身乏术，因此，对她的指导往往力不从心，有时甚至捉襟见肘。现在回想起来，实在是两件遗憾的事。好在雪棠博士刻苦自学，奋发不息，已在很大程度上弥补了由于我的指导不力而造成的缺陷。

前几年，雪棠博士在师从郭英德先生进入博士后流动站工作期间，又在英德先生指点下系统研究《尚书》与中国古代文体的关系，收获颇多。《周易》《尚书》在古代经典中极为重要，但却是最难解读的两部著作。雪棠博士对这两部经典都有深入的研究和全面的把握，基础更加宽广和深厚，为今后的学术研究创造了良好的条件。如果在此基础上进一步深入探索，一定会再创辉煌，并且保持良好的发展势头。

　　光阴似箭，岁月悠悠，十载时光弹指而过。雪棠博士已由清纯学子，成为世纪之初的学术新人。相信雪棠会在学术上变得更加成熟，更有创造力，她的学术会和她最有活力的年龄一样，永远焕发着青春的活力。

　　新年伊始，提笔为雪棠博士即将出版的著作写序，这当是今年的第一件乐事。

李炳海

2005 年元旦于中国人民大学林园寓所

目　录

引　言

　　《周易》是一处永远开采不尽的矿藏,更是一座闪耀着神奇的光芒,令人无限向往的宝山,那里涌流着智慧的甘泉,散发着哲思的芬芳,吸引着人们在语词的密林里艰难地跋涉,走向它,靠近它……

一

　　《周易》是古今显学,自先秦迄至明清,解经之书浩如烟海。约而言之,有"两派六宗"之说:

　　　　《左传》所记诸占,盖犹太卜之遗法。汉儒言象数,去古未远也,一变而为京、焦,入于禨祥。再变而为陈、邵,务穷造化,《易》遂不切于民用。王弼尽黜象数,说以老、庄,一变而为胡瑗、程子,始阐明儒理,再变而为李光、杨万里,又参证史事,《易》遂日启其论端。此两派六宗、已互相攻驳。(《四库全书总目·经部·易类》)①

---

① 四库全书研究所整理:《钦定四库全书总目(整理本)》,中华书局1997年版,第3页。

两派之宗祖是指汉代的象数易与王弼的义理易。汉代京房、焦延寿和宋代陈抟、邵雍是象数派的两大派别；胡、程的儒理易和李、杨的史学易为义理派的两大派别。同时，《周易》研究又不局限于两派六宗：

> 又《易》道广大，无所不包，旁及天文、地理、乐律、兵法、韵学、算术，以逮方外之炉火，皆可援《易》以为说，而好异者又援以入《易》，故《易》说愈繁。①

《周易》本身深奥广大，这就使得从各种角度解说《周易》成为可能。于是，一代又一代的易学研究者所涉及的领域惊人地宽广。

近代的《周易》研究对中国传统文化的大背景颇为注重，创获甚多，相继推出一系列力作。郭沫若、顾颉刚、胡朴安诸家着重从历史角度审视《周易》，把精力放在对卦爻辞史实的考证上。② 较早从中西哲学比较方面探讨《周易》的当推牟宗三，《从周易方面研究中国之元学及道德哲学》1935 年就已问世。③ 近十年来，海内外学者对《周易》哲学思想的阐释尤为充分。对比之下，《周易》的文学研究显得相对薄弱，还有很大的开拓空间。

---

① 四库全书研究所整理：《钦定四库全书总目（整理本）》，中华书局 1997 年版，第 3 页。

② 郭沫若：《中国古代社会研究》，新新书店 1930 年版。顾颉刚：《周易卦爻辞中的故事》，《古史辨》第三册，上海古籍出版社 1982 年版，第 1—44 页。此书上编收《周易》研究论文 16 篇，最初发表时间是 1936 年至 1940 年。胡朴安著《周易古史观》，最早刊于 1942 年，铅印本。本书所用版本为上海古籍出版社 1986 年版。

③ 牟宗三：《从周易方面研究中国之元学及道德哲学》，天津大公报馆 1935 年版。

　　从文学角度研究《周易》，古人也有过一些论断。清顾炎武、江有诰对《周易》用韵做了深入的研究，顾著有《易音》，江著有《易经韵读》。宋代陈骙把《周易》与《诗经》联系起来，探讨文章的表现方法，他说："《易》之有象，以尽其意；《诗》之有比，以达其情。文之作也，可无喻乎？"①阮元论《文言》曰："孔子于《乾》《坤》之言，自名曰'文'，此千古文章之祖也。"②章学诚揭示了《周易》的"象"与《诗经》之"兴"的内在关联，并把《周易》的"象"与战国文章的表现方式联系起来。《文史通义·易教下》曰：

　　　　《易》象虽包六艺，与《诗》之比兴，尤为表里。夫《诗》之流别，盛于战国人文，所谓长于讽喻，不学《诗》，则无以言也。然战国之文，深于比兴，即其深于取象者也。《庄》《列》之寓言也，则触蛮可以立国，蕉鹿可以听讼。《离骚》之抒愤也，则帝阙可上九天，鬼情可察九地。他若纵横驰说之士，飞箝捭阖之流，徒蛇引虎之营谋，桃梗土偶之问答，愈出愈奇，不可思议……此《易》教之所以范天下也。③

20世纪二三十年代以来，一些研究者以更为新颖的观点，把《周易》同我国古代文学的起源及对古代文论的影响联系起来，深入探讨《周易》的文学价值。李镜池对《周易》卦爻辞本身的文学性有所涉及，给人以很大的启发。他在《周易筮辞考》一文第四节"《周易》中的比兴诗歌"中指出："'比'与'兴'这两种诗体，在《诗

---

① （南宋）陈骙著，王利器校点：《文则》，人民文学出版社2016年版，第16页。

② （清）阮元：《揅经室三集·文言说》，（清）阮元撰，邓经元点校：《揅经室集》，中华书局1993年版，第605页。

③ （清）章学诚著，叶瑛校注：《文史通义校注》，中华书局1994年版，第19页。

经》中是很多的,说诗的人自会依体解释。但《周易》中也有这类的诗歌,却从来没有人知道,更没有以说《诗》之法说《易》了。"①他发现《周易》中有一些古歌,详细分析了《明夷》初九和《中孚》九二两条爻辞。此外,他还列举了十九条爻辞,称之为"诗歌式的句子"。在他看来,"卦、爻辞中有两种体制不同的文字——散体的筮辞与韵文的诗歌"②。

　　郭沫若对爻辞的文学性亦有所涉及,在1930年,他就指出:"《经》文的《爻辞》多半是韵文,而且有多少是很有诗意的。"③他以《屯》六二、《贲》六四、《离》九四、《井》九三、《震》象辞、《归妹》上六和《中孚》九二为例,分析了文辞的诗意。高亨就《周易》卦爻辞的文学价值做了专门的论述,他认为《周易》具有独特的体例,"《周易》本是散文作品,其中竟包含不少短歌。散文夹杂韵文,也是以前所没有的、创造性的体例。这种体例,西周及东周的铜器铭文里时有出现;《周易》的《彖》《象》《系辞》,《国语》《老子》《庄子》等书里更属多见。(不再举例)如果说这种体例导源于《周易》,是符合史实的"④。在表现手法和语言风格方面,高亨总结《周易》具有三个显著的特点:一、《周易》常用比喻的手法来指示人事的吉凶。二、《周易》带有相当浓厚的诗歌色彩。以《诗经》来作比较,他从四个方面举例阐述:1. 采用赋的手法的短歌;2. 采用比的手法的短歌;3. 采用兴的手法的短歌;4. 类似寓言的短歌;三、《周易》古经在语言方面的特点是词汇相当丰富;语句简短而

①　顾颉刚:《古史辨》第三册,上海古籍出版社1982年版,第212页。
②　顾颉刚:《古史辨》第三册,上海古籍出版社1982年版,第226页。
③　郭沫若:《中国古代社会研究》,新新书店1930年版,第61页。
④　高亨:《周易杂论》,齐鲁书社1979年版,第67—68页。

洗练:描写事物,有些是生动有姿,形象性较强。① 高亨不仅看到
《周易》体例的独创性,而且把它与先秦散文的体例联系起来,认
为《周易》是这种体例的源头,这就比李镜池的论断更进了一步。
他对《周易》表现手法的阐析也比前人更加具体。钱钟书也曾就
《周易》之象与《诗经》之象二者之间的差异做出过富有理论色彩
的判断。②

　　几位大家对《周易》本身的文学性及其与古代文学联系的发
掘、阐释上都作出了开创性的贡献。近十年来,业师李炳海先生从
文化学的角度切入,在对《周易》与《诗经》同源、同一意象在《周
易》与《诗经》中的不同意蕴以及《周易》卦爻辞寓言诗的编排方式
等一系列问题上,独辟蹊径,有许多新的发现。③ 黄玉顺出版了
《易经古歌考释》一书④,把每卦六条爻辞的相关内容串连起来,组
成一首或两首歌谣,总共寻绎出六十八首歌辞。在对《周易》本身
歌谣的研究上,取得了阶段性的成果。张善文相继出版了几本
《周易》研究著作,其中,《周易与文学》一书⑤,集结了作者十余年
来研究中国古代文学与《周易》关系的论文,不仅深入探讨了《周
易》经传本身的文学性,还进一步考察《周易》的思维方式与艺术

---

① 高亨:《周易杂论》,齐鲁书社1979年版,第60—69页。
② 钱钟书说:"《易》之有象,取譬明理也,'所以喻道,而非道也'(语本《淮南
　　子·说山训》)。……诗也者,有象之言,依象以成言;舍象忘言,是无诗矣,变
　　象易言,是别为一诗甚且非诗矣。故《易》之拟象不即,指示意义之符(sign)
　　也;《诗》之比喻不离,体示意义之迹(icon)也。不即者可以取代,不离者勿容
　　更张。"(《管锥编》第二册,中华书局1986年版,第12页)
③ 参见李炳海:《先秦诗歌史论》第三章"色彩神秘的《周易》卦爻辞",吉林教育
　　出版社1995年版。
④ 黄玉顺:《易经古歌考释》,巴蜀书社1995年版。
⑤ 张善文:《周易与文学》,福建教育出版社1997年版。

思维的联系、《周易》所具有的美学意蕴、《周易》对《文心雕龙》的影响，等等。作者视野开阔，把《周易》与文学关系的研究提到更高的层次，具有重要的参考价值。陈良运推出了《周易与中国古代文学》一书①，侧重于《周易》与中国文学理论方面的研究。重点探讨了《周易》经传原始文本中所蕴含的文学原理、文学观念、审美意识、语言艺术诸种要素，力证《周易》的内容与形式，对中国古代早期文学创作与文学观念体系形成所起的重要作用，以及《周易》对中国文学发展的深远影响，包括人文精神、文学本原到创作、鉴赏等种种文学观念范畴的正式确立，理论构架的成型等内容。全书体系完整，构架宏阔，对许多问题的阐述都令人耳目一新。

二

　　《周易》研究史表明，从文学研究的角度，考察《周易》与先秦两汉文学，亦即中国上古文学错综复杂的多种关联，是一个很有开拓空间的学术领域。本书力图论证《周易》是中国古代文学重要的文化源头，从文学的角度揭示《周易》在中国文化史上的奠基意义。

　　在梳理、考察《周易》与中国上古文学关系的问题之前，有些相关问题需要说明。一是关于《周易》的制作年代。只有确定了《周易》创制的时段，才可以展开具体的研究，否则，其源头的性质将无从谈起。大多数学者认为经文部分作于周初，传文部分作于

---

①　陈良运：《周易与中国古代文学》，百花洲文艺出版社1998年版。

战国中叶至晚期①，本书采取了这种说法，研究工作是在这个背景下开始的。二是《周易》的经文和传文产生时代不同，传文最初单独刊行，直到三国魏时代的王弼才开始把《彖》《象》附于相应的卦爻辞之后，《文言》附于《乾》《坤》两卦后，《系辞》《说卦》《序卦》《杂卦》依次列在经文之后。这种经传合编的形式影响很大，传文的价值也逐渐提升到与经文相等的地位，人们在论及《周易》时，往往把经和传视为完整的一体。这种观念已经约定俗成，因而，本书所言《周易》总体上包括经和传两部分，在论述中不特别分开。

────────────

① 关于《周易》制作的年代，撮举几家之说如下：

《易·系辞下》；"易之兴也，其于中古乎？""易之兴也，其当殷之末世，周之盛德邪？当文王与纣之事邪？"

余永梁："《卦爻辞》所纪史事皆在周初，最晚的事也只到康侯……从上面史实推知《卦爻辞》作于成王时，大概可以说有些根据。"（《易卦爻辞的时代及其作者》，载《古史辨》第三册，上海古籍出版社1982年版，第162页）

李镜池："从《易》辞中所表现的时代性及所叙的历史故事，可以看出《周易》的编纂年代是在西周初期。"（顾颉刚：《古史辨》第三册，上海古籍出版社1982年版，第250页）

李镜池："我们现在认为《周易》的编著，出于周王朝的卜史之官，成书年代约在西周晚期。"（《周易探源》，中华书局1978年版，第3页）

杨伯峻："《卦辞》《爻辞》作于西周初年。因为它所载的内容，有殷商祖先的故事，也有周代初年的史事，却没有夹杂后代的任何色彩。""《象传》，这篇写得最早""它有不少用韵处，但《卦辞》《爻辞》与《诗经》用韵不同，而接近于《楚辞》以及《老子》《庄子》的用韵。以时代论，近于战国；以地域论，近于南方。""《象传》之作在《论语》流行以后……《象传》很大可能是战国中到晚期作品。""《文言》……最早也不过战国晚期。""《系辞》中有些话曾被汉初人所引用……足见《系辞》作于西汉以前"，"《说卦》《序卦》《杂卦》三篇，写作更晚。三篇之中，《说卦》很可能较早。总之三篇或许在汉初，或许晚到汉宣帝。"（杨伯峻：《经书浅谈》，中华书局1984年版，第10—12页）

朱自清："从卦爻辞里的历史故事和风俗制度看，我们知道这些是西周初叶的纪录。"（朱自清：《经典常谈》，生活·读书·新知三联书店1998年版，第14页）

但是经和传毕竟有所区别，因而，在论及具体问题时，会特别指明经文或传文。

本书重在挖掘《周易》与上古文学之间的多种关联。所谓上古文学，指先秦两汉文学，材料来源主要是《诗经》《尚书》（《今文尚书》）、《春秋左氏传》《国语》《论语》《孟子》《老子》《庄子》《楚辞》、汉赋、汉诗、《史记》《汉书》《后汉书》《说苑》。除了上述诸种，还参考、引证了《周礼》和《礼记》等礼学方面的典籍。

研究工作能够取得多大的进展，在很大程度上取决于所采用的方法。不同时代的人们采用的方法不尽相同，解决的问题也各有侧重，每一种新视角的介入，总能给研究带来活力，使旧的研究对象焕发出新的光彩。研究对象就在新方法、新视角的观照下，获得了生生不息、万古常新的生命。进入20世纪80年代以来，学术界大量译介了西方的各种方法论，这极大地激活了我国本土的学术研究。在这种时代学术氛围的影响下，本书采取以下几种方法。

第一，兼顾传统考据与现代解析的方法。《周易》解读历来存在许多误区，还有不少语言障碍有待于进一步解决，还一直存在将《周易》神秘化的倾向。本书的研究注重利用古代典籍和民族学、民俗学等方面的材料，力求考察出经文卦爻辞原初的生活取象，在此基础之上，再探求它与文学的关联，从而把研究建立在坚实的基础上。例如对《革》六二"己日乃革"内在意蕴的辨析上，就引证了以六为一循环单位的观念，明确指出"己日"的特殊性在于它恰巧处于天干第六位，从而考察了古人对变革时机的认识和把握。再如对《明夷》六二和《涣》初六"用拯马壮"的理解，难点在于"拯"字的意思，经过考证，发现"拯"字具有一个不太常见的"收"的意思，从而考察出这个马意象的真正意蕴。

在解析《周易》时，还注意吸收现代科学最新成果，借鉴西方有关理论，如主题分析学、结构主义和符号学、神话—原型批评、文化人类学方法。在具体论述中，不同程度地参照了西方理论。例如对鸿鸟原型及相关意象的论述，就运用了荣格的原型理论，用以分析《周易》中水鸟原型所蕴含的欢乐与悲伤这两种人类基本的情感类型，及其在文学中的表现及流变。对上古时代"尚左习俗"的考证，对"牵羊""月几望，马匹亡"等事象的文化意蕴的理解，就运用了文化人类学的方法。希望传统考据与现代解析相结合的方法，能够使本书的研究既尊重客观历史事实，同时又有一定的理论深度和时代感。

第二，跨学科研究的方法。由于《周易》本身所具有的特殊性，它既是巫术著作，又包含历史故事、哲学观念及宗教思想，其卦爻辞又具有文学价值。上古文学没有我们现代意义上的学科分类，文史哲不分家，因而本书跨越哲学、文学、历史、宗教多个领域。这在客观上就要求研究者应尽量打通相关领域，不泥于一隅，实行跨学科的研究方法，以求在深度和广度上有所突破。笔者阅读了相关学科研究《周易》的大量材料，密切关注最新研究成果，希望使各学科的交叉能够在当代学术前沿进行。本书以《周易》与中国上古文学的关系为研究对象，以哲学和历史的研究为依托，努力使论文既有历史的厚重感，又有较强的思辨色彩，建立起体现多学科融合的框架。当然，文化学及跨学科的研究是为了多角度、多层次、全方位地考察对象，是为了文学研究能在更深广的层面展开，是为了更好地勾勒出文学主题、结构、原型意象生成演变的过程，因而，在具体论述过程当中，笔者时刻提醒自己要坚持文学本位，出发点是文学，研究的归宿也是文学，不能让文化学的视点和跨学科的方法冲淡了文学研究。

第三，比较研究的方法。比较研究主要是指共时性、横断面的比较与历时性、纵向的比较。《周易》与《诗经》的产生年代较近，本书某些论题多就《周易》与《诗经》二者的同异加以辨析。此外，横向比较还包括在共时态中，中西文化的同异之比。纵向比较是指某个主题、结构或原型意象，在不同历史阶段中产生的嬗变，意在开掘、描述它们在时间流程中动态的发展演变过程。同时注重辨析在发展演变过程当中，变的因素与不变的因素的交融。

在论述具体问题时，几种研究方法不是各不相干、孤立使用的，往往相互交叉。

三

《周易》与中国上古文学之间的关联十分复杂，本书选取了几个切入点，按照主题、结构、原型意象分为三部分。在研究中发现，《周易》与上古文学的关系存在隐与显的区别，有的可以直接展开由此及彼的联想，有的却要煞费苦心地寻绎巫术文本与文学样式之间潜在的联系。例如，《周易》爻辞的特点与三句体诗之间的关系就比较明显。《周易》中存在大量三句一组的爻辞，《诗经》中也不乏其例，后代诗歌中这种形式独成一体，它们之间的渊源与流变比较容易考察，《周易》的占问与占筮型问对文体之间的关系就不那么清晰了。《周易》的功用是用来占问的，其卦爻辞却不是问对体，它与占筮型问对文体的关联是潜在的，它不是文学样式的原初形态到后代的发展变化，而是《周易》本身的操作方式，对后代占筮型问对文体产生制约作用，这决定了占筮型问对文体不同于其他问对体作品的特点。

　　本书是从文化学的视角研究文学,因而,对于文明的进程以及我国汉民族的文化心理有着特别的关注。对于这个问题,在几个章节中都有所涉及。例如,原始社会与文明的差别,个体与群体的关系,儒道两家人生观、价值观的同异,分别在狩猎主题、安土重迁主题、用舍行藏主题三节中有所论及,只是侧重点不甚相同。

　　在探讨《周易》与上古文学的关系时,本书不仅研究文学作品的主题与结构等问题,还深入文学内部,关注作品中蕴含的人的精神、情感倾向以及生命哲学等问题。这在主题与意象两章里显得比较突出。例如,在研究变革主题时,着重分析了面对变革人们复杂曲折的心态;在解析马、龙意象时,关注人们寄托的昂扬或失意情感;在处理出处行藏问题时,指出其中蕴含的生命哲学。

　　总体而言,本书三章都可视为原型研究。因为:

　　　　原型是一种倾向。这种倾向能够产生一种主题的这类表现。这种表现在细节上可以有很大差别,但又不失其基本结构。①

　　　　原型……同时既是形象,又是情感。只有当同时具备这两种因素时,我们才能说原型。如果只有形象,那只不过是毫无意义的字画。但一旦获得情感,形象便得到了神圣性(或叫心理能置);它变成动力性,从中导出某种结果。②

---

① ［瑞］卡尔·G.容格:《人及其象征》,史济才等译,河北人民出版社1989年版,第49页。
② ［瑞］卡尔·G.容格:《人及其象征》,史济才等译,河北人民出版社1989年版,第76页。

也就是说，本书从主题、结构以及意象三个方面论析了《周易》的原型意义，由此论证它在中国文学史上无可替代的原初价值。

《礼记·经解》云："洁静、精微，《易》教也。"①《周易》研究是一项澡雪精神，培养精微之思的工作，这是它的好处。同时，《经解》又云："《易》之失贼……洁静精微而不贼，则深于《易》者也。"②在这条道上走得不好，可能会因其变动不居而害于中准。洁静精微，我当然做得远远不够，但是，我相信，自己不会偏离正道，迷失方向的。

---

① （清）孙希旦撰，沈啸寰、王星贤点校：《礼记集解》下册，中华书局 1989 年版，第 1254 页。

② （清）孙希旦撰，沈啸寰、王星贤点校：《礼记集解》下册，中华书局 1989 年版，第 1255 页。

第一章 《周易》的价值取向与
上古文学主题的生成

第一节 《周易》与上古文学狩猎主题

狩猎是上古社会一项非常重要的生产活动,《周易》《诗经》以及汉赋,对此都有所表现。《周易》中与狩猎相关的卦爻辞体现出原始与文明、游牧文化与农业文明的交融,对个体与群体的兼顾。对这三组问题,《诗经》的意蕴与《周易》大体相近,汉赋的宗旨与《周易》差别较大。其中,《周易》狩猎卦爻辞蕴含的思想观念,对后代的文学作品起到了直接或间接的制约和启示作用。探讨狩猎主题可以看出《周易》作为思想文化之源的特殊性质,也有助于我们对传统文化精神的认识。

一、原始与文明的交织

《周易》《诗经》和汉赋的狩猎主题作品中都表现出原始与文明既相区别,又交织共存的状况。

在原始人的观念中,巫术在狩猎行为中占据重要位置。列维-布留尔所著《原始思维》一书的第六章,列举了许多原始部族狩猎的例子。在狩猎前、狩猎过程当中,直到猎得野兽之后,他们都要举行许多繁复的巫术仪式。因为,"在原始人看来,这些工具和方法必须拥有巫术的力量;在对它们举行了特殊的仪式以后,它们必定是赋有了神秘的力量……没有这番巫术的行动,最有经验的猎人和渔人也会碰不到野物或鱼;即使碰到了,它们也会避开他的圈套、陷阱或渔网、钓钩"①。"狩猎在本质上是一种巫术的行动。在狩猎中,一切不是决定于猎人的灵敏和膂力,而是决定于神秘的力量,是这个神秘的力量把动物交到猎人的手里。"②

其他民族如此,我国上古时代也有这方面的例证。《史记·殷本纪》载:"汤出,见野张网四面,祝曰:'自天下四方皆入吾网。'汤曰:'嘻,尽之矣!'乃去其三面,祝曰:'欲左,左。欲右,右。不用命,乃入吾网。'"③捕猎者意图运用咒语使猎物就范。这当然是巫术,而且是一种非常重要的巫术。商汤的祝词虽然与捕猎者的祝词大异其趣,但是,商汤采用的仍是咒语这一古老的巫术形式,这表明,他认为巫术咒语能够起作用,相信咒语的神秘作用。可见,在商汤时代,巫术咒语在狩猎者的观念中还占据比较重要的地位。

《周易》本质上是巫术工具书,其中对狩猎事件的陈述,并没有表示在狩猎过程中和狩猎之后,还有一些巫术仪式。它只应用于在狩猎前对行动结果的预测。一方面,《周易》中这二十余条有关狩猎的爻辞,说明人们还是十分看重对狩猎的占问的,相信巫术的预测功能。另一方面,可以说,在《周易》成书的时代,巫术在狩猎中的地位已经大大下降,人们只在狩猎前进行占问,省去了其他

① [法]列维-布留尔:《原始思维》,丁由译,商务印书馆1981年版,第220页。
② [法]列维-布留尔:《原始思维》,丁由译,商务印书馆1981年版,第227—228页。
③ (汉)司马迁撰,(南朝宋)裴骃集解,(唐)司马贞索引,(唐)张守节正义:《史记》第一册,中华书局1982年版,第95页。

许多复杂烦琐的巫术仪式。至少,在狩猎卦爻辞中,见不到对咒语的信赖和运用了。这里既有原始的遗风,也有文明的脚步。

《周易》狩猎爻辞所保留的原始文化因子,还体现在射猎时的尚左习俗。《明夷》六二:"明夷,夷于左股,用拯马壮,吉。"①《明夷》六四:"入于左腹,获明夷之心,于出门庭。"②通过这两条爻辞不难看出,《周易》制作的时代是把从左面射中猎物作为一种基本规则,对人而言是一种吉利之象。很显然,这是一种源于原始宗教巫术的神秘观念,并且积淀为狩猎的基本规则。

中国上古时期确实存在着尚左还是尚右的分别,许多典籍有明文记载。《老子》第三十一章云:"吉事尚左,凶事尚右。"③《周易》把从左面射中猎物作为规则,是把狩猎作为吉祥之事来看待的。《逸周书·武顺解》云:"天道尚右,日月西移。地道尚左,水道中流。"④这是把左右和天地建立起对立关系,把尚左尚右和宇宙精神相沟通,使日常的礼仪习俗提升到形而上的高度。

最迟从春秋时期开始,人们就把狩猎和用兵视为同类事象,狩猎是练兵的一种方式。然而,《周易》提供的信息却告诉我们,原始先民并没有把狩猎和用兵划为同类,而是认为它们的性质完全相反。射猎尚左,用兵却是尚右。《老子》三十一章称:"吉事尚

---

① （魏）王弼注,（晋）韩康伯注,（唐）孔颖达疏:《周易正义》,（清）阮元校刻:《十三经注疏（清嘉庆刊本）》第一册,中华书局 2009 年版,第 101 页,标点为笔者所加。本书所引《周易》经传原文均出自这个版本。

② （清）阮元校刻:《十三经注疏（清嘉庆刊本）》第一册,中华书局 2009 年版,第 102 页。

③ （魏）王弼注,楼宇烈校释:《老子道德经注校释》,中华书局 2008 年版,第 80 页。

④ 黄怀信:《逸周书校补注译》,三秦出版社 2006 年版,第 152 页。

左，凶事尚右。偏将军居左，上将军居右，言以丧礼处之。"①这是把用兵和丧亡视为同类事件，其性质都是凶险不祥的。《逸周书·武顺解》曰："吉礼左还，顺地以利本；武礼右还，顺天以利兵。"②《国语·楚语下》记载楚国观射父之语，曰："天事武，地事文。"③武礼和吉礼分别与天地相配，其原因盖出于此。狩猎尚左，属吉礼，和用兵不属于同类。《周易·师》六五："田有禽，利执，言无咎。长子帅师，弟子舆尸，贞凶。"④同一条爻辞，言狩猎则吉，言用兵则凶，可见当时的人们是把狩猎和用兵区别对待的。至于该卦六四爻辞的"师左次，无咎"之语，讲的是用兵过程中的暂时退避，系权宜之计，而不是常规定制。狩猎中的尚左习俗，以及把狩猎和用兵区分开来，是《周易》爻辞保留的原始文化因素之一。

　　狩猎前进行占问、祈祷，这种原始遗风在《诗经》中还可以见到。《小雅·吉日》是描写周天子狩猎的作品，其中第一、二章的开头分别是："吉日维戊，既伯既祷"，"吉日庚午，既差我马"。⑤狩猎要选择戊日和庚午日，显然是占问之后才决定的。伯，祭祀马神，狩猎以马驾车，故有此举。祷，祈祷，希望神灵保佑狩猎顺利。不过，在整首诗中，有关选择吉日和祭祀祈祷的文字所占篇幅很

---

①　（魏）王弼注，楼宇烈校释：《老子道德经注校释》，中华书局 2008 年版，第 80 页。

②　黄怀信：《逸周书校补注译》，三秦出版社 2006 年版，第 153 页。

③　徐元诰撰，王树民、沈长云点校：《国语集解（修订本）》，中华书局 2002 年版，第 520 页。

④　（清）阮元校刻：《十三经注疏（清嘉庆刊本）》第一册，中华书局 2009 年版，第 49 页。

⑤　（汉）毛亨传，（汉）郑玄笺，（唐）孔颖达疏：《毛诗正义》，（清）阮元校刻：《十三经注疏（清嘉庆刊本）》第一册，中华书局 2009 年版，第 919 页。本书所引《诗经》原文，均出自这个版本。下文仅注出阮刻《十三经注疏》书名、册数及页码。

小，一笔带过，没有作为重点来写。

　　《诗经·小雅·车攻》也是描写天子狩猎的作品，结尾如下："萧萧马鸣，悠悠旆旌。徒御不惊，大庖不盈。"《毛传》："自左膘而射之，达于右腢，为上杀；射右耳本次之；射左髀，达于右𩪅为下杀。"①这是根据射中的部位来区分射艺的高低，从中仍然可以看出射猎尚左的原始习俗，诗中没有明言，汉人的注释将其揭示出来。由此可见，射猎尚左习俗和占问祈祷仪式一样，它们作为原始遗风在《诗经》中已经日益淡漠，或者处于隐蔽状态。相反，文明社会的理性因素则成为作品的灵魂，居于主导地位。

　　《周易》和狩猎相关的卦爻辞既保留了原始宗教巫术的因素，同时又负载着文明社会的理性精神。

　　从卦爻辞的编排上看，也能看出《周易》独具匠心，这是由其特定的理性所决定的。《巽》六四："悔亡，田获三品。"②巽，伏也。全卦讲的都是与隐伏相关的事情。具体应用于狩猎活动，意思是只有巽伏才能捕到猎物。显然，这是对狩猎经验的理性总结，而不是崇尚巫术。

　　《屯》六三反映出戒备谨慎的狩猎心态。辞云："即鹿，无虞，惟入于林中。君子几，不如舍。往吝。"③虞，指虞人，为天子诸侯掌管山泽苑囿的小官，在狩猎前做好准备工作，狩猎时做向导。对这条爻辞的含义，前人已经解释得很清楚。王弼注："虽见其禽，而无其虞，徒入于林中，其可获乎？"孔疏曰："如人之田猎，欲从就

①　（清）阮元校刻：《十三经注疏（清嘉庆刊本）》第一册，中华书局 2009 年版，第918 页。

②　（清）阮元校刻：《十三经注疏（清嘉庆刊本）》第一册，中华书局 2009 年版，第142 页。

③　（清）阮元校刻：《十三经注疏（清嘉庆刊本）》第一册，中华书局 2009 年版，第35 页。

于鹿，当有虞官助己，商度形势可否，乃始得鹿。若无虞官，即虚入于林木之中，必不得。"①如果没有虞人引导，只贪图猎物，妄自行动，非但不能猎获逃鹿，反而只会陷入林中，自身遭遇艰险。也就是说，准备不充分的时候，面对猎物的诱惑，不应当盲目行动，轻躁前往，深入险地；而应当采取戒慎节制的态度，来对待狩猎时出现的情况。这是从安全角度出发做出的理性选择。

《比》九五昭示的是另外一种文明社会的理性因素。天子狩猎具有特殊的礼制。辞云："显比，王用三驱。"②天子狩猎要遵守三驱之礼，它是特别为天子定下的规则，与原始狩猎的巫术仪式不是一回事。二者的目的和功能大不相同。原始狩猎的巫术仪式，目的在于通过仪式获取猎物；天子的三驱之礼，目的不是最大限度地获取猎物，而是相反，是意在使天子的狩猎具有一定的规范性，不能任意猎杀，是对天子狩猎行为的礼仪性制约。

对天子的狩猎，《周易》表现并赞成其礼仪性、制度化，这是文明社会理性精神的产物。《诗经》狩猎诗既有原始狩猎习俗的遗风，更多体现的是文明社会的理性精神。主要表现在戒备谨慎和遵守礼制两个方面。

《诗经·郑风·大叔于田》描写大叔赤手空拳与猛虎搏斗的惊险场面。紧接着就说："将叔无狃，戒其伤女。"③旁观者劝诫大叔要注意安全，不要掉以轻心，提防老虎凶猛伤人。朱熹《诗集

---

① （清）阮元校刻：《十三经注疏（清嘉庆刊本）》第一册，中华书局 2009 年版，第 35 页。

② （清）阮元校刻：《十三经注疏（清嘉庆刊本）》第一册，中华书局 2009 年版，第 50 页。

③ （清）阮元校刻：《十三经注疏（清嘉庆刊本）》第一册，中华书局 2009 年版，第 713 页。

传》的解释颇中鹄的,他说:"国人戒之曰:请叔无习此事,恐其或伤女也。盖叔多材好勇,而郑人爱之如此。"①郑人出于对多材勇武之士的爱惜,做出劝告。他们在狩猎中不推崇蛮勇,而是注重谨慎,把生命安全放在首位,用文明社会的谨慎行事态度来劝告猎手,用理性精神来指导行动。

《秦风·驷驖》:"奉时辰牡,辰牡孔硕。"②朱熹释曰:"辰牡者,冬献狼,夏献麋,春秋献鹿豕之类。奉之者,虞人翼以待射也。"③虞官驱赶出应时的野兽,以供诸侯射猎。他们遵循狩猎定制,在特定的季节猎取特定的野兽。一切都很有秩序,有条不紊。《小雅》中的《车攻》和《吉日》两篇,都是描写周天子狩猎的作品。天子狩猎的礼仪性比较明显。《车攻》曰:"之子于苗"④,写的是夏季行猎。诸侯"赤芾金舄,会同有绎"⑤,穿着大红蔽膝、金头鞋,仪表鲜亮,标志着身份。他们共同朝会天子狩猎,"射夫既同,助我举柴"⑥,猎场地广物富,走兽繁多,猎手集中,为天子扛背猎物。他们"悉率左右,以燕天子"⑦,把成群结队的走兽驱逐出来,等待

①　(宋)朱熹集撰,赵长征点校:《诗集传》,中华书局 2017 年版,第 77 页。
②　(清)阮元校刻:《十三经注疏(清嘉庆刊本)》第一册,中华书局 2009 年版,第785 页。
③　(宋)朱熹集撰,赵长征点校:《诗集传》,中华书局 2017 年版,第 113—114 页。
④　(清)阮元校刻:《十三经注疏(清嘉庆刊本)》第一册,中华书局 2009 年版,第917 页。
⑤　(清)阮元校刻:《十三经注疏(清嘉庆刊本)》第一册,中华书局 2009 年版,第917 页。
⑥　(清)阮元校刻:《十三经注疏(清嘉庆刊本)》第一册,中华书局 2009 年版,第918 页。
⑦　(清)阮元校刻:《十三经注疏(清嘉庆刊本)》第一册,中华书局 2009 年版,第920 页。

天子射猎，并率左右之人保护天子。以天子为中心，狩猎活动按部就班，循礼行事，从容不迫而又富有生气。

《周易》和《诗经》中的原始与文明因子，基本上是同时并存，互不干扰的。虽然存在或隐或显的差异，但还看不出二者之间有什么冲突。汉赋不同，表现原始与文明的协调与碰撞，是其鲜明的特征。

所谓原始，在汉赋中表现为狩猎的野蛮性。以狩猎为主题的散体大赋，夸张地铺陈出大肆杀伐禽兽之后血淋淋的场景。司马相如《上林赋》写猎众深入险地，射获各种猛兽轻禽，仅仅被猎众气势惊怖而死的野兽，已是"它它籍籍，填阬满谷，掩平弥泽"①。班固《西都赋》所写更加惊心动魄，三军之杀获："禽兽殄夷"，"原野萧条，目极四裔。禽相镇厌，兽相枕藉"②。死兽遍地，填满坑谷，弥平野泽，相互枕压，四望萧然。场面之残酷，简直令人不敢想象。对飞禽走兽如此杀伐殆尽，是原始野蛮的行为，不是文明的表征。

作者描写野蛮的狩猎，不是为了歌颂，而是为了批判。《上林赋》写在大肆捕猎之后，天子"芒然而思，似若有亡"，认为"此大奢侈"，"非所以为继嗣创业垂统也"，于是"解酒罢猎"③。作者让天子用文明社会的理性精神来反省自身原始野蛮的狩猎行为，而后遵循文明的观念指导行动。班固《东都赋》与《西都赋》是姊妹篇。《西都赋》写秦人西都宾以大举游猎为荣，夸耀天子狩猎时排场之大，杀获之多。《东都赋》借东都主人之口，用训诫的口吻批评了

---

① 费振刚等辑校：《全汉赋》，北京大学出版社1993年版，第66页。
② 费振刚等辑校：《全汉赋》，北京大学出版社1993年版，第316页。
③ 费振刚等辑校：《全汉赋》，北京大学出版社1993年版，第67页。

西都宾自以为是的狩猎行为,盛赞大汉天子狩猎时也"蹈德咏仁"①,遵循礼制,把狩猎行为纳入德、仁的文明轨道。张衡的《西京赋》与《东京赋》也是如此。他们都主张用文明的理性来协调、制约原始的狩猎行为。

汉赋以讽劝作为创作宗旨,在狩猎主题中表现得非常明确,原始野蛮是作者讽谏的对象;文明社会的理性精神,是作者劝勉的内容。

二、农业文明与游牧文化的交汇

狩猎主题的作品,还反映了农业文明与游牧文化的交汇。

殷商时代频繁迁都,早期属于游牧社会。《史记·殷本纪》记载,殷商最后一个帝王纣:"材力过人,手格猛兽"②,是个大力士。他体现出游牧文化的特点:崇尚勇武,推崇暴力。反映在狩猎活动中,主要表现为崇尚射技,赞美强悍劲健,射获猛禽大兽以及射中猎物的要害部位。

崇尚射艺,把射下大鸟的人看作英雄,是游牧民族的传统。这可以从后代游牧民族的狩猎情况中得到印证。《北齐书》卷十七载斛律光事:"(光)尝从世宗(北齐文襄帝高澄)于洹桥校猎,见一大鸟,云表飞飏,光引弓射之,正中其颈。此鸟形如车轮,旋转而下,至地乃大雕也。世宗取而观之,深壮异焉。丞相属邢子高见而叹曰:'此射雕手也。'当时传号落雕都督。"③

游牧民族重视射技,狩猎要求射中猎物的要害部位,斛律光

---

① 费振刚等辑校:《全汉赋》,北京大学出版社1993年版,第331页。
② (汉)司马迁:《史记》第一册,中华书局1982年版,第95页。
③ (唐)李百药撰:《北齐书》第一册,中华书局1972年版,第222页。

少年时的一件趣事也说明了这点。《北齐书》卷十七载斛律光、斛律羡兄弟的故事："羡及光并少工骑射，其父每日令其出畋，还即较所获禽兽。光所获或少，必丽龟达腋。羡虽获多，非要害之所。光常蒙赏，羡或被捶挞。"①斛律羡射获虽多，但因为射中的不是要害，所以遭到捶打鞭挞。斛律光射获虽少，可是都射中要害，所以得到奖赏。奖赏或捶挞，不是因为射获的数量，而是因为射术的精良与否，从中足可看出游牧民族对射艺的高度重视。

由此反观《解》上六和《旅》六五，不难看出，它们反映的是游牧文化的特征。《解》上六曰："公用射隼于高墉之上，获之，无不利。"②隼是鹰、雕之类的猛禽。能够射中这样飞得又快又高的猛禽，足见射手的射技、力量都十分出色。《旅》六五曰："射雉，一矢亡，终以誉命。"③虽然失去一支箭矢，但射手因为能够射中象征阳刚的雉鸟，显示出射技和力量，所以最终还是得到赞誉。

《左传》记载的一则与射雉有关的故事，可以作为《旅》六五射雉文化内涵的参考。《左传·昭公二十八年》："昔贾大夫恶，娶妻而美，三年不言不笑。御以如皋，射雉，获之，其妻始笑而言。贾大夫曰：'才之不可以已。我不能射，女遂不言不笑夫！'"④贾大夫因为射获雉鸟，显示出自己的阳刚之气，从而博得了妻子的笑赞。

---

① （唐）李百药撰：《北齐书》第一册，中华书局1972年版，第228页。
② （清）阮元校刻：《十三经注疏（清嘉庆刊本）》第一册，中华书局2009年版，第107页。
③ （清）阮元校刻：《十三经注疏（清嘉庆刊本）》第一册，中华书局2009年版，第141页。
④ 杨伯峻编：《春秋左传注（修订本）》第五册，中华书局2009年版，第1496页。

射雉的确是对射手力量及射技的考验和证明。

《明夷》卦还展示了射中猎物的具体部位,通过射中的要害部位,表现出射手的高超技艺,体现了游牧文化崇尚射艺的特征。《明夷》九三:"明夷于南,狩,得其大首。"①《明夷》六四:"入于左腹,获明夷之心。"②心、首都是要害部位,射中要害为上乘。《穀梁传·桓公四年》:"四时之田用三焉。唯其所先得。一为乾豆,二为宾客,三为充君之庖。"范宁注:"上杀中心,死速,乾之以为豆实,可以祭祀。次杀射髀髂,死差迟。下杀中肠污泡,死最迟。先宗庙,次宾客,后庖厨,尊神敬客之义。"③只有被射中心(首)的猎物,才能用于祭祀,向最尊贵的神表达敬意。猎物应用于高级典礼,也是对精湛射技的肯定。

游牧民族的狩猎活动,具有比较纯粹的娱乐性,没有其他附加的政治功利目的。他们单纯地沉浸在狩猎带来的乐趣当中,因而,狩猎作品自然而然地传达出明朗欢快的情调。《解》上六和《旅》六五爻辞,在情感倾向上,也都具有游牧文化的特点。王公射中鹰隼,断辞是"无不利",欣喜之情溢于言表。"射雉"之后,虽然"一矢亡",但"终以誉命",透露的也是欢欣鼓舞之情。射猎活动使射手自身的力量和技艺得到显现和确证,洋溢着欢乐吉祥的气氛。

《诗经》中的狩猎主题作品,也表现出鲜明的游牧文化特点。

---

① (清)阮元校刻:《十三经注疏(清嘉庆刊本)》第一册,中华书局 2009 年版,第102 页。
② (清)阮元校刻:《十三经注疏(清嘉庆刊本)》第一册,中华书局 2009 年版,第102 页。
③ (晋)范宁集解,(唐)杨士勋疏:《春秋穀梁传注疏》,(清)阮元校刻:《十三经注疏(清嘉庆刊本)》第五册,中华书局 2009 年版,第5152 页。

赞美猎人的勇武、射艺，是这些作品的共性。《郑风·叔于田》称赞猎人"洵美且武"①。《郑风·大叔于田》曰："叔善射忌，又良御忌。"②赞美大叔射、御双绝。《小雅·吉日》曰："发彼小豝，殪此大兕。"③一箭射中小野猪，再发一箭，射中大野牛。野猪、野牛都是力大猛恶、奔行迅疾的大兽，一箭就射中它们，足见射手技艺精良。《秦风·驷驖》曰："公曰左之，舍拔则获。"④射手随着秦公所指，箭无虚发，一射即中。而且，秦公说从左射，正是"上杀"的部位，是对猎手射技的最高考验。这些都充分表明，《诗经》狩猎作品蕴含着丰富的游牧文化因素。

　　诗作描写狩猎，在热情洋溢的赞美中，透露出狩猎的娱乐性。狩猎是猎手的兴之所在，也是众人注目的景观。《郑风·叔于田》第二章曰："叔于狩，巷无饮酒。岂无饮酒？不如叔也，洵美且好。"⑤许多人前往观看，以至于出现万人空巷的场面，观赏狩猎比饮酒还有吸引力。《秦风·驷驖》末章曰："游于北园，四马既闲。輶车鸾镳，载猃歇骄。"⑥射猎之后，秦公和猎手在北园游乐。他们

------

① （清）阮元校刻：《十三经注疏（清嘉庆刊本）》第一册，中华书局 2009 年版，第713 页。
② （清）阮元校刻：《十三经注疏（清嘉庆刊本）》第一册，中华书局 2009 年版，第714 页。
③ （清）阮元校刻：《十三经注疏（清嘉庆刊本）》第一册，中华书局 2009 年版，第920 页。
④ （清）阮元校刻：《十三经注疏（清嘉庆刊本）》第一册，中华书局 2009 年版，第785 页。
⑤ （清）阮元校刻：《十三经注疏（清嘉庆刊本）》第一册，中华书局 2009 年版，第713 页。
⑥ （清）阮元校刻：《十三经注疏（清嘉庆刊本）》第一册，中华书局 2009 年版，第785 页。

驾轻就熟,车马轻快,鸾铃声声,猎狗在车中歇息。所有这些祥和安乐的景象,都映衬出人物悠闲自得、舒畅愉悦的心情。狩猎不是额外的负担,不是必须完成的礼仪和任务,而是人们喜爱的一种消遣娱乐方式。这是游牧文化的特点。

游牧文化尚射艺、好游乐的特质,在汉赋中是作为讽谏的对象出现的。《子虚赋》写楚王苑囿中有"白虎玄豹,蟃蜒貙犴","于是乎乃使专诸之伦,手格此兽"。楚王"弓不虚发,中必决眦,洞胸达腋,绝乎心系。获若雨兽,掩草蔽地","于是楚王乃弭节徘徊,翱翔容与"①。楚王喜好观赏勇士徒手与虎豹等猛兽格斗。他自身射艺出众,弓不虚发,所发一定射中猎物的心、眼,神乎其技。射猎后从容游观,非常自在舒展,适意欢畅。齐王是"终日驰骋,曾不下舆。脟割轮焠,自以为娱"②。齐王整日射猎,连车都不下。他以此为乐,而且乐此不疲,毫无节制。齐楚表现方式不尽相同,但他们都是把狩猎看作重要的娱乐方式,身体力行,从中得到无比的乐趣。《上林赋》写天子射猎,猎手们"生貔豹,搏豺狼,手熊罴,足野羊","射封豕"③,手生擒熊豹豺狼之类凶猛劲悍、难以驯服的野兽;射猎神话传说中的大野猪。他们"箭不苟害,解脰陷脑,弓不虚发,应声而倒"④。箭不虚射,必中要害。射技臻于完美,无可挑剔。天子随后游戏懈怠,置酒张乐,尽情游玩。它们体现的都是游牧文化对待狩猎的态度。

不仅游牧文化的特征有充分的展现,农业文明也在狩猎作品

① 费振刚等辑校:《全汉赋》,北京大学出版社1993年版,第48页。
② 费振刚等辑校:《全汉赋》,北京大学出版社1993年版,第49页。
③ 费振刚等辑校:《全汉赋》,北京大学出版社1993年版,第65页。
④ 费振刚等辑校:《全汉赋》,北京大学出版社1993年版,第65页。

中打上了不可磨灭的深深烙印。《周易》作于殷周之际，殷商游牧文化和周族农业文明在卦爻辞中都有所反映。《比》九五和《恒》九四，就蕴含着农业文明所产生的观念意识。

以农业生产为重心的社会，一切活动都自然而然地要求为农业耕作让路。狩猎活动，尤其天子诸侯、王公贵族的狩猎，如果不从时间、地域等方面加以限制，会侵夺农时，占据大片耕地，影响正常的生活秩序。因此，农业文明必然要求对狩猎活动加以制约，以不惊扰百姓，不侵害农业耕作为限度。用农业文明孕育的思想反思狩猎，产生了忧患意识，担忧过度的田猎会对百姓、国家造成危害。与游牧文化的纯粹娱乐性不同，政治功利性以及深刻的忧患意识，是农业文明面对狩猎时的特定产物。

《比》九五曰："显比，王用三驱。失前禽，邑人不诫。吉。"①天子率众围猎，三次或从三面驱赶禽兽，如此大举田猎，并没有惊扰百姓。野兽跑掉了，天子也并没有因此而迁怒百姓。由于天子大举围猎而并没有惊动百姓，所以尽管"失前禽"，让野兽跑掉了，但结果仍然是吉利的。编撰者不以猎获为吉，而以不惊骇百姓为吉，这样的吉凶判断、价值判断，是以农业文明为其底蕴的。故自前《比》九五还表明，王侯狩猎时，行用三驱之礼。所谓三驱，《正义》曰："先儒皆云：三度驱禽而射之也"，又说"褚氏、诸儒皆以为三面著人驱禽"②。三次驱逐，是对驱逐次数的限制，以防没完没了一次又一次地驱射捕猎。三面驱逐，是仁恩及

---

① （清）阮元校刻：《十三经注疏（清嘉庆刊本）》第一册，中华书局2009年版，第50—51页。
② （清）阮元校刻：《十三经注疏（清嘉庆刊本）》第一册，中华书局2009年版，第51页。

于禽兽,不赶尽杀绝,以示好生之德。《礼记·王制》曰:"天子不合围,诸侯不掩群。"①四面为合围,三面设阻,则给了被围困的野兽以一线生机,给了它们逃生的余地。两种解释都讲得通。不论哪种解释,都同样表现出农业文明培养出来的重视生态平衡的思想。

《恒》九四爻辞蕴含的则是由反思狩猎而产生的忧患意识。《乾》《坤》两卦十二条爻辞的意义,具有总纲性质。其他六十二卦各爻位的意义均与《乾》《坤》两卦所昭示的爻位意义有密切关系。从这个角度看,《乾》九四:"或跃在渊"②,意谓不宜有所行动,应当深自内敛,蕴含着向内收缩的意义。《恒》九四:"田无禽。"③《恒》卦的卦义是持久。长久地田猎必然造成田荒,无禽可猎。一方面,从爻位意义上看,它违背《乾》九四所规定的爻位意义,有所行动,而且行动不止,自然会一无所获。另一方面,这又表现出农业文明造成的深层的忧患情结。担心如果长期田猎,会造成不良后果。它既是对已然情况的观察与总结,更多的,我们体会到的是对现状和未来的忧虑。

《诗经》狩猎诗的农业文明特征比较集中地体现在《小雅·车攻》一诗当中。周天子会集诸侯行猎,诗曰:"徒御不惊"④,军纪

---

① (清)孙希旦撰,沈啸寰、王星贤点校:《礼记集解》上册,中华书局1989年版,第334页。
② (清)阮元校刻:《十三经注疏(清嘉庆刊本)》第一册,中华书局2009年版,第22页。
③ (清)阮元校刻:《十三经注疏(清嘉庆刊本)》第一册,中华书局2009年版,第97页。
④ (清)阮元校刻:《十三经注疏(清嘉庆刊本)》第一册,中华书局2009年版,第918页。

严整。这样的队伍自然不会去惊扰民众。末章云："之子于征，有闻无声，允矣君子，展也大成。"①天子行猎的队伍，没有甚嚣尘上，耀武扬威，喧哗不止，搅扰得民众鸡犬不宁，人人惊骇；而是人马整肃，寂然无声。诗人不禁发出由衷的赞美，真是圣明的好天子，会猎大获成功。颂扬天子行猎军纪整肃，没有给百姓带来任何惊扰和不安，正是农业文明的突出特点。

《周易》中，游牧文化与农业文明的意蕴，各自包孕在不同的爻辞中，没有哪一条爻辞兼容并包这两种文化内涵。与《周易》不同，《诗经》中有一首诗只蕴含一种文化的情况，如《周南·兔罝》以"纠纠武夫"②赞美猎人，蕴含的是游牧文化精神，《齐风·卢令》以"仁"赞美猎人，蕴含的是农业文化精神。还存在另一种情况，在同一首诗作中，两种文化交织并存。《郑风·叔于田》既赞美猎人"洵美且武"，还赞美猎人"洵美且仁"③。"武"是游牧文化所重视的，"仁"是农业文明的核心。

在兼容并包的诗作中，两种文化是平分秋色，占据同等的地位，还是有所偏重？《郑风·叔于田》赞美猎人以"仁"为首，以"武"殿后。可见，对猎手的赞美，以"仁"为先，与"武"力比较，更看重猎手的品德。在游牧与农业标准并存的时候，农业文明占据了上风。

汉赋用许多篇幅描写诸侯天子大肆出猎的场景，如上所述，

① （清）阮元校刻：《十三经注疏（清嘉庆刊本）》第一册，中华书局2009年版，第919页。
② （清）阮元校刻：《十三经注疏（清嘉庆刊本）》第一册，中华书局2009年版，第590页。
③ （清）阮元校刻：《十三经注疏（清嘉庆刊本）》第一册，中华书局2009年版，第713页。

他们体现的是游牧风尚。从农业生产角度进行反思,便要求规范天子的狩猎活动,限制其娱乐性,以不惊扰百姓为限度。这是众多狩猎题材大赋表现出的创作宗旨,也是作者劝勉天子的中心内容。

《上林赋》与《子虚赋》意思相连属,《子虚赋》写乌有先生和子虚二人争夸齐楚之地诸侯田猎的盛况,体现的是游牧文化精神。这正是作者所要予以批评的。《上林赋》借亡是公之口,评曰:"从此观之,齐楚之事,岂不哀哉!地方不过千里,而囿居九百,是草木不得垦辟,而民无所食也。"①认为齐王和楚王田猎活动占地过于广大,以至于使得百姓无法垦辟农田,无以为生,对此表达了深重的忧虑。批评了反面的行为之后,作者还肯定了正面的举措。《上林赋》写汉天子在恣意游猎之后,有所省察,颁布了一系列有利于农业生产的政令:"地可垦辟,悉为农郊,以赡氓隶;隤墙填堑,使山泽之民得至焉。"②其他作品也表达了同样的思想。扬雄《羽猎赋》:"财足以奉郊庙、御宾客、充庖厨而已。不夺百姓膏腴穀土,桑柘之地。"③张衡《东京赋》:"三农之隙,曜威中原。"④汉赋作家对帝王狩猎活动有着共识,都认为帝王的田猎娱游,应当不干扰百姓的生产活动,即,不侵夺百姓用以耕作的农田,不侵夺农时,不侵夺民力,不耽误农事,不因为狩猎而影响农业生产。

反思狩猎活动使作家产生忧患意识,忧患意识产生创作冲动。

---

① 费振刚等辑校:《全汉赋》,北京大学出版社 1993 年版,第 68 页。
② 费振刚等辑校:《全汉赋》,北京大学出版社 1993 年版,第 67 页。
③ 费振刚等辑校:《全汉赋》,北京大学出版社 1993 年版,第 186 页。
④ 费振刚等辑校:《全汉赋》,北京大学出版社 1993 年版,第 444 页。

这一点,扬雄《羽猎赋》的引言很有代表性,文曰:"尚泰奢,丽夸诩,非尧、舜、成汤、文王三驱之意也。又恐后世复修前好,不折中以泉台。故聊因校猎赋以风。"①在如此深重忧思的驱使之下,于是,便有大赋的创作,倡导儒道两家学说。班固《东都赋》曰:"形神寂漠,耳目不营,嗜欲之原灭,廉正之心生。"②张衡《东京赋》曰:"为无为,事无事,永有民以孔安。遵节俭,尚素朴,思仲尼之克己,履老氏之常足。"③期冀以此匡正侈靡的游猎之风,补救于已然,防患于未然。

三、个体与群体的兼顾及冲突

从作品对猎手的刻画方面考察,《周易》和《诗经》都表现出个体与群体兼顾的特征。

《周易》中既描写了个体射猎,也描写了集体田猎。《解》上六:"公用射隼于高墉之上,获之,无不利。"《旅》六五:"射雉,一矢亡,终以誉命。"《小过》六五:"公弋,取彼在穴。"④记叙的是单个猎手的射猎活动。《屯》六三:"即鹿无虞,惟人于林中。君子几,不如舍。往吝。"⑤逐鹿时需要虞官,应当是王公的集体出猎。《比》九五:"显比,王用三驱。"⑥是天子的集体田猎。其他如《师》六五:"田有禽,利执,言无咎。"《恒》九四:"田无禽。"《巽》六四:"悔

①　费振刚等辑校:《全汉赋》,北京大学出版社1993年版,第186页。
②　费振刚等辑校:《全汉赋》,北京大学出版社1993年版,第331页。
③　费振刚等辑校:《全汉赋》,北京大学出版社1993年版,第445页。
④　(清)阮元校刻:《十三经注疏(清嘉庆刊本)》第一册,中华书局2009年版,第107、141、148页。
⑤　(清)阮元校刻:《十三经注疏(清嘉庆刊本)》第一册,中华书局2009年版,第35页。
⑥　(清)阮元校刻:《十三经注疏(清嘉庆刊本)》第一册,中华书局2009年版,第50页。

亡,田获三品。"①比较模糊,理解为个体还是群体之猎,均无不可。

《诗经》的狩猎作品中,《小雅·车攻》和《小雅·吉日》两篇以描写群体声势为主。《国风》中,除《召南·驺虞》是巫术咒语性质的猎歌而外,其他所有的作品,都以单个猎手作为描写的中心。他们雄武、仁德、壮美,射艺超群绝伦、御技出神入化,每一位都令人赞赏。

《周易》卦爻辞对个体和集体的描写,写个体的不涉及集体,区分比较明显。这个特点的形成与《周易》每卦围绕一个中心意旨而编排有直接关系。与《周易》不同,《诗经》在描写集体田猎时还突出了个别猎手的形象。《郑风·大叔于田》就是以大叔作为关注的中心,写出了王公贵族田猎的盛大场面。其中"火烈具举""火烈具扬""火烈具阜"等热烈的氛围,就不是大叔一个人创造的。在群体田猎的背景上,大叔这位单个猎手的形象被凸显出来,尤其令人感佩。他"执辔如组,两骖如舞","袒裼暴虎,献于公所"②。他驾御车马进退自如,灵动如舞。更特别的是,还赤膊空拳地与凶猛的老虎搏斗,最后擒获猛虎,献给王公。集体与个体的关系非常和谐,没有任何冲突。

《诗经》还展现了个体猎人之间相互合作的友好关系。《齐风·还》写两位猎人偶遇,互相赞美对方身手敏捷、技艺完美、身体强健,并表达了要"并驱从两肩兮""并驱从两狼兮"③的愿望。

---

① (清)阮元校刻:《十三经注疏(清嘉庆刊本)》第一册,中华书局2009年版,第49、97、142页。
② (清)阮元校刻:《十三经注疏(清嘉庆刊本)》第一册,中华书局2009年版,第713页。
③ (清)阮元校刻:《十三经注疏(清嘉庆刊本)》第一册,中华书局2009年版,第739页。

肩，《广雅》："兽，三岁为肩。"①肩是体形较大的野兽，猛恶难猎。他们要捕猎的是狼、肩这样奔跑迅疾、齿牙锐利的野兽，可见对自身的技艺勇力十分自信。从个体技艺角度讲，这两位猎人都十分出众；同时，他们又主动寻求协同合作，要共同逐猎猛禽。既看重个体的技能，也注重群体的力量。

对于不同的描写对象，《周易》和《诗经》有着基本一致的侧重点。描写个体，都突出了射艺和勇力；描写集体出猎，写的都是王公贵族的田猎，主要表现整体声威。而且，还突出了群体人际融洽之乐。从《比》卦卦义看，比，亲附。卦的宗旨在于明确相互合作的人际关系，重视群体的和谐。《比》九五"显比"②爻辞也表明了这点。"显比"指天子的狩猎队伍庞大；除此之外，还蕴含着彰显"比附、亲和"的意思。《小雅·吉日》用"或群或友"的鹿群暗喻田猎人的集体性。射死小野猪大野牛之后，"以御宾客，且以酌醴"③。天子用猎获的新鲜野味宴请宾客，其乐融融，显示出群体的亲和力。

从描写对象的身份上看，《周易》和《诗经》不甚相同。《屯》称"君子"，当是贵族人物。《比》所写是"王"。《解》《小过》所写的"公"是贵族，没什么疑问。《旅》六五，比较模糊，可能是随从天子出猎的公侯，也可能是随从公侯出猎的平民猎手。《周易》记叙

---

① （清）王念孙撰，张靖伟等校点：《广雅疏证》，上海古籍出版社 2016 年版，第 163 页。
② （清）阮元校刻：《十三经注疏（清嘉庆刊本）》第一册，中华书局 2009 年版，第 50 页。
③ （清）阮元校刻：《十三经注疏（清嘉庆刊本）》第一册，中华书局 2009 年版，第 920 页。

的狩猎人物,以王公贵族为主,他们亲自射猎,艺力非凡。《诗经》
突出的个体射艺,人物身份有贵族,也有平民,但很少见到天子诸
侯亲自射猎。

从《周易》到《诗经》,我们看到,狩猎作品对个体的刻画描写
越来越突出,个体意识有一个逐步苏醒和强化的过程。《周易》写
个体射猎,侧重的是整体狩猎过程和结果,没有对单个猎人外在形
象、内在情感的描写。《诗经》以个体猎手为中心,人物形象非常
丰满。不仅有单个猎手外在形象、技艺的赞美,还有对个体内在品
德的描写,已经从外部深入到内部,从比较简单的生存层面,深入
到精神层面。《周易》时代,个体意识已经萌生,并有朴素的表现。
《诗经》时代的人们,个体意识已经相当浓厚,不仅旁观者有意识
地赞美个体猎手,而且猎手自身对射猎技艺也有着自觉的体认和
追求。

在个体与群体的问题上,汉赋与《周易》和《诗经》的意趣迥然
不同。作家认为帝王个人的游猎,如果不加以限制,会损害百姓群
体的利益,表现出重群体而限制个体的倾向。他们否定帝王独乐,
倡导《孟子·梁惠王下》提出的"独乐乐,与人乐乐,孰乐?"[1]之
说。《上林赋》曰:"若夫终日驰骋,劳神苦形,罢车马之用,抗士卒
之精,费府库之财,而无德厚之恩。务在独乐,不顾众庶,忘国家之
政,贪雉兔之获,则仁者不繇也。"[2]帝王纵情狩猎,只顾自己独乐,
不顾国家百姓的利害得失,用儒家的标准衡量,不是仁者的行为。
作家提倡实行仁道,节制个人的私欲,以国事为重,与百姓共乐。

---

[1] (清)焦循撰,沈文倬点校:《孟子正义》,中华书局 1987 年版,第 100 页。

[2] 费振刚等辑校:《全汉赋》,北京大学出版社 1993 年版,第 67—68 页。

《羽猎赋》曰："放雉兔，收罝罘，麋鹿刍荛，与百姓共之"①，孔臧《谏格虎赋》曰："顺君之心乐矣，然非乐之至也。乐至者，与百姓同之之谓也。"②他们的观点很明确，当个体娱乐与群体利益发生冲突时，应以百姓群体利益为重。这种思想，《比》九五还只是初见端倪，汉赋把它发扬光大了。

原始与文明、游牧文化与农业文明，个体与群体，这三方面不是孤立存在的，它们之间存在着密切的关联。总而言之，游牧文化多些原始成分，偏重个体；农业文化相对文明，侧重群体。它们交织在一起，有时难分彼此。比如，汉赋中帝王大肆游猎，是游牧文化重个体、重娱乐意识的表现。作者反复申明，要限制帝王个体游乐，不希望帝王因此而侵夺农时，损害百姓群体利益，反映的是重视农业生产的意识。其中，既有个体与群体的关系，也蕴含着游牧文化与农业文明的冲突与交融。当然，并不是说重个体就原始，重群体就文明。这里只是为了便于论述，而就两种文化的基本特征作出大致的区分。

第二节 《周易》与上古文学安土重迁主题

虽然"安土重迁"一词最初见于《汉书·元帝纪》"安土重迁，黎民之性"③，但是安土重迁思想的产生却远远早于此，这是一种非常古老的文化心理。我国很早就已经步入农耕社会，农业耕作

---

① 费振刚等辑校：《全汉赋》，北京大学出版社1993年版，第190页。
② 费振刚等辑校：《全汉赋》，北京大学出版社1993年版，第115页。
③ （汉）班固撰，（唐）颜师古注：《汉书》第一册，中华书局1962年版，第292页。

的生产方式使人们产生了安土重迁的思想。这种农业文明持续了几千年,因此,安土重迁成为中华民族传统的民族文化心理,同时,也成为文学作品所反复表现的一个重要主题。本节从《周易》入手,沿着《周易》这个思想文化之源所提供的线索,探讨上古文学作品是如何各自从不同角度来表现安土重迁主题的,以及这个主题在后代诗歌中所发生的流变。

一、《周易》安土重迁主题

《周易》原本是上古一部用于占筮的卦书,但蕴含着丰富的内容。对于安土重迁这种民族文化心理,《周易》有所涉及,而且做了富有特色的诠释。

《周易》是如何表现安土重迁主题的? 其中相邻的两卦《家人》和《睽》,为我们解答这个问题提供了突破口。

《周易》依据对卦原则来编排卦序,六十四卦分为三十二组,每两卦为一组,表达相反相成的意蕴。《家人》和《睽》两卦也不例外,它们从内、外两个方面表达了安土重迁的思想。

《家人》卦突出家庭观念,强调家庭内部的人际关系。农业耕作的生产方式以及由此形成的以血亲为主的宗法制社会,促使家庭观念深入人心,对人构成一股强大的向心力和制约力。《睽》卦突出了独自离家在外流浪的险厄。独自在外生活十分艰难困苦,这是从侧面告诉人们应该返回家中。就这样,《周易》一方面突出家的重要,一方面又用真实而略带夸张和谐谑的笔墨,把在外之人的不幸遭遇凸显出来。于是,《家人》和《睽》这两卦一正一反,一内一外,相互补充,反映出安土重迁的心理,表达了这样的主题:不能轻易离开自己生长的地方。家,是人永远的最终归宿。

《周易》中还有几卦和零星的卦爻辞也表达了与此相关的主

题意蕴,但都不出《家人》和《睽》这两卦的基本价值取向。

首先,《周易》对治家这个古老而又永不失其现实意义的话题,提出了一些启示性、告诫性的准则。《家人》曰:

> ䷤（离下巽上）家人　利女贞。
>
> 初九　闲有家,悔亡。
>
> 六二　无攸遂,在中馈,贞吉。
>
> 九三　家人嗃嗃,悔厉吉。妇子嘻嘻,终吝。
>
> 六四　富家,大吉。
>
> 九五　王假有家,勿恤,吉。
>
> 上九　有孚,威如,终吉。①

这些爻辞没有把家庭生活理想化,出现的不都是其乐融融的场面,而是提出了一些古老的家训,并且指明应该注意的问题。尽管如此,从中仍然不难看到,生活在家中多是吉利喜庆之事,没有什么大的风险。爻辞作者昭示人们如何把自己的家经营好,表现出对家庭的热爱、珍视。希望人们能够安居乐业,享受家庭的温暖,也为建设家庭尽到自己的义务。家庭生活不会总是风平浪静,但却是安全的港湾;经营家庭不会一帆风顺,但只要付出就能得到回报。爻辞向人们讲述的是治家之道,同时也用家庭拴住人心。

此外,《蛊》卦六条爻辞中,初六、九三、六五爻辞重复说"幹父之蛊",九二曰"幹母之蛊",六四爻辞曰"裕父之蛊",这就说明,在编撰者心目中,继承父母之业是作为子辈最要紧的事。上九爻辞

---

① （清）阮元校刻:《十三经注疏（清嘉庆刊本）》第一册,中华书局2009年版,第102—103页。

曰"不事王侯,高尚其事"①,一方面,固然表达了不事奉王公贵族的独立情操;另一方面,结合上文,不难看出,"高尚其事"的"事"应该指的是父母之事,表达的仍然是对家庭内部事业发展的偏重。

其次,《周易》描述了离家在外的种种艰难险厄。《睽》《旅》《渐》等卦,是编撰整齐的叙事型寓言卦。它们的主题,是通过人物或动物的连续性动作,通过一系列的情节来间接表现出来的。表面描述的是流浪汉、商人和鸿鸟的遭遇,实际表达的主题却是,人应当安于故土,不可轻易离开。

《睽》卦讲述的是一个孤独的流浪汉的经历。

　　　▤(兑下离上)　睽　小事吉。

初九　悔亡。丧马,勿逐自复。见恶人,无咎。

九二　遇主于巷,无咎。

六三　见舆,曳其牛,掣其人,天且劓,无初有终。

九四　睽孤,遇元夫,交孚,厉,无咎。

六五　悔亡,厥宗噬肤,往,何咎。

上九　睽孤,见豕负涂,载鬼一车。先张之弧,后说之弧。匪寇,婚媾。往,遇雨则吉。②

这个流浪汉丢失了马,看见容貌丑陋的人。这还只是令人观感上不太愉快罢了,并无大碍。他看见别人拉着车,就去牵引拉车的牛,拉扯驾车的人,因此而受到刑罚,额上被烙上了印迹,鼻子也被

---

① 《蛊》卦六条爻辞均在(清)阮元校刻:《十三经注疏(清嘉庆刊本)》第一册,中华书局2009年版,第71页。

② (清)阮元校刻:《十三经注疏(清嘉庆刊本)》第一册,中华书局2009年版,第103—104页。

割掉了。身体遭到残害，真是大不幸。随后，他又不断受到惊吓。先是在路上遇见一个身材高大的男子，心中惴惴不安，不知道这个陌生人会不会做出伤害自己的事来。好在以诚相待，虽有危险，并没有灾难。一波才平，一波又起。看见宗庙里有人在分吃祭肉，饥饿的流浪汉忍不住往前走去。没想到，肉还没见到呢，途中却看见有人运猪，一车乘客都好像是鬼，面貌狰狞，令人畏惧。其中有人先拉开弓，想要射箭，后来又把弓放下了。又是一场虚惊。原来，他遇到的这群奇怪的人，不是寇贼，而是娶亲的队伍。《睽》卦以叙事的方式，告诫人们：如果一个人离开自己熟悉的家乡，独自在外流浪，只能不断地受到惊恐，遭遇倒霉的事。

《旅》卦叙述了一个在外经商的商人旅途中凶多吉少的遭遇。

䷷（艮下离上）旅　小亨。旅贞吉。

初六　旅琐琐，斯其所取灾。

六二　旅即次，怀其资，得童仆，贞。

九三　旅焚其次，丧其童仆，贞厉。

九四　旅于处，得其资斧，我心不快。

六五　射雉，一矢亡，终以誉命。

上九　鸟焚其巢，旅人先笑后号咷。丧牛于易，凶。①

商人到了旅馆，带着财货，得到一个童仆，看来暂时是小吉。随后旅馆失火，商人丧失了童仆，危机四伏。暂时不能前行，留在原地，得到了财货，但耽误了行程，仍然心中不快。最后，旅馆再次失火

① （清）阮元校刻：《十三经注疏（清嘉庆刊本）》第一册，中华书局2009年版，第140—141页。

被烧。商人先喜后悲,以悲告终。这卦说明出外经商只能有小小的顺通。这卦反映了古代经商艰难这一客观事实,同时,也表现了农耕社会的安土重迁思想。

《睽》《旅》两卦都是用人离家在外的遭遇来昭示道理,《渐》卦用鸿鸟的遭遇,喻示不可离开自己的家园这个主题。鸿鸟本来是生活在水边的,爻辞逐步写出鸿"渐于干""渐于磐""渐于陆""渐于木""渐于陵",直到最后"渐于阿"。它从水边移到水边的大石上,到高平的陆地,到椽木,再到高地丘陵,随着它离自己的家园越来越远,它的遭遇也就越来越不妙。开始还能"饮食衎衎",自由自在地饮水啄食;到了后来,就遭到了"其羽可用为仪"的命运,被人捕杀,羽毛用来作为仪仗。鸿由于远离自己的家园,以致最终失去了宝贵的生命。鸿的遭遇令人心惊,《渐》卦所喻示的道理深刻精警:离开自己赖以生存的生活环境是不明智的,严重的会有性命之忧。

从《周易》上述爻辞中,可以看出先民以下两种倾向。

第一,安土重迁心理兼顾个体和家庭群体两个方面。在叙述家庭的安居生活时,突出的是血缘群体给个人带来的安全保障,强调个人与家庭群体相协调的重要。只有这种群体的家庭生活,才能使个人的价值得以实现,才有力量克服所遇到的困难。因此,个人只有融洽于家庭群体之中,才有欢乐可言,才有事业的成功。在叙述离家远行的种种磨难时,则极力渲染个体生命所遭受的伤害,不但难以达到预期的目的,就连基本的安全保障都没有。先民兼顾个体与群体的思想观念,通过家居和远行两种生活方式表现出来,二者相互补充,安排得非常巧妙。

第二,对有限空间和无限时间的协调。《周易》卦爻辞中出现的人都特别重视安全方面的需要，表现了强烈的乐生愿望。《周易》是一部卦书，其功能就是为人们提供吉凶祸福方面的咨询，因此，安全需要被提到突出的地位，成为首要的需要。《周易》卦爻辞所表现的不仅是延续个体生命的愿望，还包括对家庭前景的期待，希望能够终则复始，子继父业，保证家庭发展的连续性。可以说，《周易》对个体生命和家庭命运在时间上的期待是无限的，然而，这种时间上的无限却是要在有限的空间内得以实现。人们不追求扩展生存空间，只想在安定的环境中保持人生吉利，子孙绵延。正如钱穆所论："游牧、商业民族向外争取，随其流动的战胜克服之生事而俱来者曰'空间扩展'，曰'无限向前'。农耕民族与其耕地相连系，胶著而不能移……故彼之心中不求空间之扩张，惟望时间之绵延。"①这样一来，《周易》卦爻辞就不得不去协调时空关系，按照这种时空框架去编排故事，确定结局。

《周易》卦爻辞在表现安土重迁观念时所形成的价值取向、思维框架，可以和同时代的文学作品相互印证。同时，由于这种价值取向和思维框架的局限，注定要被后代文人所超越，开辟出新的天地。

二、《诗经》生命意识的觉醒

与《周易·蛊》卦相似，《诗经》中的宫室建筑诗《小雅·斯干》和祭祀诗《小雅·楚茨》，也是立足于家族，而不是个体，体现出家族无限延续的愿望。《小雅·斯干》第二章"似续妣祖，筑室百堵"②，表明建筑宫室、家族聚居的目的是使祖先的生命得到延

---

① 钱穆：《中国文化史导论（修订本）》，商务印书馆1994年版，第3页。
② （清）阮元校刻：《十三经注疏（清嘉庆刊本）》第一册，中华书局2009年版，第934页。

续。最后两章曰:"乃生男子,载寝之床,载衣之裳,载弄之璋。其
泣喤喤,朱芾斯皇,室家君王。乃生女子,载寝之地,载衣之裼,载
弄之瓦。无非无仪,唯酒食是议,无父母诒罹。"①这是对家庭后代
未来的美好祝愿和展望。其中对女子"唯酒食是议"的社会分工,
与《家人》卦所说的"无所遂,在中馈"不谋而合。继承祖先与生育
教养后代,表达的正是期望家族无限延续的生命意愿。《小雅·
楚茨》在充分描写了祭祀祖先、族人欢宴的场面之后,在诗的末
尾,族人对主祭之人发出了"子子孙孙,勿替引之"②的颂祷,同样
表达了对家族延续的期待。

　　和《周易》卦爻辞相比,《诗经》在表现和平的安居生活和群体
关系方面,有一些新的发展和突破。《周易》卦爻辞中出现的由血
缘关系构成的群体以家庭为单位,涉及的成员较少,关系也比较简
单,不超出父母、子女及夫妻。在《诗经》的相关作品中,除了以家
庭为单位的小型的血缘关系群体外,还有以家族为单位的庞大的
关系群体。

　　家族群体表现在描写家族安居之乐的作品之中。《小雅》中
的《常棣》《角弓》《頍弁》《伐木》,以及《大雅·行苇》等诗篇都描
写了这方面的内容。它们突出了亲情,表现家中亲人相聚欢饮,充
满言笑晏晏、其乐融融的欢乐情调。

　　这些家宴之作中出现的血缘关系比《周易》远为复杂,有父
母,有兄弟,有夫妻,还有甥舅、叔伯等。如《小雅·伐木》曰:"既

---

① (清)阮元校刻:《十三经注疏(清嘉庆刊本)》第一册,中华书局 2009 年版,第
　　937—938 页。
② (清)阮元校刻:《十三经注疏(清嘉庆刊本)》第一册,中华书局 2009 年版,第
　　1009 页。

有肥羜，以速诸父"，"既有肥牡，以速诸舅"，"笾豆有践，兄弟无远"①。凡是比较直接、切近的血缘宗亲都在作品中亮相。这样，同一家族所构成的群体，较之仅由夫妻和子女组成的家庭就有更大的凝聚力，展开的生活画面也更为广阔，内容愈加丰富。《大雅·行苇》所描述的就不仅有家人饮酒歌唱之乐，还写到族人比赛射艺，主人斟酒为老人祝寿的热烈气氛和宏大场面。

《周易》卦爻辞在表现家庭群体的重要性时，个体的生命意识融入家庭之中，还没有独立出来，更没有在群体生活中流露出对个体生命的慨叹。《诗经》则不同，诗人在表现家族群居之乐的时候，还引发出人生有限、及时行乐的感慨。《小雅·頍弁》就是如此。这首诗描写兄弟亲戚聚居一堂，尽情享用美酒佳肴，体验天伦之乐。但是，乐极生悲，诗人在感受到家族群体温暖的同时，却又慨叹人生的无常。诗中写道："如彼雨雪，先集维霰。死丧无曰，无几相见。乐酒今夕，君子维宴。"②这是以降雪过程联想到人生易逝。开始落下的冰粒般的雪还能见到形状，接着降落的雪花则很快融化，人生也是如此短暂。正因为人生短暂，族人相见的机会不多，所以更要开怀畅饮。《唐风》的《蟋蟀》和《山有枢》也是属于这种类型的作品。这是在家族群体过着安定生活时萌生的个体生命意识，是人性进一步觉醒的标志。这在《周易》卦爻辞中是见不到的，不过这种个体生命意识既不会破坏家族群体的稳固性，也不会动摇安土重迁心理，反而还起到加固作用。正是因为人生有

---

① （清）阮元校刻：《十三经注疏（清嘉庆刊本）》第一册，中华书局2009年版，第878—879页。

② （清）阮元校刻：《十三经注疏（清嘉庆刊本）》第一册，中华书局2009年版，第1033—1034页。

限的生命意识,才使得人们更要以群体的力量来抵御自然对个体生命的压力。这也就使得人们更加看重群体的力量,向家庭、家族中寻求依托。

对于在外行旅的遭遇,与《周易》相比较,《诗经》的内容也大有不同,多有拓展。《睽》《旅》等卦的主人公,主要是由于人事的乖违而遭遇麻烦。《诗经》中的行役诗,突出表现的是自然环境的险恶。《小雅·何草不黄》写征夫在狐狸出没、野草深茂的旷野中,从早到晚不得安歇,日日奔行。《小雅·渐渐之石》写征人在行役途中感叹:"渐渐之石,维其高矣。山川悠远,维其劳矣。"①山高多石,陡峭难行;路远水长,没有尽头。《周易》中出现的人物事象不带有封建等级差异色彩,表达的是比较恒定的人生哲理,反映的是人类早期社会的现象。《诗经》中则有等级差别,比如《小雅·北山》所说的"王事靡盬"②,兵役或徭役的繁重,使得平民不堪驱役之苦。《周易》中是对个体行止的客观叙述,《诗经》则在个体感受的背后,有着群体利益作为背景。

《周易》卦爻辞只是客观地描述了流浪汉和商人遭遇的一连串事件,不涉及由于家族、部族或地域不同所造成的隔阂之感。《诗经》中的某些诗篇,如《唐风·杕杜》《王风·葛藟》《小雅·黄鸟》,则隐含不同家族、不同部族以及不同地域的人们,在生活习俗、文化心理上存在的差异。正因为如此,所以居住在外族或外乡的人不免发出思家、思归的呼号。《唐风·杕杜》抒发了一

---

① (清)阮元校刻:《十三经注疏(清嘉庆刊本)》第一册,中华书局 2009 年版,第 1074 页。

② (清)阮元校刻:《十三经注疏(清嘉庆刊本)》第一册,中华书局 2009 年版,第 994 页。

个独自行走在他乡之人的悲叹。他感慨异地之人，终是"不如我同父""不如我同姓"①。《王风·葛藟》中的抒情主人公则可能是一个入赘他族的男子，他"谓他人父""谓他人母""谓他人昆"②，仍然不能得到照顾和友爱。《小雅·黄鸟》写的是无法与异乡人沟通的悲伤。由此也可以看出，以血缘亲情为纽带的家庭具有其他人际关系所无法比拟的、发乎自然的情感牵系力量。

　　《周易》重点写出旅外之人财物或生命安全上的损失，《诗经》重点突出了心灵上、精神上的苦痛。《诗经》不仅突出在外行役、行旅之苦，更多的则是在此基础上抒发了对家人的思念。《魏风·陟岵》《唐风·鸨羽》《豳风·东山》《小雅·四牡》等篇，表现的就是在外行役的征人对家中父母妻子的想念。《陟岵》描写征夫在外想象家中父母和兄长如何思念自己。《唐风·鸨羽》中的征夫再三忧虑"父母何怙""父母何食""父母何尝"③，担心父母无依无靠，没有食物。《豳风·东山》表达了征人回家途中对妻子的牵挂和悬想。他想象"妇叹于室"的情景；想象当初新婚时的情景："之子于归，皇驳其马。亲结其缡，九十其仪。"随即发出"其新孔嘉，其旧如之何？"④的感叹和疑问。《小雅·四牡》也表达了行

---

① （清）阮元校刻：《十三经注疏（清嘉庆刊本）》第一册，中华书局 2009 年版，第773—774 页。

② （清）阮元校刻：《十三经注疏（清嘉庆刊本）》第一册，中华书局 2009 年版，第702—703 页。

③ （清）阮元校刻：《十三经注疏（清嘉庆刊本）》第一册，中华书局 2009 年版，第775 页。

④ （清）阮元校刻：《十三经注疏（清嘉庆刊本）》第一册，中华书局 2009 年版，第846 页。

役之人长期在外，"不遑将父""不遑将母"①，没有时间孝养父母的悲伤。

　　从上面的论述中可以看出，在《周易》卦爻辞中，表现群体观念和个体生命意识在时空上基本上是分开的，写安居生活重在表现群体相聚之乐，写外出行旅流浪突出个体生命的不幸。到了《诗经》中，这种时空框架开始被突破。如前所述，《诗经》在描写家族饮宴场面时，作者就流露出人生有限的感慨，与此相应，《诗经》的行役诗在反映个体生命所遭到的伤害时，又自然地向往家族群居的欢乐，惦念家中的亲人，群体观念和个体生命意识也是结合在一起的。不过应该指出的是，《诗经》描写群居生活的时候提到最多的亲族成员是兄弟，而行役诗的主人公在怀念家人时，首先想到的是父母，这和作品主人公所处的环境，所担负的义务有直接关系。

　　随着时代的推移，思亲诗在后来表现出新的内容，思念的对象发生了变化。《诗经》中的行役者主要是思念父母，想到的是自己的赡养义务，像《豳风·东山》这样牵挂妻室的作品极其罕见。到了汉代的《古诗十九首》，游子所思念的家乡亲人几乎都是自己的伴侣，与《诗经》形成鲜明的对照。这是因为随着时代的推移，家庭规模越来越小，由聚族而居到三世或四世同堂，再到以夫妻为主体的小家庭，汉代已经走到了这一步。与此相应，妻室也就成为游子心目中的家庭象征，成为他主要的思念对象。如果说《诗经》相关作品在群居生活中萌生出个体生命意识是人性的一次觉醒，那么，《古诗十九

―――――――――

① （清）阮元校刻：《十三经注疏（清嘉庆刊本）》第一册，中华书局 2009 年版，第868 页。

首》的思妇诗则是作家人性更加个体化的又一次飞跃。

三、儒道两家对安土重迁的超越

《周易》和《诗经》对安土重迁主题的表达，还不脱离实际生活的功利层面；道家著作《庄子》以及后代某些诗歌作品，则超脱了生存层面上的主题，把个体情感哲学化为对人生和社会的思考。《诗经》中所怀念的都是作者实际拥有的家乡，是对固定居所及家人的想念，是空间上的实体；《庄子》则把所怀思的家园指向人类传说时代，这是对人类理想社会的思考，从时间上对现存的家园作了哲学化的超越。

《庄子》对上古"至德之世"作了深情的追忆和赞美，文曰：

> 子独不知至德之世乎？昔者容成氏、大庭氏、伯皇氏、中央氏、栗陆氏、骊畜氏、轩辕氏、赫胥氏、尊卢氏、祝融氏、伏羲氏、神农氏，当是时也，民结绳而用之，甘其食，美其服，乐其俗，安其居，邻国相望，鸡狗之音相闻，民至老死而不相往来。
>
> 夫赫胥氏之时，民居不知所为，行不知所之，含哺而熙，鼓腹而游，民能以此矣。
>
> 神农之世，卧则居居，起则于于，民知其母，不知其父，与麋鹿共处，耕而食，织而衣，无有相害之心，此至德之隆也。①

"至德之世"是被庄子理想化了的远古传说时代，是庄子在距离现实极远的时间中设立的一处美好的家园。这里，表现了庄子对原始洪荒时代人类之初的向往和怀恋。他热情地赞颂了上古时代人

---

① 以上三个文段，依次出自《胠箧》《马蹄》《盗跖》。（清）郭庆藩撰，王孝鱼点校：《庄子集释》上册，中华书局 2012 年版，第 366、349 页；下册，第 988 页。

们顺应自然的生活。这是他的乌托邦,是他的社会理想,是他的乡思之所在。

如果说《庄子》的"至德之世",还没有脱离一个具体的社会形态,多多少少还有现实的凭依;那么,《庄子》中的"无何有之乡"和他的道境,则完全超越了现实,超越了任何物质性,超越了时空,成为他的精神故乡和精神家园。这里,故乡和家园不再是某处具体的地方,也不是某个远古时代,而是在时间和空间之外的一个缥缈极了的处所,是一个哲学化的象征。

《庄子》在很多篇章中一次又一次地表达了对精神家园的向往,表达了要"游无何有之乡",逍遥于缥缈的精神家园之中的热望。他所憧憬的生活是在"无何有之乡,广莫之野"中"彷徨乎无为其侧,逍遥乎寝卧其下。不夭斤斧,物无害者,无所可用,安所困苦哉!"①类似的说法还有多处。如《应帝王》曰:"游于无有""游无朕",《在宥》曰:"游无极之野""游无端",《天运》曰:"游逍遥之虚",《山木》曰:"游于无人之野。"②他理想中的圣人、至人、大宗师是"乘天地之正,而御六气之辨,以游无穷","乘云气,御飞龙,而游乎四海之外","游乎尘垢之外","芒然彷徨乎尘垢之外,逍遥乎无为之业","乘夫莽眇之鸟,以出六极之外,而游无何有之乡,以处圹埌之野"。③

---

① 语出《逍遥游》。(清)郭庆藩撰,王孝鱼点校:《庄子集释》上册,中华书局2012年版,第46页。

② (清)郭庆藩撰,王孝鱼点校:《庄子集释》上册,中华书局2012年版,第303、313页;中册,第393、403、521、670页。

③ 引文依次出自《逍遥游》《逍遥游》《齐物论》《大宗师》《应帝王》。(清)郭庆藩撰,王孝鱼点校:《庄子集释》上册,中华书局2012年版,第19—20、31、103、273、299页。

　　总之，那个在时间之外，在空间之外，在具体的、有限的四海之外的无穷至大之域、虚无缥缈之境，才是庄子心心系念的家园。这是庄子独创的迥异于他人的精神乐园，它超越了尘世的一切，包括血缘亲情；它不受任何事物的牵绊，具有绝对自由的特征。

　　此外，《庄子》描述的"道"境是一种心灵境界，也是精神的归宿和故乡。《知北游》曰："夫昭昭生于冥冥，有伦生于无形，精神生于道"①，道是精神的源泉，因而是人最终的归宿。《大宗师》曰："鱼相造乎水，人相造乎道。"《知北游》曰："道将为汝居。"②人最终向往的是"登假于道"，是"独与道游于大莫之国"，是"游乎万物之所终始"③，是与道合一，优游于无形冥冥、生化万物的道境。《田子方》说得好："吾游心于物之初"，"得至美而游乎至乐，谓之至人"。④ 这"至美至乐"的境界，便是道的境界，是精神的终极家园。

　　庄子所向往的精神家园，不存在于现实空间，而是在理想世界；不是在中土，而是在六合之外；不是在当下和未来，而是在遥远的往古。由此而来，他把世人都看作远离家园的流浪汉，对于他们来说，不是离不离开家园的问题，而是找回那失去已久的故土。所以，庄子对精神家园的追寻，就不再是安土重迁，而是离土乐迁，必须离开流浪之地，才能返回精神家园。庄子对精神家园的求索，在

---

① （清）郭庆藩撰，王孝鱼点校：《庄子集释》中册，中华书局2012年版，第738页。
② （清）郭庆藩撰，王孝鱼点校：《庄子集释》上册，中华书局2012年版，第277页，下册，第734页。
③ 所引文句依次出自《大宗师》《山木》《达生》。（清）郭庆藩撰，王孝鱼点校：《庄子集释》上册，第231页；中册，第673、633页。
④ （清）郭庆藩撰，王孝鱼点校：《庄子集释》中册，中华书局2012年版，第709、711页。

空间上大大超越了安土重迁之人所津津乐道的狭小天地，而进入无限广阔的世界。同时，由于庄子寻找精神家园是一种精神的超越，所以，他要克服的不是自然界和现实社会的艰难险阻，而主要是去掉自身的自觉意识，进入无知无欲的状态，即通过心斋而与大道合一。庄子是通过进入无限广阔的空间而实现人生的永恒价值，时间的无限和人生的无限是统一的。不过，由于庄子回归精神家园在本质上是一种虚静之术，人的形体并没有超越现实。所以归根结底，不过是在安土重迁传统制约下的精神遨游而已。

儒家对安土重迁另有一番理解。《论语·里仁》载："子曰：'君子怀德，小人怀土。'"《正义》曰："小人安安而不能迁者，难于迁徙，是安于土也。"①怀土，即"重迁"。小人安于土而重迁，以本土为家，以家为安居宴乐之所；君子安于德而重迁，执德不移，以德为家，以德为安身立命之本。这里，孔子把"土"置换为"德"，是一层隐喻，突出了德的重要性。宣扬的是君子立德、安德的学说，把"德"看作精神故乡。在赋予古老的安土重迁思想以新的内涵，超越狭隘的具体的时空之上，儒道两家是相同的，只是具体的路径与目标不同罢了。

至于《周易》与《诗经》中表现的流浪之苦、行役之难，在后代诗歌中则衍生为人生路难主题。阮籍《杂诗·平生少年时》，在结尾处发出深沉的悲叹："北临太行道，失路将如何！"②这是人生路难、志士失路之作的先声。随后，鲍照十八首《拟行路难》的绝大

---

① （清）阮元校刻：《十三经注疏（清嘉庆刊本）》第五册，中华书局 2009 年版，第 5367 页。
② （三国魏）阮籍著，陈伯君校注：《阮籍集校注》，中华书局 2012 年版，第 222 页。

部分和李白的三首《行路难》等名作，以及卢照邻、李颀、高适等诗人的同题作品，把肇源于《周易》的在外难行主题做了形而上的抽象和概括，抒发了在人生旅途上行路之难的悲叹。具体而微的行路难在这些诗人的笔下，被赋予了更加广泛的意义和更加深邃的内涵。究其原因，这是个体生命意识充分觉醒的产物，是个体生命潜能没有得到发展，个体生命价值没能实现的哀吟。

第三节　《周易》与上古文学用舍行藏主题

孔子提出的"用之则行，舍之则藏"[1]命题，对我国古代士人的人生哲学及人生实践起着重要的制约和指导作用，是上古文学作品着重表现的一个主题。虽然人们已经从多个角度探讨过它，可是，从它与《周易》的联系这个角度来进行研究，似乎还没有人做过。本节拟就儒道两家及汉代辞赋作品的仕隐思想观念与《周易》的关系做些探源性考察，希望能够有新发现。

一、忧患意识与旷达的人生哲学

追求人生价值的实现，是中国古代士人生命理想的核心内容。出仕为官，参与社会事务，是实现人生价值的主要途径。因主观或客观的原因而不仕，则为隐。士人的生存方式，主要就表现为仕进与隐退两种。因而，何时出仕，何时退隐，以什么方式仕进，以什么方式隐退，以什么样的心态来面对个体无法改变的客观现实等一系列问题，就成为广大士人苦苦思索的对象和文学作品反复表现

---

① 　语出《论语·述而》。（清）阮元校刻：《十三经注疏（清嘉庆刊本）》第五册，中华书局 2009 年版，第 5391 页。

的主题。对此,《周易》给出了明确的答案。

得志则乐,失志则忧;处顺则喜,处逆则悲,是人之常情。相反,不以得志失志而忧乐,不以顺逆而悲喜,则上升为一种人生境界。在用舍行藏这个问题上,《周易》本经超越了人之常情,表现出深刻的忧患意识以及旷达开朗的人生哲学。

所谓忧患意识,往往是针对进取、得志之时而言的。《周易》中涉及进取时主体心态的卦爻辞,很难见到欢欣鼓舞、志得意满的情绪,突出展示的是忧惧的心态:居安思危或处进思退。

《乾》九三曰:"君子终日乾乾,夕惕若。"①这条寥寥数字的爻辞塑造出一位终日孜孜矻矻,不敢稍有懈怠,勤勉上进、自强不息的君子形象。即便到了夜晚,他仍然忧虑警醒,有所戒备,精神十分紧张。《晋》初六曰:"晋如,摧如,贞吉。"②虞翻曰:"摧,忧愁也。"陆德明《经典释文》曰:"摧,退也。"③朱熹释曰:"有欲进见摧之象。占者如是,而能守正则吉。"④元代吴澄《易纂言》曰:"'摧',抑退也。"⑤胡朴安释曰:"《说文》:摧,一曰折也。言上进而受摧折也。"⑥《晋》卦卦象是坤下离上,明出地上,为光明之象,正是进取之时。可是,不管是忧愁,还是抑退,前两条爻辞却并无令人振奋、催人向上的辞句,描述的不是对生命的激扬,而是对生

① (清)阮元校刻:《十三经注疏(清嘉庆刊本)》第一册,中华书局 2009 年版,第 22 页。
② (清)阮元校刻:《十三经注疏(清嘉庆刊本)》第一册,中华书局 2009 年版,第 100 页。
③ (清)孙星衍:《周易集解》,上海书店出版社 1988 年版,第 298 页。
④ (宋)朱熹撰,廖名春点校:《周易本义》,中华书局 2009 年版,第 140 页。
⑤ 王新春、吕颖、周玉凤:《〈易纂言〉导读》,齐鲁书社 2006 年版,第 203 页。
⑥ 胡朴安:《周易古史观》,上海古籍出版社 1986 年版,第 151 页。

命的抑制。虽然客观情势为明出地上，对人构成催发性力量，可是主体没有处于昂奋的积极状态，而是处在低调压抑的情绪之中。进取之时，心怀忧惧。或者说，进取之时，先有受挫的预设，只有具备了这样的心理准备，才会"贞吉"。《丰》卦也是如此。丰为丰大，为进取发展之象，《彖》曰"明以动"①，可是爻辞却颇多凶征。如此安排卦名与爻辞辞义，也蕴含着忧患之思。

《晋》上九告诉人们，进取之时要注意适度，物极则反。上九曰："晋其角，维用伐邑，厉，吉，无咎，贞吝。"②上九处一卦之极，角位于动物的上部，正与卦位相对应。外于晋之极，明已过中，将要夷灭，不应该再进取不止，然而还要有所动作，发起战事，所以断辞以"厉"始，以"吝"终，中间虽有"吉"或"无咎"的时候，但总体看来还是忽险忽吉，变幻莫测，以凶险居多，没有安宁感。原因就在于，虽然当晋之时可以有所作为，但若一味进取，不顾其他，就会带来与主观意愿相反的客观结果。此外，《周易》的卦序编排也说明了这一点。与《晋》卦相对应，紧接其后的就是《明夷》卦，列举的都是光明或贤人遭受挫伤的事象。这样的编排，暗示人们，明极则夷，进极就要受到挫伤。也就是说，进取应当掌握好尺度，适可而止。这也使得人们进取之时，总要有所顾虑。

所谓旷达，主要是针对失志、隐退之时而言的。当客观条件没有给主体提供进取时机的时候，《周易》经传表现出两种人生价值取向。

第一，屈以求伸，进德以待时。《乾·文言》曰："君子进德修

---

① （清）阮元校刻：《十三经注疏（清嘉庆刊本）》第一册，中华书局2009年版，第139页。

② （清）阮元校刻：《十三经注疏（清嘉庆刊本）》第一册，中华书局2009年版，第101页。

业,欲及时也。"①《蹇·象》曰:"蹇,君子以反身修德。"②身处困境时应重视德行的修养精进。当隐之时,就社会政治地位或功业的建立而言,生命处于停滞状态。但《易传》认为,在这个特别阶段,不能无所作为,任运自然,而是要在德这方面力求精进;创制者不是把这个阶段看作生命的休养阶段,而是把它看作养精蓄锐的时机,是为未来的进取做准备的阶段。《系辞下》曰:"君子藏器于身,待时而动。"③当隐之时,要把自身的胆识磨砺得更加锋锐,以便待时而动;要关注外界的变化,"尺蠖之屈,以求信也"④,一时之屈,是为了日后生命的舒展和张扬。总而言之,隐退于社会事务之时,应当进取于德行之途。这是隐中有进,隐以待进的人生哲学。

第二,弃世而隐,隐而无闷。《蛊》上九曰:"不事王侯,高尚其事。"⑤隐者根本不打算参与社会事务,不打算建立世俗层面的功业,他把不事王侯、独行其是看作高尚的行为,表现出自我确证、自我欣赏的情怀。《大过·象》曰:"君子以独立不惧,遁世无闷。"《乾·文言》曰:"遁世无闷,不见是而无闷。"⑥隐居者不因没有得

---

① (清)阮元校刻:《十三经注疏(清嘉庆刊本)》第一册,中华书局 2009 年版,第 27 页。
② (清)阮元校刻:《十三经注疏(清嘉庆刊本)》第一册,中华书局 2009 年版,第 105 页。
③ (清)阮元校刻:《十三经注疏(清嘉庆刊本)》第一册,中华书局 2009 年版,第 183 页。
④ (清)阮元校刻:《十三经注疏(清嘉庆刊本)》第一册,中华书局 2009 年版,第 182 页。
⑤ (清)阮元校刻:《十三经注疏(清嘉庆刊本)》第一册,中华书局 2009 年版,第 71 页。
⑥ (清)阮元校刻:《十三经注疏(清嘉庆刊本)》第一册,中华书局 2009 年版,第 83、26 页。

到世俗的承认而忧惧,不以远离人群而苦闷。而且,非但不苦闷,还深以隐居为乐,把不参与社会事务的隐退之举看得无比美好。《遁》九五曰:"嘉遁,贞吉。"上九曰:"肥遁,无不利。"①自由愉悦的隐居,使生命得到舒放,隐得洒脱、自在。

在非进取之时,进德以待时或弃世而隐,二者的人生价值取向虽然不甚相同,但主体的心态却颇有相通之处。处困蹇之时,"反身修德"是意欲积极有为;屈以求伸,更摆明了不以屈为苦,安于一时之屈的态度。"独立不惧,遁世无闷",则鲜明地表现出主体不忧惧、无烦郁的旷达情怀。同是身处困逆之境,他们都没有怨天尤人、愤世嫉俗或悲观认命、自暴自弃,没有走向偏激极端,而是以平静安详、泰然自若的心态来面对客观现实,表现出旷达开朗的生命情调。正如黑格尔所说:"一个东方人如果遭受到苦难,他只把它看成命运的不可改变的决定,仍泰然自若,不感到什么悲伤抑郁或是愤懑不平。"②

进一步探究,《周易》经传面对现实苦难表现出的旷达开朗的人生哲学,有着深厚的哲学基础,它源自我国古代哲学特有的泛神论体系以及由此而产生的天命观。泛神论是一种把神融合于自然界之中的哲学,认为所有的自然物都有神性,都有灵魂,而且这种灵魂还具有普遍性。在古代中国,曾有一个阶段,把精气视为宇宙普遍性的实体。《系辞上》曰:"精气为物,游魂为变"③,把精气看

---

① (清)阮元校刻:《十三经注疏(清嘉庆刊本)》第一册,中华书局 2009 年版,第 98 页。
② [德]黑格尔:《美学》第二卷,朱光潜译,商务印书馆 1979 年版,第 87 页。
③ (清)阮元校刻:《十三经注疏(清嘉庆刊本)》第一册,中华书局 2009 年版,第 160 页。

作感性物质的灵魂,聚而成物,散而为气。精气为宇宙的本原,以泛神论的观点来看,精气也是人的本原;宇宙由精气构成,人也由精气构成;宇宙的灵魂是精气,人的灵魂也是精气。既然人与宇宙同质同构,那么,人的活动也应当与宇宙的运行规律相符相应。由此而来,就形成了天命的观点,即人的活动应与天道的运行相应和,人的命运取决于自然之天命。人如果能够遵循天道而行事就不会出现差错。再进一步说,如果能知晓外在于人的客观力量,也就不会再对客观必然性有什么担忧恐惧之感,因为人对于已知之事是不会产生恐惧的,只对无法测知、无法估计的力量产生畏惧之情。正如《系辞上》所说:"与天地相似,故不违。知周乎万物而道济天下,故不过。旁行而不流,乐天知命,故不忧。"①能够乐知天命,当然也就不会忧思恐惧或抑郁愤懑了。

《周易》首卦《乾》卦的《彖》传,就体现出由泛神论而至天命论的特点。文曰:"大哉乾元,万物资始,乃统天。云行雨施,品物流形。"②万物靠乾元创始,乾元运行流动,云得之而行,雨得之而降,乾元内化于万物,万物于是成形。乾元是什么呢? 清代惠栋引述:"何休注《公羊》曰:元者,气也,天地之始也。"③也就是说,乾元,是宇宙万物的本原、灵魂,是普遍性的宇宙实体。这是泛神论。接下来,《乾·彖》又说:"乾道变化,各正性命,保合太和,乃利贞。"④

---

① (清)阮元校刻:《十三经注疏(清嘉庆刊本)》第一册,中华书局 2009 年版,第 160 页。
② (清)阮元校刻:《十三经注疏(清嘉庆刊本)》第一册,中华书局 2009 年版,第 23 页。
③ (清)惠栋撰,郑万耕点校:《周易述》上册,中华书局 2007 年版,第 4 页。
④ (清)阮元校刻:《十三经注疏(清嘉庆刊本)》第一册,中华书局 2009 年版,第 23—24 页。

乾道变化，分得乾道的万物也就随之各得其属性之正，保持并调和天的太和之气。人为万物之一，也是由乾元之气生成，其性命之正，仰赖于乾道之运化。这便是天命论。

对天命观的认识和表述，除上引《系辞》《乾·彖》之外，《周易》中还有多处。它们把天命观具体化了，把人事与天道结合起来。《坤·文言》曰："天地闭，贤人隐。"《泰·彖》曰："泰，小往大来，吉，亨。则是天地交而万物通也，上下交而其志同也……君子道长，小人道消也。"《泰·象》曰："天地交，泰。"《否·彖》曰："否之匪人，不利君子贞。大往小来，则是天地不交而万物不通也，上下不交而天下无邦也……小人道长，君子道消也。"《否·象》曰："天地不交，否。君子以俭德辟难，不可荣以禄。"《剥·象》曰："君子尚消息盈虚，天行也。"《困·象》曰："泽无水，困，君子以致命遂志。"①《周易》把天道客观情势作二元区分，一是当天地交、万物通之时，这是"泰"。当此之时，君子道长，得以仕进，被君主重用，强盛壮大。一是当天地不交，万物不通之时，即"否""困""剥"。当此之时，小人得势，贤人隐退，以俭德避难，不能出仕取禄。乐天知命的君子，崇尚天道的消息盈虚等自然运行规律，动止都合乎天道的运行，与天行同盈虚，共进退。知天之消息，定人之仕隐，与天同步，任于天命，畅达其志，无忧无患。

总体看来，进以忧患，退则旷达，构成《周易》用舍行藏理论的两个重要方面。《周易》的旷达开朗，建立在相连的两步认识基础之上。首先是理性的自觉，把外在于人的客观力量看作是天命，是

---

① （清）阮元校刻：《十三经注疏（清嘉庆刊本）》第一册，中华书局2009年版，第34、54、55、56、56、76、121页。

客观必然性,理智地认识到天命不可更改,非人力所能为。其次是顺天行事,既然天命无法更改,那就"顺天休命"①,顺应天命以求嘉美的个人命运。进一步探究,《周易》经传的人生哲学之所以能旷达开朗,是因为跳出了世俗社会的人生层面,从更高的立足点来观照人生,即从宇宙、天命的视角来俯察人生。因为有了这样一个更高层面的视角,对事物情理的领悟达到极宽广的境域,把穷通顺逆变化的根本原因,归之于天,把人的命运归之于天,找到一个终极的原因,对于现实人生的顺逆,做出了终极性的解释,也就能处之泰然了。最终的落脚点仍然在人间:在道德层面,进德及时;在自由层面,弃世而隐。但是,毕竟有了更高层次的视角,可以不为人世纷扰所局限,达到旷达开朗的人生境界。最后,借用黑格尔的话,回到这种人生哲学产生的最初源头,就是:"在泛神主义里却不然,神内在于万物这个信仰就把尘世的自然和人类存在本身提高到本身独立的伟大庄严的地位。"②人们相信"神内在于万物",包括自身,因而就把自身的存在提高到"独立的伟大庄严的地位",并以此承受、消解、超越现实的种种艰难困苦。

二、旷达洒脱的艺术群像

孔子与庄子的人生哲学,学界多辨析其异,而对其同则关注得不够。在用舍行藏这个问题上,孔子与庄子的人生哲学,都与《周易》十分相近,即旷达开朗。他们的旷达开朗,其思想基础仍然是天命论,把人力无法控制、扭转的客观外在力量视为天命,把个人

---

① 语出《大有·象》。(清)阮元校刻:《十三经注疏(清嘉庆刊本)》第一册,中华书局 2009 年版,第 59 页。
② [德]黑格尔:《美学》第二卷,朱光潜译,商务印书馆 1979 年版,第 86 页。

的穷通遭际归因于天命。他们都对天命有着深刻而理性的认识和理解，承认天命的必然性，因而也就安于天命，安于个人的命运，坦然地营造出心灵的安恬平和。

孔子罕言利与命，但从《论语》中他为数不多的有关命的言论当中，还是不难看出他安于命的思想状况。他说："道之将行也与，命也；道之将废也与，命也。"①他把道的行与废归因于命，不以个人意志为转移，个人无法与之抗衡。孔子还把能否知命看作君子的一个必要条件，他说："不知命，无以为君子也。"②那么，孔子所谓"知命"包含哪些内容呢？从其弟子的话语中，可以略知一二。子夏曰："商闻之矣：死生有命，富贵在天。"③子夏所闻，最有可能是得自孔子。孔子勘破了生死这一人生自然的大限，勘破了富贵这一人们孜孜以求的外在功业，把寿命长短、富贵贫贱都归之于天命。命运有其预定性，但孔子并没有因此而放弃人为的努力，他坚持做自己认为应当做的事，把成败利钝及个人的穷达置之度外，从而形成旷达开朗的人生态度，培育不忧不惧、坦坦荡荡的君子情怀。孔子自己在身处危境时的言论，表现出他对天命的自觉体认。《论语·子罕》记载，"子畏于匡，曰：'……天之将丧斯文也，后死者不得与于斯文也；天之未丧斯文也，匡人其如予何！'"④孔子对于匡人的围困，无所畏惧，因为他深信一切自有天命的安

---

① 语出《论语·宪问》。（清）刘宝楠撰，高流水点校：《论语正义》，中华书局1990年版，第593页。

② 语出《论语·尧曰》。（清）刘宝楠撰，高流水点校：《论语正义》，中华书局1990年版，第769页。

③ 语出《论语·颜渊》。（清）刘宝楠撰，高流水点校：《论语正义》，中华书局1990年版，第488页。

④ （清）刘宝楠撰，高流水点校：《论语正义》，中华书局1990年版，第327页。

排。他把自身所作所为提升到天命的高度。知天命，为大智；不忧，为大仁；不惧，为大勇。正是大智、大仁、大勇的精神品质，成就了圣人。正是旷达开朗的人生哲学，成就了圣人。

有趣的是，孔子把知天命与学《周易》两件事联系起来。他自叙人生历程时说："五十而知天命"①，到了五十，他就认识到天命了，并且能够顺乎天命。他还说："五十以学易，可以无大过矣。"②在孔子看来，五十知天命之年，才不会歪曲《周易》的精神。"知天命"与"学易"，一个是人生阶段性的感悟，一个是学习的内容，二者偏偏都被孔子安排在五十这个年龄，大概不是巧合。是否可以这样理解：《周易》的人生哲学，只有在知天命之后，才能有所体会并付诸实践。"天命"是《周易》的一种基本精神，所以只有到了知天命的年纪，只有已经知天命的智者，才有可能领会。《周易》旷达开朗的人生哲学建立在天命观的基础之上，孔子也对天命有深刻的体悟，其人生哲学自然会与《周易》有所关联。

与孔子相比较，《庄子》言命的次数更多。庄子的安命论已经被学界反复讨论过，这里再略说明。孔子把知天命视为一个人真正成熟的标志，庄子把能够安于命运，看作德行修养极高的人才能达到的境界。《庄子·人间世》曰："哀乐不易施乎前，知其不可奈何而安之若命，德之至也。"《庄子·德充符》曰："知不可奈何而安之若命，唯有德者能之。"③孔子抱持"死生有命，富贵

① 语出《论语·为政》。（清）刘宝楠撰，高流水点校：《论语正义》，中华书局1990年版，第43页。
② 语出《论语·述而》。（清）刘宝楠撰，高流水点校：《论语正义》，中华书局1990年版，第267页。
③ （清）郭庆藩撰，王孝鱼点校：《庄子集释》上册，中华书局2012年版，第161、204页。

在天"①的观念，所以不因穷达而忧惧；庄子把人生的穷达贫富等遭际归之于命，把它看成自然规律。《庄子·山木》曰："饥渴寒暑，穷桎不行，天地之行也。"②因而，他主张把人生的一切委诸命运，不因命运遭际的穷达贫富而动心，不因此而扰乱心灵的安恬平和。《庄子·养生主》曰："适来，夫子时也；适去，夫子顺也。安时而处顺，哀乐不能入也。"《庄子·德充符》曰："死生存亡，穷达贫富，贤与不肖毁誉，饥渴寒暑，是事之变，命之行也；日夜相代乎前，而不知能规乎其始者也。故不足以滑和，不可入于灵府。"《庄子·达生》曰："胡罪乎天哉，休恶遇此命也……又何暇乎天之怨哉！"③安于命运，故而不怨不忧。不论人生的遭遇如何，都不归咎于天。安于命运，故而能保持人格的康健，不因位居高官而纵情骋志，不因穷困拮据而趋俗从众。《庄子·缮性》曰："故不为轩冕肆志，不为穷约趋俗，其乐彼与此同，故无忧而已矣。"④无论得志还是穷约，始终保持乐观的态度，安命论就这样一步步自然地导向了旷达开朗的人生哲学。

　　安命论的思想基础和旷达开朗的人生哲学，在《论语》与《庄子》这两部经典中，得到了艺术的表现。在孔子和庄子对同一人物的评价当中反映出相近的审美标准，寄寓了相同的审美理想。有这样几位人物，成为《论语》和《庄子》共同的聚焦点：令尹子文

---

①　语出《论语·颜渊》。（清）刘宝楠撰，高流水点校：《论语正义》，中华书局1990年版，第488页。

②　（清）郭庆藩撰，王孝鱼点校：《庄子集释》中册，中华书局2012年版，第689页。

③　（清）郭庆藩撰，王孝鱼点校：《庄子集释》上册，中华书局2012年版，第134、218页；中册，第661—662页。

④　（清）郭庆藩撰，王孝鱼点校：《庄子集释》中册，中华书局2012年版，第558页。

（孙叔敖）、颜回、曾子、孔子。他们都具有旷达开朗的人格美，大体表现在以下三方面：

首先，宁和泰然之美。他们都不依附于政治。仕进，不以为荣，不因之而喜；失位，不以为辱，不因此而忧。令尹子文可为代表。孔子赞赏"令尹子文，三仕为令尹，无喜色；三已之，无愠色"[1]。《庄子》中，孙叔敖也是这样的人物，他"三为令尹而不荣华，三去之而无忧色"[2]。令尹子文与孙叔敖，人名不同，二者的行为及情感完全相同，大概只是传说的版本不同。对于普通人来说，一仕一黜就已经令他们难以忍受，甚至仕途稍有不顺就怨天尤人。令尹子文则不同。仕途的进退，对他不能产生丝毫影响，不能扰乱其心态的宁静，表现出独立、泰然的人格之美。

对令尹子文这类人物的精神底蕴，《庄子》作者让孙叔敖自己做了如下揭示："吾何以过人哉！吾以其来不可却也，其去不可止也，吾以为得失之非我也，而无忧色而已矣。我何以过人哉！且不知其在彼乎？其在我乎？其在彼邪？亡乎我；在我邪？亡乎彼。方将踟蹰，方将四顾，何暇至乎人贵人贱哉！""死生亦大矣，而无变乎己，况爵禄乎！"[3]他把死生都置之度外，因此，对于宦海沉浮根本不介意，在他看来，一切都是命运的安排，无须自己关心。由此可见，孙叔敖的宁和泰然之美，是建立在天命观之上的。

其次，超脱散淡之美。颜回、曾子可为代表。他们身处穷困而

<hr />

[1]　语出《论语·公冶长》。（清）刘宝楠撰，高流水点校：《论语正义》，中华书局1990年版，第193页。

[2]　语出《田子方》。（清）郭庆藩撰，王孝鱼点校：《庄子集释》中册，中华书局2012年版，第723页。

[3]　语出《庄子·田子方》。（清）郭庆藩撰，王孝鱼点校：《庄子集释》中册，中华书局2012年版，第723—724页。

仍然能怡然自得，超然自乐，安贫乐道。孔子由衷地赞美颜回：
"贤哉，回也！一箪食，一瓢饮，在陋巷，人不堪其忧，回也不改其
乐。"①颜回生存的物质条件极其恶劣简陋，一箪食，一瓢饮，处陋
巷。平常人身处此境，必会不堪其忧，而颜回却能不改其乐，精神
境界高于常人，这便是他为孔子所赞赏的地方。孔子本人有安贫
乐道的思想。子曰："饭疏食饮水，曲肱而枕之，乐亦在其中矣。"②
所以，他才能独具慧眼地发现颜回身上这一可贵的品质。关于颜
回，《庄子·让王》中记有类似的内容，文曰：

> 孔子谓颜回曰："回，来！家贫居卑，胡不仕乎？"颜回对
> 曰："不愿仕。回有郭外之田五十亩，足以给飦粥；郭内之田十
> 亩，足以为丝麻；鼓琴足以自娱，所学夫子之道者足以自乐也。
> 回不愿仕。"孔子愀然变容曰："善哉回之意！丘闻之：'知足
> 者不以利自累也，审自得者失之而不惧，行修于内者无位而不
> 怍。'丘诵之久矣，今于回而后见之，是丘之得也。"③

这里的颜回与《论语》中的小有差别。《论语》中的颜回还只是安
贫乐道，并没有不愿出仕的意念。《庄子》作者则把他改造成为一
个自给自足、甘愿居卑、不愿出仕的隐士。但人物的精神还是相通
的，都以精神的富有超脱外在物质环境的贫困，悠然自得于所学
之道。

---

① 语出《论语·雍也》。（清）刘宝楠撰，高流水点校：《论语正义》，中华书局
1990年版，第226页。
② 语出《论语·述而》。（清）刘宝楠撰，高流水点校：《论语正义》，中华书局
1990年版，第267页。
③ （清）刘宝楠撰，高流水点校：《论语正义》，中华书局1990年版，第970—971页。

孔子的另一个弟子曾皙也表现出超脱散淡之美。《论语·先进》中有一段孔子弟子各言己志的精彩文字。其中,曾皙的志向"异乎三子者之撰",他不打算积极用世,向往的是一种安宁散淡、自由洒脱的生活:"莫春者,春服既成,冠者五六人,童子六七人,浴乎沂,风乎舞雩,咏而归。"①他的人生理想得到夫子喟然赞叹:"吾与点也!"曾皙的志趣中透出一股清高之风,超尘拔俗。《庄子·让王》中也写到"曾子"之事。从人物的精神面貌来看,这里的曾子应是曾皙,而不是被孔子评为"参也鲁"的曾皙之子曾参,虽然曾参在《论语》中被称为曾子。《论语》用言论刻画出人物的精神,《庄子》则用肖像举止,传达出人物的神韵,《让王》曰:

> 曾子居卫,缊袍无表,颜色肿哙,手足胼胝。三日不举火,十年不制衣,正冠而缨绝,捉衿而肘见,纳屦而踵决。曳縰而歌《商颂》,声满天地,若出金石。天子不得臣,诸侯不得友。故养志者忘形,养形者忘利,致道者忘心矣。②

这是一个什么样的人呢? 棉衣破烂,面色浮肿,手足生茧。三天不开火做饭,十年不添制新衣。端正帽子,帽带便断了;拉下衣襟,肘臂就露出来;穿上鞋子,脚后跟却突出来。他趿拉着破烂的鞋子,吟歌《商颂》,声音充满天地,好像出自金石乐器之声。天子不能使之为臣下,诸侯不能与他为友。他养志而忘形,致道而忘心,达到极高的境界。描写曾子的文段不长,却运用了夸张、对偶、排比、比喻等多种修辞方法,把一位颇有点放浪形骸的隐者形象描述得

---

① (清)刘宝楠撰,高流水点校:《论语正义》,中华书局1990年版,第474页。
② (清)郭庆藩撰,王孝鱼点校:《庄子集释》下册,中华书局2012年版,第969页。

异常生动感人。他根本就没有意识到自己形貌的困顿，衣着的破敝，反而任性不羁，神情超迈，志气宏放，傲然自得。如此超脱自由，心胸恢廓的高人隐士，真令人不胜敬慕。

最后，艺术心灵之美。旷达开朗的人生哲学，还具体地表现在人物具有一颗艺术的心灵，用审美的态度观照人生，把人生艺术化。《论语》中，孔子问及曾皙的志向，曾皙"鼓瑟希，铿尔，舍瑟而作"①。在瑟音渐希，铿然而止后，他才从容对答。《庄子》中，颜回自道"鼓琴足以自娱"②，曾子歌吟《商颂》，声满天地，若出金石，富于艺术感染力。《论语》中，孔子称赞子路："衣敝缊袍，与衣狐貉者立，而不耻者，其由也与。"③就是这样一位穿着破旧的袍服，傲立于王公贵族之中的子路，在《庄子》中也被赋予了艺术的气质。《庄子·让王》写孔子穷于陈蔡之间，"子路扢然执干而舞"④。孔子的另一个弟子原宪，在《庄子·让王》中也被描写成处困犹歌的人物，文曰："原宪居鲁，环堵之室，茨以生草；蓬户不完，桑以为枢；而瓮牖二室，褐以为塞；上漏下湿，匡坐而弦。"⑤

孔子本人也是一位身处穷困之时，仍能以艺术心胸而鼓琴弦歌的人物。他根本不在乎自己饥寒交迫的处境，把简陋的居室变

---

① 语出《论语·先进》。（清）刘宝楠撰，高流水点校：《论语正义》，中华书局1990年版，第474页。

② 语出《庄子·让王》。（清）刘宝楠撰，高流水点校：《论语正义》，中华书局1990年版，第970页。

③ 语出《论语·子罕》。（清）刘宝楠撰，高流水点校：《论语正义》，中华书局1990年版，第355页。

④ （清）郭庆藩撰，王孝鱼点校：《庄子集释》下册，中华书局2012年版，第975页。

⑤ （清）郭庆藩撰，王孝鱼点校：《庄子集释》下册，中华书局2012年版，第967页。

成自娱自乐的场所。《论语》写孔子善弦歌,曾"取瑟而歌",也教育弟子要"游于艺"①。《庄子》抓住孔子这个特点,特地把他置于困境之中反复加以表现。《秋水》曰:"孔子游于匡,宋人围之数匝,而弦歌不惙。"《山木》曰:"孔子穷于陈蔡之间,七月不火食,左据槁木,右击槁枝,而歌猋氏之风。"《让王》曰:"孔子穷于陈蔡之间,七日不火食,藜羹不糁,颜色甚惫,而弦歌于室。"接下来又借子路、子贡之口评说孔子一再身处困境,而"弦歌鼓琴,未尝绝音"。孔子教育弟子一番穷通之理后,又"削然反琴而弦歌"②。这不起眼的弦歌,使枯淡苦涩的人生多了一个慰藉的良方,使寻求解脱的心灵得到一个美丽的去处,把哲人智者的心灵培育得更加旷达开朗。

　　《论语》和《庄子》共同塑造的孔子及其弟子形象告诉人们,拥有一颗泰然、自由,或艺术的心灵,就能够超脱现实困境。这样旷达开朗的心灵不是无本之木,无源之水,是以人物对天命的通达认识为深层底蕴的。《庄子·秋水》中孔子曰:"我讳穷久矣,而不免,命也;求通久矣,而不得,时也……知穷之有命,知通之有时,临大难而不惧者,圣人之勇也。"③孔子在这里表现出的乐观和旷达,源于对大道的领悟和体验,源于道德对于现实所具有的超越性。且不管真实的孔子是否如此认知,总之,这些知天命、安于天命,穷亦乐、通亦乐的慧识智语,道出了他们之所以能够形成旷达开朗的

---

① 语出《论语·阳货》《论语·述而》。(清)刘宝楠撰,高流水点校:《论语正义》,中华书局1990年版,第699、257页。

② (清)郭庆藩撰,王孝鱼点校:《庄子集释》中册,中华书局2012年版,第594、687页;下册,第973、973、975页。

③ (清)郭庆藩撰,王孝鱼点校:《庄子集释》中册,中华书局2012年版,第595页。

人生哲学，能够多角度地表现出人格美的文化心理。

三、用舍行藏观念及艺术表现

身处困穷之时，孔子和庄子都赞赏旷达开朗、超迈通脱的人生哲学，这与《周易》有颇多相通之处。《周易》对于进取则表现出浓重的忧患意识。孔子和庄子的用舍行藏观念也是如此。他们对待进取的态度，不同于隐退之时的旷达开朗，表现出忧患意识。

孔子从生命安全层面和道德价值层面两个角度，做出人生隐见选择。《论语·泰伯》记载：

> 子曰："笃信好学，守死善道。危邦不入，乱邦不居。天下有道则见，无道则隐。邦有道，贫且贱焉，耻也；邦无道，富且贵焉，耻也。"[1]

从卫护生命安全角度来说，要"守死"，重视死，不轻死，要爱惜生命。身处无道的危邦、乱邦，随时可能会遭遇意想不到的祸乱，危及生命，所以，不入，不居。其中包含着远害全生的意味，但这层意蕴，处于比较隐蔽的状态，一直被人忽视。就道德价值层面而言，"守死"不是仅仅为了活命，而是为了"善道"。孔子从"善道"出发，自觉摒弃不义而富贵的人生选择，他说："不义而富且贵，于我如浮云。"[2]邦有道，贫且贱；邦无道，富且贵，在孔子看来，都是可耻的行为。因为如此选择生存方式，有违道义。他从道德价值层面所做的判断和选择，处于显性状态，受到人们的重视，对后世的影响很大。不论从哪个角度考虑问题，在对待进取的态度上，都可

---

[1] （清）刘宝楠撰，高流水点校：《论语正义》，中华书局1990年版，第303页。

[2] 语出《论语·述而》。（清）刘宝楠撰，高流水点校：《论语正义》，中华书局1990年版，第267页。

看出孔子有所遵循,态度十分审慎。

对于什么是有道,什么是无道,孔子自己有所界定,《论语·季氏》记载:"子曰:'天下有道,则礼乐征伐自天子出;天下无道,则礼乐征伐自诸侯出。自诸侯出,盖十世希不失矣;自大夫出,五世希不失矣;陪臣执国命,三世希不失矣。天下有道,则政不在大夫。天下有道,则庶人不议。'"①孔子所处的春秋末期,正是礼崩乐坏,礼乐征伐自诸侯出,士人参政议政的时代,是贵族统治土崩瓦解的时代。那么,用他的观点来判断,无疑,是无道之时。处无道之时,孔子的人生实践并没有完全如他自己所云无道则隐。他曾汲汲皇皇奔走各国,希图有所作为,推行其政治主张,实现其政治理想。但他斥乎齐,逐乎宋卫,困于陈蔡之间,四处碰壁,最后返鲁。他不是纯粹的隐士,真正从政的时间也很短暂。孔子本人是介于进与隐之间的。

为什么孔子并没有完全遵循其人生哲学呢? 这与孔子对现实的情感态度有关。孔子对现实的态度处于希望与绝望之间。《论语·子罕》记载:"子曰:'凤鸟不至,河不出图,吾已矣夫!'"②凤鸟不出现,黄河不出图,是天下无道的征象。孔子"吾已矣夫"的感叹,表明他对现实已经不抱任何希望,即完全绝望。但是,孔子思想又表现出另一侧面。《论语·子罕》记载:"子贡曰:'有美玉于斯,韫椟而藏诸? 求善贾而沽诸?'子曰:'沽之哉! 沽之哉! 我待贾者也。'"③待价而贾,是有所希望,并非完全绝望。孔子对历

---

① (清)刘宝楠撰,高流水点校:《论语正义》,中华书局1990年版,第651—654页。
② (清)刘宝楠撰,高流水点校:《论语正义》,中华书局1990年版,第333页。
③ (清)刘宝楠撰,高流水点校:《论语正义》,中华书局1990年版,第342页。

史人物的评价，标准也是不一致的。他评议伯夷、叔齐，曰："我则异于是，无可无不可。"①孔子在希望与绝望之间摇摆不定，抱持无可无不可的态度，所以他的人生实践也就介乎隐见之间。

庄子从生命安全层面和生命自由层面两个角度，表现出对进取的忧虑，持否定态度。他继承了老子对生命安全的高度重视。《老子》第十三章曰："贵大患若身。"十六章曰："不知常，妄作，凶。"②其远害全生的意念指向十分明显，处于显性状态。"不知常"句尤其类似《周易》爻辞的句式。从爱护生命角度出发，庄子认为，不论客观情况怎样，出仕从政都会危害生命，所以根本打消出仕的念头。《庄子》运用寓言的文学形式，表现其隐见观念。《列御寇》曰：

> 人有见宋王者，锡车十乘，以其十乘骄穉庄子。庄子曰："河上有家贫恃纬萧而食者，其子没于渊，得千金之珠。其父谓其子曰：'取石来锻之！夫千金之珠，必在九重之渊而骊龙颔下，子能得珠者，必遭其睡也。使骊龙而寤，子尚奚微之有哉！'今宋国之深，非直九重之渊也；宋王之猛，非直骊龙也；子能得车者，必遭其睡也。使宋王而寤，子为齑粉夫！"③

这里，作者把宋国的苦难比喻成九重之渊，把宋王比喻成威猛凶恶

---

① 语出《论语·微子》。（清）刘宝楠撰，高流水点校：《论语正义》，中华书局1990年版，第729页。
② （魏）王弼注，楼宇烈校释：《老子道德经注校释》，中华书局2008年版，第28、36页。
③ （清）郭庆藩撰，王孝鱼点校：《庄子集释》下册，中华书局2012年版，第1056页。

的骊龙。能够从宋王那里得车十乘,犹如从骊龙口中盗珠,一定是适逢宋王处于昏睡状态。假使宋王醒来,得车之人必将被宋王摧成粉末。通过盗取骊龙之珠的比喻,作者表达了侍奉君主随时有生命危险的观念。若要保全生命,就应设法远离君王,而不是靠近统治者,出仕为官。

骊龙之喻还只是重在喻指宋王的凶残暴虐,对得车之人虽然并不赞赏,但还没有表示明显的轻视。曹商舐痔得车的寓言故事则表现了庄子对那些以富贵自骄之徒的轻蔑、唾弃之情。《列御寇》写宋人有曹商者,使秦,得车百乘,自夸于庄子。庄子讥讽曰:"子岂治其痔邪,何得车之多也?"①嘲讽得十分尖刻辛辣。《庄子·天地》把"皮弁鹬冠搢笏绅修以约其外"视作"外重缧缴"②,认为仕宦之人穿着的服饰,是把人束缚住的重重绳索,对人的生命构成危害,根本无自由可言。这些批判的话语,已经由关注生命安全的层面,提升到追求生命自由的层面。

《庄子·养生主》还塑造了象征自由的正面形象——泽雉。"泽雉十步一啄,百步一饮,不蕲畜乎樊中。神虽王,不善也。"③出仕为官犹如困于樊笼之中,虽得富贵,但不得自由。泽雉不是单纯的自然之物,而是负载着作者观念的寓言鸟。

孔子并非完全绝望,所以,当有人聘请他从政时,他就有出仕之念。《论语·阳货》记阳货欲见孔子,孔子不见。阳货发表一番

---

① (清)郭庆藩撰,王孝鱼点校:《庄子集释》下册,中华书局 2012 年版,第 1044 页。
② (清)郭庆藩撰,王孝鱼点校:《庄子集释》中册,中华书局 2012 年版,第 458 页。
③ (清)郭庆藩撰,王孝鱼点校:《庄子集释》上册,中华书局 2012 年版,第 132 页。

言论,孔子曰:"诺。吾将仕矣。"①庄子对现实的态度与孔子不同,因而他的人生实践也与孔子不同。他不是像孔子那样介乎隐见之间,而是成为纯粹的隐士。他决绝地不受统治者的聘用,拒不出仕,并以神龟和牺牛为喻。文曰:

> 庄子钓于濮水,楚王使大夫二人往先焉,曰:"愿以境内累矣!"庄子持竿不顾,曰:"吾闻楚有神龟,死已三千岁矣,王巾笥而藏之庙堂之上。此龟者,宁其死为留骨而贵乎?宁其生而曳尾于涂中乎?"二大夫曰:"宁生而曳尾涂中。"庄子曰:"往矣!吾将曳尾于涂中。"
>
> 或聘于庄子。庄子应其使曰:"子见夫牺牛乎?衣以文绣,食以刍叔,及其牵而入于太庙,虽欲为孤犊,其可得乎!"②

神龟和牺牛的地位虽然尊贵,待遇虽然优厚,但是最终却失去生命,更不得自由。为了生命与自由,庄子当然不愿为牺牛,而选择宁为孤犊;不愿为死后受到尊奉的神龟,而宁愿生而曳尾于涂,虽然地位卑下,但能够得到生命与自由。泽雉、神龟、牺牛这三个寓言形象蕴含着相同的寓意,显富尊荣是戕害生命的事物,人们应当毫无顾惜、毫不留恋地抛弃它们。

面对无道之君无道之世,《周易》经传总结出两种隐者形态。《明夷》六五曰:"箕子之明夷,利贞。"《彖》曰:"内文明而外柔顺,以蒙大难,文王以之。利艰贞。晦其明也,内难而能正其志,

---

① （清）刘宝楠撰,高流水点校:《论语正义》,中华书局1990年版,第674页。
② 两个文段分别出自《庄子》的《秋水》和《列御寇》。（清）郭庆藩撰,王孝鱼点校:《庄子集释》中册,中华书局2012年版,第603—604页;下册,第1057页。

箕子以之。"①一是文王型,内心含藏文明,外在表现为柔顺。一是箕子型,历史上的箕子是以佯狂保身的人物。《史记·宋微子世家》记载箕子谏殷纣王不听,"乃被发详狂而为奴"②。箕子外在表现形态为佯狂,实则藏晦其明。内心虽有痛苦的斗争,但能够端正心志。

《论语》对这两类隐晦其明以处乱世的人物都持肯定态度,侧重点在文王型上。南容适、宁武子和蘧伯玉,都是这种类型的人物。从理论上,孔子对生存状态曾做过区分,《宪问》记载:"子曰:'邦有道,危言危行;邦无道,危行言孙。'"③所谓"危言危行"即直言敢谏,面折庭争。所谓"危行言孙",即文王柔顺型。《公冶长》中记有孔子对南容适和宁武子这两个人物的评论。"子谓南容,'邦有道,不废;邦无道,免于刑戮'。以其兄之子妻之。"④南容适能够在有道之邦有所作为,不失其位;在无道之邦则能保身全命,免于刑戮。孔子把其兄长的女儿嫁给南容适,表明他对南容适的生存方式和人格形态十分赞赏。他对宁武的评价是:"宁武子,邦有道,则知;邦无道,则愚。其知可及也,其愚不可及也。"⑤宁武子处有道之时显露其才智,无道之时以愚鲁的外表立身处世。孔子感叹:可见,无道而愚才是大知,是人所不能及的高级境界。孔子对宁武子的无道而愚表达了自愧不如、欣羡向往之情。孔子的评

---

① (清)阮元校刻:《十三经注疏(清嘉庆刊本)》第一册,中华书局2009年版,第102、101页。

② (汉)司马迁:《史记》第五册,中华书局1982年版,第1609页。笔者按:详,佯也。原文为"详"。

③ (清)刘宝楠撰,高流水点校:《论语正义》,中华书局1990年版,第554页。

④ (清)刘宝楠撰,高流水点校:《论语正义》,中华书局1990年版,第164页。

⑤ (清)刘宝楠撰,高流水点校:《论语正义》,中华书局1990年版,第197页。

价标准具有很大的涵容性。远刑归隐、佯狂保身和忠言直谏，这三种面对天下无道所作的人生选择，孔子都给予肯定。《微子》记载："微子去之，箕子为之奴，比干谏而死。孔子曰，'殷有三仁焉。'"①但其中孔子最赞赏的，还是无道则隐。《卫灵公》记载："子曰：'直哉史鱼！邦有道，如矢；邦无道，如矢。君子哉蘧伯玉！邦有道，则仕；邦无道，则可卷而怀之。'"②史鱼是比干型人物，孔子只称其"直"；对蘧伯玉，孔子则赞其为"君子"。《述而》记曰："子谓颜渊曰，'用之则行，舍之则藏，唯我与尔有是夫！'"③看来，孔子认为其得意弟子颜渊能与他一样，用舍行藏，权宜行事，其言语之中不无对自己、对弟子的肯定、欣赏之意。从孔子对人物的评价当中，可以看出，孔子的人格理想不是忠言直谏，不是佯狂保身，而是文王和蘧伯玉式的人物，他们内文明而外柔顺，能够审时度势，有道则仕、无道则隐。

　　孔子的用舍行藏观念，主要通过对真实人物的评价表现出来；《庄子》的用舍行藏观念，则主要通过虚构的文学形象加以表现。文王型的寓言形象在《庄子》中也比较多见。庄子一方面继承《周易》的观念，一方面也继承了《老子》的思想。《老子》倡导晦明的人生哲学，第五十二章曰："用其光，复归其明，无遗身殃"，第五十六章曰："和其光，同其尘"，五十八章曰："光而不耀"④，他主张主动、自觉地隐其明，藏其智，内明而外晦，与俗混同，泯然无迹。

---

① （清）刘宝楠撰，高流水点校：《论语正义》，中华书局1990年版，第711页。

② （清）刘宝楠撰，高流水点校：《论语正义》，中华书局1990年版，第617页。

③ （清）刘宝楠撰，高流水点校：《论语正义》，中华书局1990年版，第261页。

④ （魏）王弼注，楼宇烈校释：《老子道德经注校释》，中华书局2008年版，第140、148、152页。

《庄子》中可以见到这样的人物形象。孔子所赞赏的蘧伯玉就是其中的一个。但孔子所赞赏的是真实的历史人物。蘧伯玉确实有"有道则仕，无道则卷而怀之"的行为。《左传·襄公二十六年》载，卫无道，"伯玉曰：'瑗不得闻君之出，敢闻其人？'遂行，从近关出。"①

蘧伯玉在《庄子》中被塑造成为一个道家人物。《庄子·人间世》写颜阖将要教导卫灵公太子，问于蘧伯玉。灵公太子是什么样的人呢？"其德天杀。与之为无方，则危吾国；与之为有方，则危吾身。"②太子天性残暴，以无道教导他，可以保身，却有害于国；以有道教导他，有利于国，却会危及自身。显然，这是一个无道之君。如何教导他令人进退两难。蘧伯玉的解答是："戒之，慎之，正女身也哉！形莫若就，心莫若和。""彼且为婴儿，亦与之为婴儿；彼且为无町畦，亦与之为无町畦；彼且为无崖，亦与之为无崖。达之，人于无疵。"③蘧伯玉的办法是内心守正，隐晦其明智，而以柔顺的姿态亲近他，即《明夷·彖》所谓"内文明而外柔顺"。《庄子·则阳》叹赏"蘧伯玉行年六十而六十化"④，也是着眼于他能不拘泥、不偏执、随顺自然、因人而化、因事而化。《庄子》中的蘧伯玉，不是真实的历史人物，而是文学形象，蘧伯玉的言语行事，并没有历史根据，主要是作者的虚构。作者旨在借用历史上著名的

① 杨伯峻编：《春秋左传注（修订本）》第四册，中华书局 2009 年版，第 1112 页。

② （清）郭庆藩撰，王孝鱼点校：《庄子集释》上册，中华书局 2012 年版，第 169 页。

③ （清）郭庆藩撰，王孝鱼点校：《庄子集释》上册，中华书局 2012 年版，第 170 页。

④ （清）郭庆藩撰，王孝鱼点校：《庄子集释》下册，中华书局 2012 年版，第 897 页。

人物来表现其思想观念。而且，文学形象的精神风貌与其历史原型还是基本一致的。

《庄子》一书还塑造了内文明而外柔顺的寓言鸟形象。《山木》中就出现两种这类形象：一曰意怠鸟，一曰鹢鸱鸟。文曰："东海有鸟焉，其名曰意怠。其为鸟也，翂翂翐翐，而似无能；引援而飞，迫胁而栖；进不敢为前，退不敢为后；食不敢先尝，必取其绪。是故其行列不斥，而外人卒不得害，是以免于患。""故曰，鸟莫知于鹢鸱，目之所不宜处，不给视，虽落其实，弃之而走。其畏人也，而袭诸人间，社稷存焉尔！"①意怠鸟和鹢鸱鸟都是貌似无能，胆小畏怯的鸟，但惟其如此，才得以免于患害。在藏智免患的寓言鸟身上，寄寓着作者对人生出处行藏的洞见慧识，庄子还以腾猿为喻，表现出士人身在乱世的艰危处境。《山木》写庄子穿着打补丁的大布衣，趿拉着鞋过访魏王。魏王问："何先生之惫邪？"庄子回答，士有道德而不能行，是"所谓非遭时也"。庄子随后以腾猿为喻，曰：

> 王独不见夫腾猿乎？其得枏梓豫章也，揽蔓其枝而王长其间，虽羿、逢蒙不能眄睨也。及其得柘棘枳枸之间也，危行侧视，振动悼栗，此筋骨非有加急而不柔也，处且势不便也，未足以逞其能也。今处昏上乱相之间，而欲无惫，奚可得邪？②

腾猿处于高树参天的森林之中，则能腾跃自如，神射如羿、逢蒙也

① （清）郭庆藩撰，王孝鱼点校：《庄子集释》中册，中华书局 2012 年版，第 678、690 页。
② 所引《山木》之语，均出自（清）郭庆藩撰，王孝鱼点校：《庄子集释》中册，中华书局 2012 年版，第 685 页。

奈何不得它。可是一旦处于矮小多刺的灌木丛中,则战战兢兢,危行侧视。动辄得咎,哪里还能尽逞其能! 士人身处乱世,正如腾猿身在荆棘灌木之中,避祸全生已经难以做到,更谈不上施展才能了。正因为处境如此艰危,所以,才会有意怠、鹢鸸这类似愚实智,以愚弱求生存的鸟之智者。意怠、鹢鸸、腾猿,都是作者对现实人生的寓言化表述。

《周易》所云箕子佯狂型人物,在《论语》和《庄子》中也都有所表现。接舆就是这样的人物。《论语·微子》记,楚狂接舆歌而过孔子,曰:"凤兮凤兮! 何德之衰? 往者不可谏,来者犹可追。已而已而! 今之从政者殆而!"[1]接舆认为时逢乱世,道德衰微,劝告孔子不要在乱世从政。《庄子·人间世》记载了同一件事,只是接舆之歌有所不同。孔子适楚,楚狂接舆游其门,曰:"凤兮凤兮,何如德之衰也! 来世不可待,往世不可追也。天下有道,圣人成焉;天下无道,圣人生焉。方今之时,仅免刑焉。"[2]这里的接舆,抨击现实"方今之时,仅免刑焉",突出了避祸全生的思想。虽然二书中的接舆对未来的态度不甚相同,但对现实的态度基本一致,都持否定、失望的态度。接舆正是基于对现实的不满,因而采取了佯狂避世的生存方式,与箕子相似。

《论语》中佯狂避世的人物,比较罕见。《庄子》中除接舆外,还创造了一些类似狂者的隐者形象。《德充符》集中塑造了一群外在形体残缺、丑陋、怪诞,而德性充实于内的人物。王骀、申徒嘉、叔山无趾,都是兀者,受了刖刑,一足被砍断。哀骀它"以恶骇

---

① (清)刘宝楠撰,高流水点校:《论语正义》,中华书局1990年版,第718页。
② (清)郭庆藩撰,王孝鱼点校:《庄子集释》上册,中华书局2012年版,第189页。

天下"，鲁哀公传国于他，他"闷然而后应，泛而若辞"，好像接受，又似乎推辞了。没多久，离开鲁哀公走了。闉跂支离无脤"其脰肩肩"，曲足，伛背，无唇，颈项尖细；瓮㼜大瘿颈部有瘤，大如盆瓮。他们都"德有所长而形有所忘"①，是箕子型佯狂避世的人物，只不过箕子是真实的历史人物，他们则是庄子运用夸张的文学手法虚构出来的艺术形象。箕子的狂放是伪装的，是用披发跣足的表象来掩盖内心的痛苦；庄子笔下的这些人物，则是由于先天或后天的原因而丑陋无比，奇特怪诞。他们的惊世骇俗是出于自然，而不是自己刻意追求的结果。

这类形象中最有代表性的，当属《人间世》所塑造的支离疏，文中描述其形貌举止曰：

> 支离疏者，颐隐于脐，肩高于顶，会撮指天，五管在上，两髀为胁。挫针治繲，足以糊口；鼓策播精，足以食十人。上征武士，则支离攘臂而游于其间，上有大役，则支离以有常疾不受功；上与病者粟，则受三钟与十束薪。夫支离其形者，犹足以养其身，终其天年，又况支离其德者乎！②

支离疏形体支离不全，脸埋藏于肚脐下，肩部高于头顶，颈后的发髻朝天，五官在上，两髀和胸旁肋骨相并。他为人缝衣洗裳，簸米筛糠以糊口度日。这样一个形貌残缺、怪诞已极的人物，却能够因体貌残缺而不服劳役，受到政府的特殊照顾，得以养其身，终其天

---

① （清）郭庆藩撰，王孝鱼点校：《庄子集释》上册，中华书局 2012 年版，第 212、212、222、222、222 页。
② （清）郭庆藩撰，王孝鱼点校：《庄子集释》上册，中华书局 2012 年版，第 185 页。

年,现实中不太可能有如此丑怪的人物,他是庄子创造的一个艺术典型,是一个象征,蕴含着庄子以狂怪为外在表象,以求避祸全生的生存智慧。

《周易》本经点到即止,仅出现一个箕子;文王还是在《象》传中出现的。《论语》中,孔子的用舍行藏观念,主要通过孔子对人物的简短评论中表现出来。《庄子》中随处可见栩栩如生、寓意丰厚的文学形象。作者的思想尽寓于人物、鸟类、腾猿之中,得到精彩高妙的艺术表达。从《周易》的片言只语到孔子的对比式短评,再到庄子的想象奇警、文华丰赡,可以清晰地看出思想观念的延续,以及文学发展由简至繁的轨迹。

四、汉赋的伤时叹命与委运安命

两汉文人对于命运给予了充分的关注。在设辞类作品和楚辞类作品中,他们对自身人生遭际的思索及感慨,表现出两种不同的价值取向,对传统价值观和人生观有所背离,对用舍行藏的理解有异于以往。

孔子的思想对后代作家人生哲学和生存方式的影响比较大,相当数量的文人遵循着孔子的用舍行藏理论。但在汉代设辞类作品中,我们看到的却是与孔子的观念恰恰相反的人生选择。孔子说"天下有道则见,无道则隐",汉代文人大多认为,天下有道的盛世,反而可能会造成压抑人才的局面;天下无道的乱世,英雄人物才有机会露才扬己,博得显赫的功名。他们把战国士人的人生遭际与汉代士人的出处行藏相对照,普遍认为可以出仕从政、有所作为的大好时机是社会动荡的乱世,而不是政治清明、国泰民安的治世。《文选》卷四十五载东方朔《答客难》中"主人"应对"客"的问难最有代表性。"主人"认为苏秦、张仪所生的战国时期周室衰败,诸侯不朝,各自为政,争权夺势。他们这些文人所处的汉代却不是这样。汉代帝王圣明,威德震慑天下,诸侯宾服。在这样的时代,贤与不肖、才与不才没什么区别。士人能否发挥他的才能全在于帝王的好恶,"尊之则为将,卑之则为虏;抗之则在青云之上,抑之则在深渊之下;用之则为虎,不用则为鼠"①。在这种状况下,士人即使想尽忠效力,也无从谈起。从而得出结论:"天下无害,虽有圣人无所施才;上下和同,虽有贤者无所立功。"②战国策士如乐毅、李斯、郦食其等人之所以能够得到卿相之位,是"遇其时也"。换句话说,乱世才是造英雄的大好时势,太平盛世并非英雄用武之时。

设辞类作品提到的战国策士是一些乱世英雄,他们不信天命,依靠个人奋斗以博取功名。直到汉代,这类人物还不难见到。《史记·平津侯主父列传》载,主父偃得到武帝宠信,"大臣皆畏其口,赂遗累千金。人或说偃曰:'太横矣。'主父曰:'臣结发游学四十余年,身不得遂,亲不以为子,昆弟不收,宾客弃我,我阸日久矣。且丈夫生不五鼎食,死即五鼎烹耳。吾日暮途远,故倒行暴施之。'"③主父偃的答话强横而又不无得意地表明其人生哲学:逆天道而行,即使不能立大功受重赏,也要行大恶受重刑。人生目的就是要引起他人的关注,惊世骇俗。

设辞类作品感叹生不逢时,没有赶上天下大乱,却不幸地遇上

---

① (南朝梁)萧统编,(唐)李善注:《文选》第五册,上海古籍出版社 2019 年版,第 2038 页。

② (南朝梁)萧统编,(唐)李善注:《文选》第五册,上海古籍出版社 2019 年版,第 2038 页。

③ (汉)司马迁:《史记》第九册,中华书局 1982 年版,第 2961 页。

了盛世。汉代楚辞类作品也感叹生不逢时,然而却不是感叹不逢乱世,而是哀伤没有遇上圣主治世,抱怨遭遇浊世、乱世,哀怨命运不佳,贾谊《吊屈原赋》曰:"遭世罔极兮,乃殒厥身;呜呼哀哉,逢时不祥!"①他发出遇上不祥乱世的哀号。

他们不仅怨世,还怨天,对天命和个人命运提出质问,将"时"与"命"并提。东方朔《七谏·怨世》曰:"处湣湣之浊世兮,今安所达乎吾志","皇天既不纯命兮,余生终无所依。"②这是怨时,对天命的不满和愤懑。其《七谏·哀命》曰:"哀时命之不合兮,伤楚国之多忧。内怀情之洁白兮,遭乱世而离尤。恶耿介之直行兮,世溷浊而不知。"王逸注:"言己自哀生时禄命,好行公正,不与君合。"③所谓"禄命",指的是个人的命运。这是哀伤个体的命运不济。庄忌《哀时命》感叹:"哀时命之不及古人兮,夫何予生之不遘时!""身既不容于浊世兮,不知进退之宜当。"④他抒发了生逢浊世,不知应当何去何从的惶惑和苦闷。王逸《九思·逢尤》曰:"天生我兮当暗时,被谗谮兮虚获尤。"《九思·疾世》曰:"惟天禄兮不再,背我信兮自违。"⑤他对昏暗的时世,自身的遭遇深表不满,对天命也流露出谴责的意思。此外,王逸《九思·悯上》曰:"年齿尽

---

① 费振刚等辑校:《全汉赋》,北京大学出版社1993年版,第8页。
② (宋)洪兴祖撰,黄灵庚点校:《楚辞补注》,上海古籍出版社2015年版,第402页。
③ (宋)洪兴祖撰,黄灵庚点校:《楚辞补注》,上海古籍出版社2015年版,第413、414页。
④ (宋)洪兴祖撰,黄灵庚点校:《楚辞补注》,上海古籍出版社2015年版,第428页。
⑤ (宋)洪兴祖撰,黄灵庚点校:《楚辞补注》,上海古籍出版社2015年版,第527、534页。

兮命迫促,魁垒挤摧兮常困辱。"①他感到寿命的促迫,体会到更多、更深、更无可奈何的忧苦,即个体的寿命有限,然而就在这极为有限的生命过程当中,他又命运坎坷,常受困辱,这真让人不胜其悲。

为什么楚辞类作品会有这种怨天恨世的感慨呢? 这主要渊源于屈原。因为汉代楚辞类作品以伤悼屈原为主要线索,汉代文人创作楚辞类作品的时候,在继承屈原作品形式的同时,也继承了屈原作品的主导精神。屈原在其作品《离骚》及《九章》中,反复哀伤自己生逢昏乱之时。例如,《离骚》曰:"曾歔欷余郁邑兮,哀朕时之不当。"《九章·涉江》曰:"阴阳易位,时不当兮。"②但屈原只将其悲剧结果归之于时而未归之于命。汉代文人则把屈原的遭时不当归结于命。王褒写屈原来到玄圃,目的是查考自己的命相。《九怀·通路》曰:"微观兮玄圃,览察兮瑶光。启匮兮探策,悲命兮相当。"③他们不仅把屈原写成追问命运原因的形象,而且,对他们自身的遭际,也不仅归因于生不逢"时",还归因于天命不纯正,"命"运不济。楚辞类作品对命运的追问、寻求和质疑,是设辞类作品所没有的。

此外,从对屈原的态度上,还可以看出汉代文人思想的另一个侧面。他们既有与孔子"天下无道则隐,有道则见"相悖反的一

① （宋）洪兴祖撰,黄灵庚点校:《楚辞补注》,上海古籍出版社 2015 年版,第537 页。
② （宋）洪兴祖撰,黄灵庚点校:《楚辞补注》,上海古籍出版社 2015 年版,第28、199 页。
③ （宋）洪兴祖撰,黄灵庚点校:《楚辞补注》,上海古籍出版社 2015 年版,第446 页。

面,同时,又有承认孔子理论的一面。他们用孔子的用舍行藏理论作为评价屈原的一个重要标尺,对屈原流露出轻微的责难之意。贾谊《吊屈原赋》曰:"所贵圣人之神德兮,远浊世而自藏。""般纷纷其离此尤兮,亦夫子之故也。历九州而相其君兮,何必怀此都也?"①贾谊的责难,究其实质,是依照孔子的用舍行藏理论而发的。子曰:无道则隐。屈原既然遭逢乱世昏君,那么就应当离开乱邦,可以远适别国,或者隐居起来。但是屈原既不能隐,也不能离开楚国,到其他诸侯国去寻找机遇。屈原的人生实践悖离了孔子的人生哲学。因而,贾谊才认为屈原的悲剧,有屈原自身的原因。

西汉盛世,文人虽然承认天命但却是抱着无可奈何的态度,甚至流露出几分失望和不满。《汉书·扬雄传》载扬雄语云:"遇不遇命也"②,语气是何等地无奈!董仲舒《士不遇赋》曰:"鬼神不能正人事之变戾兮",司马迁《悲士不遇赋》曰:"天道微哉!吁嗟阔兮"③,天命和天道在他们看来,已经呈现衰微之势,没有办法干预人事。在这个时期,也出现了委诸天命的意向,东方朔《七谏·自悲》说:"哀人事之不幸兮,属天命而委之咸池。"④他这是万般无奈之下委诸天命。但在西汉,这个思想还处于萌芽状态,没有形成一种思潮。

东汉时期,则明显呈现出向传统天命观回归的趋向,表现出安于命运,委于天命的人生观。张衡《应间》曰:"时有遇否,性命难

---

① 费振刚等辑校:《全汉赋》,北京大学出版社1993年版,第8页。

② (汉)班固撰,(唐)颜师古注:《汉书》第十一册,中华书局1962年版,第3515页。

③ 费振刚等辑校:《全汉赋》,北京大学出版社1993年版,第112、142页。

④ (宋)洪兴祖撰,黄灵庚点校:《楚辞补注》,上海古籍出版社2015年版,第408页。

求""天爵高悬,得之在命"①。班固《答宾戏》曰:"慎修所志,守尔
天符,委命共已"②,他还把战国及上古一些才志之士得以遇君,归
因于神秘的命运。他认为箕子、傅说、吕望、宁戚、张良等人得遇于
君,都有神示类的先兆,"皆俟命而神交,匪词言之所信,故能建必
然之策,展无穷之勋也"③。他们能够建立功勋,是得之于天命。

　　因为有了安于天命的认识,所以,有些文人也展现出近似《周
易》《论语》和《庄子》旷达开朗的生命境界。张衡《应间》曰:"得
之不休,不获不吝。不见是而不惽,居下位而不忧,允上德之常服
焉。""聊朝隐乎柱史,且韫椟以待价,踵颜氏以行止"④。得志也
不以为祥美,失志也不认为就有咎害。不被人认同也不烦恼,身居
下位也不忧愁。暂时做个小小的史官,隐于朝廷,遵循着孔子高徒
颜回的出处行藏,待价而沽,等待时机。这样的人生价值取向与传
统的用舍行藏观念一脉相承,其人生境界是旷达的。班固《答宾
戏》曰:"夷抗行于首阳,惠降志于辱仕,颜耽乐于箪瓢,孔子终篇
于西狩,声盈塞于天渊,真吾徒之师表也。"⑤他以无道则隐,安贫
乐道的儒家风范为人生的楷模。扬雄《解嘲》自云其人生理想是
"默然独守吾《太玄》"⑥。他仿照《周易》体制,作了一部《太玄》
经,身体力行了其人生哲学。

　　汉代楚辞作品,遁世而愁苦,不被世人所理解,得不到君王的重

---

① 费振刚等辑校:《全汉赋》,北京大学出版社 1993 年版,第 486、487 页。
② 费振刚等辑校:《全汉赋》,北京大学出版社 1993 年版,第 359 页。
③ 费振刚等辑校:《全汉赋》,北京大学出版社 1993 年版,第 359 页。
④ 费振刚等辑校:《全汉赋》,北京大学出版社 1993 年版,第 488 页。
⑤ 费振刚等辑校:《全汉赋》,北京大学出版社 1993 年版,第 359 页。
⑥ 费振刚等辑校:《全汉赋》,北京大学出版社 1993 年版,第 221 页。

视就无比哀怨,这与《易》传"遁世而无闷,不见是而无闷"所表现的人生境界相比,真有天壤之别。至于设辞类作品多所列举的战国策士,其人生境界更是大多处于低浅层次,得志则趾高气扬,失志则哀哀而哭。前者如苏秦,《史记·苏秦列传》记载,他得到六国封相,荣归故里,其嫂前倨而后恭,苏秦喟然叹曰:"此一人之身,富贵则亲戚畏惧之,贫贱则轻易之,况众人乎!且使我有洛阳负郭田二顷,吾岂能佩六国相印乎!"①后者如李斯。《史记·李斯列传》记载,他被腰斩于咸阳市前,"顾谓其中子曰:'吾欲与若复牵黄犬俱出上蔡东门逐狡兔,岂可得乎?'"②这样的人物当然不足以为人们所取法。

在用舍行藏问题上,《周易》《论语》和《庄子》三部著作表现出的旷达态度,值得后人反复回味,它能够给在艰涩的人生旅途中行走的人们以精神力量。

第四节 《周易》与《左传》的变革主题

"易"这个名称包含三重意义:一曰变易,一曰不易,一曰简易。变化的思想是《周易》的一个最基本,也最重要的主题。《系辞下》曰:"《易》之为书也不可远,为道也屡迁,变动不居,周流六虚,上下无常,刚柔相易,不可为典要,唯变所适。"③《周易》这部占筮用书,从某个角度看,讲的就是关于"变"的思想。变,是世界的一种存在方式及状态,整个世界处在永恒、普遍的运动变化之中。

---

① (汉)司马迁:《史记》第七册,中华书局1982年版,第2262页。
② (汉)司马迁:《史记》第八册,中华书局1982年版,第2562页。
③ (清)阮元校刻:《十三经注疏(清嘉庆刊本)》第一册,中华书局2009年版,第186—187页。

在先秦时代，变化的观念已经深入渗透到人们的意识之中。在许多问题上，一些有见识的人物都用变化的观点来观察、认识事物，预见小至个人、大至家族及国家的发展命运。

春秋时期是政治变动非常剧烈的社会转型时期，周天子与诸侯之间，诸侯与陪臣正卿之间的君臣关系不同于以往，已经发生了变化。周王室的统治日渐衰微，诸侯争做盟主；各诸侯国内部，公室的权力日益缩小，而一些家族却在逐渐兴起。就家族这个社会组织层面而言，许多家族也都经历了由盛转衰的过程。这是一个动荡不安的年代，变，是这个时代的主题。

《左传》的编修者紧紧抓住春秋中叶以后到战国初年这段历史的特征，以叙述、剖析多种转变的现象及其原因为一个重要的撰写宗旨，写出了君臣关系的转变，诸侯霸主的更迭以及几个家族的兴衰，揭示出社会变革的趋势和规律。作者不仅写出了外在、表层的转变现象，还蕴含了更丰富、更深广的内容。与《周易》的说"变"相比较，《左传》写"变"有其独具的特色，有其特有的文学表现形式。同时，《左传》包含的"变"及其表现形式又与《周易》有着扯不断的联系。下面将从几个方面分别论述《左传》写了哪些"变"，及其与《周易》的关系。

一、君臣关系的转变

君臣关系是我国古代十分重要的人际关系，在历史散文中，这种关系就成为重要的表现对象。《左传》记载了春秋时期君臣关系发生重大转变的历史事实，记载了转变过程当中的许多事件。①

---

① 参见聂石樵:《先秦两汉文学史稿·先秦卷》"《左传》记述春秋时期新旧势力之递遭"一节，北京师范大学出版社 1994 年版，第 233—258 页。

历史学家在探索历史事件和它们的结果时,看出了多少是相当于一种整体运动的必然性,或者是相反地看出了各个相对独立的历史系列的会合。《左传》所写就是各个相对独立的历史系列的会合,并从中显见出意义。

春秋时期不同阶层的人物政治地位的转变,其形式不是剧变、突变,而是渐变,转变是一个缓慢的过程。《左传》写出了周天子对他与诸侯的君臣关系发生转变的认识过程,揭示出周天子的心态发展历程。《左传》作者选取了几件具有代表性的事件,生动地叙述了周天子与郑庄公、齐桓公、晋文公、楚庄王等诸侯的冲突与缓和,反映了尊卑关系发生转变时周天子深曲幽隐、曲折无奈的心态。

（一）逐渐认识到地位下降

自郑庄公起,周天子与诸侯的君臣关系与从前已经不大一样了。那么,周天子是否意识到了这种变化? 他们以怎样的心态面对现实?

周桓王对现实的转变,还没有自觉意识。隐公六年(前717),"郑伯如周,始朝桓王也。王不礼焉"[①]。周平王去世,周桓王即位三年,郑庄公才去朝见。郑庄公的举动有违为臣之道。周桓王作为天子,没有得到诸侯的尊重,没有得到他本来应该具有的那份威严,心中自然愤愤不平,对郑庄公不以礼相待。从等级尊卑角度,从情感角度分析这件事,周桓王的反应无疑都是十分正当而正常,合于情理的。但是,应该注意的是,这个时期,周天子的地位已经发生了变化。在桓王之前,平王就已经没有实力号令诸侯,令诸侯

---

① 　杨伯峻编:《春秋左传注(修订本)》第一册,中华书局2009年版,第51页。

乖乖地俯首称臣了。而郑庄公又是春秋时期第一位霸主式人物。
他割取周天子的麦子,灭陈伐宋,大败戎人,俨然一位枭雄。周天
子和诸侯之间的实力消长已经发生了转变,君臣的实力对比,不再
允许周天子高高在上发号施令了。然而,周桓王却对前来朝见的
郑庄公不加礼遇。这表明,处在转变初期的周天子还不知道天子
的威风八面已经成为旧梦和幻想,他还一厢情愿地停留在过去时
当中,对客观现实缺乏清醒的认识。天子周围的大臣有人已经敏
感地认识到现实的转变,《左传》记载:

> 周桓公言于王曰:"我周之东迁,晋、郑焉依。善郑以劝
> 来者,犹惧不蔵,况不礼焉? 郑不来矣!"①

周桓公清楚地看出来,天子的地位江河日下,必须以礼貌友好来争
取诸侯的归附,而不是摆出天子的架子。他对天子不礼郑庄公将
造成的影响深表忧虑。

　　65 年以后,僖公九年(前 651),周天子的心态发生了变化。
《左传》记载:

> 王使宰孔赐齐侯胙……齐侯将下、拜。孔曰:"且有后
> 命——天子使孔曰:'以伯舅耋老,加劳,赐一级,无
> 下拜。'"②

齐桓公为诸侯之长,势力强大,因此周襄王赐给祭肉,以示另眼相
看。按照臣子受赐的礼制,齐桓公下拜而受是理所应当的。但周

---

① 杨伯峻编:《春秋左传注(修订本)》第一册,中华书局 2009 年版,第 51 页。
② 杨伯峻编:《春秋左传注(修订本)》第二册,中华书局 2009 年版,第 326 页。

天子却特别地给以优待,特许齐桓公不用下拜。表面的理由是照顾齐桓公年已老迈,行动不便。周天子果真如此体恤臣下吗? 这当然不是真正的原因。这时候的周天子襄王,不再像桓王那样不识时务,不懂权变,他对天子地位的陵夷有了充分的认识,知道天子需要诸侯长的扶持。所以才做出卑下的姿态,以邀买人心。不管此举含有多少不情愿的成分,毕竟,天子主动自觉地做出了让步。

（二）努力维护尊严

周天子的势力虽然衰弱,但还没到灭亡的最后时限。所以,他有所退让,但是,也只是在一定范围内,在一定程度上做出退让,绝不会自动降格为低于诸侯。僖公二十五年(前635),晋文公请隧一事,清晰地展现了天子的复杂心理。《左传》记载:

> 晋侯朝王,王享醴,命之宥。请隧,弗许,曰:"王章也。未有代德,而有二王,亦叔父之所恶也。"与之阳樊、温、原、欑茅之田。晋于是始启南阳。[①]

死后行用隧葬之礼,只有天子才可以如此,晋文公的请求是僭越的。周襄王虽然明知地位已经下降,但是他本身并不心甘情愿,还要极力维护天子的尊严。所以,他没有答允晋文公的非礼要求。同时,周襄王又深知地位不如从前,因而尽管有谴责的意思,但还是表达得比较婉转。周天子依照礼制驳回了请隧要求,伤了晋文公的面子,于是赏给晋国一些土地,以此作为补偿。晋国因此而开拓了疆土。天子本来应当理直气壮地辞退晋文公,而晋文公本来

---

① 杨伯峻编:《春秋左传注(修订本)》第二册,中华书局2009年版,第432—433页。

也不应当有此无理要求。周天子之所以采取这种妥协方式，原因就在于君臣关系发生了变化。天子的言辞与举动表现出他既不愿让诸侯的僭越成为事实，又不敢得罪霸主的复杂心态。

一百余年以后，昭公九年（前533），周天子与晋国又发生了冲突。《左传》记载：

> 周甘人与晋阎嘉争阎田。晋梁丙、张趯率阴戎伐颍。王使詹桓伯辞于晋，曰："……我在伯父，犹衣冠之有冠冕，木水之有本原，民人之有谋主也。伯父若裂冠毁冕，拔本塞原，专弃谋主，虽戎狄其何有余一人？"①

周地的人与晋人发生争夺田地的冲突。晋人率阴戎进攻周天子的领地。周景王派詹桓以主人的身份讲话，义正辞严地谴责晋人的僭越行为。指责晋国自惠公时起就诱使戎人入侵周地，罪责难逃。天子是诸侯的首脑，犹如衣冠之冠冕，木水之本原，民人之谋主。晋人不应当专断独行，弃天子之尊而不顾。

如此看来，周天子还以诸侯主人自居，似乎其威严还在。那么这件事最终是如何解决的？《左传·昭公九年》记载：

> 王有姻丧，使赵成如周吊，且致阎田与襚，反颍俘。王亦使宾滑执甘大夫襄以说于晋，晋人礼而归之。②

周、晋都采取了息事宁人的态度来处理争端。周景王有姻亲的丧

---

① 杨伯峻编：《春秋左传注（修订本）》第四册，中华书局2009年版，第1307—1309页。
② 杨伯峻编：《春秋左传注（修订本）》第四册，中华书局2009年版，第1310页。

事,晋国派人去吊唁,而且送去阎地的土田和入殓的衣服,遣返在颍地抓获的俘虏。周景王也派人拘执甘地的大夫襄以取悦晋国,而晋国人则以礼相待,放他回去了。晋人有悔过之举,景王便就此罢手,并做出相应的友好表示。可见,周景王既有强硬的一面,又显示出谦退的心理;既要维护天子之尊,又不愿激化与晋国的矛盾冲突,其心态颇为耐人寻味。

(三)妥协与抗争

王孙满论鼎一事,也可以从中推测周天子的心态。楚庄王在周天子的管辖地陈兵示威,并问鼎之大小轻重,气势咄咄逼人。鼎是天子权力的象征,楚庄王问鼎之举潜隐着亡灭周祚的意图。王孙满作为周定王的使臣,巧妙地回答了楚庄王。《左传·宣公三年》记载:

> 对曰:"在德不在鼎……桀有昏德,鼎迁于商,载祀六百。商纣暴虐,鼎迁于周。德之休明,虽小,重也。其奸回昏乱,虽大,轻也……周德虽衰,天命未改。鼎之轻重,未可问也。"[1]

王孙满的回答包含两层意思。一是能否保有统治权,关键在于统治者的德行,而不在于鼎本身的大小轻重。二是周德虽然衰落,但天命未改,周朝还没到生死存亡的最后关头。周天子代言人的这段言辞,折射出周天子本人的心态。他承认周德已衰,但还有天命的护佑,还不至于亡灭。因而,在这种认识的支持下,周天子才有

---

[1] 杨伯峻编:《春秋左传注(修订本)》第二册,中华书局 2009 年版,第 669—672 页。

与诸侯既斗争又妥协的复杂心态。

从上述事件可以看出，周天子对于自己面临的君臣关系的变化，经历了由不认识到认识，由不适应到适应的过程。当他们未能自觉意识到天子地位陵夷的现实时，就出现尴尬人难免尴尬事的局面；而当他们自觉地意识到君臣关系的新变化时，则能采取比较恰当的应变措施，维持他和诸侯国若即若离的关系。当然，对于周天子来说，正视这种现实是痛苦的，因为他们还相信天子存在的合理性，由此而来，他们对诸侯有妥协，也有抗争。《左传》艺术地再现了周天子的前后变化及其微妙的心态。

二、公室卑弱与个人命运

"历史既不仅仅同壮观事件有关，也不仅仅同各种社会的细致描绘有关。历史也同样与个人有关，他们由于本身的缘故就是值得记叙的。"①把对个人命运将发生转变的预言与公室的衰亡过程交织在一起加以叙述，是《左传》写"变"的又一个重要特点。晋国赵孟就是这样一个典型。赵孟将死而晋国公室卑弱。国家的变化是一个漫长的过程，个人的寿命相对而言则短暂得多。作者通过一个人由生到死的转变，写出了一个诸侯国由盛到衰的巨大转折，把漫长岁月中发生的诸多事件凝缩在短短的几年里，用笔十分集中而经济。

（一）他人预言，统领全局

《左传》作者通过鲁国穆叔之口，预言赵孟将死而晋国国君将失去政权，把个人的年寿将尽与国家的权力转移联系在一起。

---

① ［英］罗素：《历史作为一种艺术》，张文杰等编译：《现代西方历史哲学译文集》，张文杰译，李幼蒸校，上海译文出版社1984年版，第141页。

《左传·襄公三十一年》记载穆叔之论,曰:

> 赵孟将死矣。其语偷,不似民主。且年未盈五十,而谆谆焉如八、九十者,弗能久矣。若赵孟死,为政者其韩子乎!吾子盍与季孙言之,可以树善,君子也。晋君将失政矣,若不树焉,使早备鲁。①

穆叔看到赵孟言语苟且,得过且过,不像是百姓的主人。而且年纪不到五十,却絮絮叨叨得像八九十岁的人。由此判断赵孟死期快到了,而且晋君也将失去政权。随即作者对事情发展的结果做提纲挈领式的叙述:"及赵文子卒,晋公室卑,政在侈家。"②这就确认了赵孟一人之死与晋国公室之卑的密切联系,使读者对全局的发展转变有了一个鸟瞰式的俯视和把握。

(二)集中笔墨,反复渲染

通过赵孟本人的感慨以及他人的评述,反复渲染赵孟将死的征兆。《左传·昭公元年》集中叙写了赵孟之死。赵孟与叔向论楚,叔向认为晋国将衰,诸侯将投靠楚国。接着,一连两段写赵孟将死的征兆。

在郑伯设置的宴会上,赵孟与叔孙豹、子皮等人各自赋《诗》,饮酒而乐。经历了欢乐的场景之后,赵孟出,曰:"吾不复此矣。"自己感叹不能再参与此乐了。这与前面宴饮赋诗的欢快气氛形成强烈对比,极不协调,显得异常刺眼,从而为当年冬天赵孟之死做了伏笔。紧接着,又有赵孟对刘定公问一段。赵孟说:"老夫罪戾

---

① 杨伯峻编:《春秋左传注(修订本)》第四册,中华书局2009年版,第1183页。
② 杨伯峻编:《春秋左传注(修订本)》第四册,中华书局2009年版,第1184页。

是惧，焉能恤远？吾侪偷食，朝不谋夕，何其长也？"他自认为苟且度日，朝不谋夕，唯恐获罪，不能做长远考虑。刘定公在周王面前议论道："谚所谓老将知而耄及之者，其赵孟之谓乎！为晋正卿，以主诸侯，而侪于隶人，朝不谋夕，弃神、人矣。神怒、民叛，何以能久？赵孟不复年矣。"①《左传·昭公元年》还记载了秦后子对赵孟问一事，文曰：

> 赵孟曰："秦君何如？"对曰："无道。"……赵孟曰："其几何？"对曰："铖闻之，国无道而年谷和熟，天赞之也。鲜不五稔。"赵孟视荫，曰："朝夕不相及，谁能待五？"后子出，而告人曰："赵孟将死矣。主民，玩岁而愒日，其与几何？"②

赵孟本人又一次感叹朝不保夕，自言等不到五年。作者又通过他人之口预言赵孟岁月不多矣。

　　昭公元年（前541）真是多事之秋。继秦后子奔晋，又有晋侯求医于秦之事。医和视病之后，与赵孟谈话。这是又一次，也是作者最后一次通过他人的评说预言赵孟将死。医和直言不讳地指出，赵孟辅佐晋君八年，受到荣宠，然而晋君有祸他却无能为力，赵孟"必受其咎"，在劫难逃。这年十二月，赵孟卒。

　　晋国的命运走向是否如前面所预料？昭公三年（前539），作者通过两位有见识的大臣明确表述了晋国在赵孟死后的状态。《左传》记载，张趯曰："譬如火焉，火中，寒暑乃退。此其极也，能无退乎？晋将失诸侯。"叔向曰："虽吾公室，今亦季世也"，"政在

① 杨伯峻编：《春秋左传注（修订本）》第四册，中华书局 2009 年版，第 1210、1210、1210—1211 页。
② 杨伯峻编：《春秋左传注（修订本）》第四册，中华书局 2009 年版，第 1215 页。

家门,民无所依","公室之卑,其何日之有"。① 晋国就好像大火星已经运行到天空的正中,寒暑即将发生转变。晋国已呈现末世之象,政权已经转移到有势力的私家手中,公室的卑弱之期就在眼前。晋国就像一个人的生命即将走到尽头,已经苟延残喘,奄奄一息了。他们的言论,暗中呼应了襄公三十一年(前542)穆叔的判断。赵孟与晋公室命运的转变到此可谓告一段落。

三、持盈难久的多元形态

变化有其内在的规律,《周易》卦爻辞蕴含着这一观念,《易传》对此作了明确的阐释。其中,最重要的一点是,事物在某一特定阶段发展到极点就会向相反方向变化。《乾·文言》曰:"亢龙有悔,盈不可久也。"《丰·彖》曰:"日中则昃,月盈则食,天地盈虚,与时消息,而况于人乎,况于鬼神乎?"《剥·彖》曰:"君子尚消息盈虚,天行也。"②春秋时代,物极则反,持盈难久是一个深入人心的观念。《老子》第九章云:"持而盈之,不如其已……金玉满堂,莫之能守……功遂身退,天之道。"第三十章云:"物壮则老,是谓不道,不道早已。"③《国语·越语下》范蠡云:"持盈者与天,定倾者与人,节事者与地……夫圣人随时以行,是谓守时。天时不作,弗为人客;人事不起,弗为之始。"④《管子·白心》云:"功成者

---

① 杨伯峻编:《春秋左传注(修订本)》第四册,中华书局2009年版,第1233、1236、1236、1237页。
② (清)阮元校刻:《十三经注疏(清嘉庆刊本)》第一册,中华书局2009年版,第25、139、76页。
③ (魏)王弼注,楼宇烈校释:《老子道德经注校释》,中华书局2008年版,第21、78页。
④ 徐元诰撰,王树民、沈长云点校:《国语集解(修订本)》,中华书局2002年版,第575页。

隳，名成者亏。故曰：孰能弃名与功，而还与众人同？""满盛之国，不可以仕任。满盛之家，不可以嫁子。骄倨傲暴之人，不可与交。"①他们都表达了持盈难久，盈满必致灾祸的思想。

《左传》中许多人物对时势的判断，都是以持盈难久思想为核心的。与《周易》相比，《左传》持盈难久的思想十分丰富，主要包括以下几个方面。

（一）盈则必变

达到盈满状态时，人的寿命将尽，国家将走向败亡。楚武王和吴国就是这样，庄公四年（前690），楚武王伐随国之前，将要斋戒，却突然感到心神动荡不宁。他的夫人邓曼很有见识，感叹道："王禄尽矣。盈而荡，天之道也。"②预言楚王的禄命尽了。因为达到盈满状态就会动荡，是自然规律。

哀公十一年（前484），吴伐齐获胜。伍子胥被吴王赐死，死前，有言如下：

> 将死，曰："树吾墓槚，槚可材也。吴其亡乎！三年，其始弱矣。盈必毁，天之道也。"③

槚树三年可以长成可用之材，三年之后，吴将走上发展的顶峰，必然毁灭，这是自然的规律。伍子胥从吴王伐齐而胜这件表面上应当庆贺的事上，用变化的观点，见微知著，预见到吴国盈而必毁的命运。

另外，范文子的一段言论也基本属于这种类型，成公十六年

---

① 黎翔凤撰，梁运华整理：《管子校注》，中华书局2004年版，第794、807—808页。
② 杨伯峻编：《春秋左传注（修订本）》第一册，中华书局2009年版，第163页。
③ 杨伯峻编：《春秋左传注（修订本）》第五册，中华书局2009年版，第1665页。

（前575），晋在与楚的鄢陵之战中获胜。《左传》记载：

> 范文子立于戎马之前，曰："君幼，诸臣不佞，何以及此？
> 君其戒之！《周书》曰：'惟命不于常。'有德之谓。"①

胜利应该庆祝，但范文子却满怀忧虑，认为晋国的实力不足以得到胜利，劝诫晋厉公要以此为戒。因为天命不能常在不变，天道是处于变动状态的，并不会总是保佑一个国家。只有谨慎修德的人才能够享有天命。范文子从变化的角度考虑问题，从战争的胜利中敏锐地预感到不利的因素，很有见识。

（二）待盈而变

一味地放纵贪欲，不依靠德政而求霸或致富，是上天有意识地让其恶达到盈满状态，待恶贯满盈，再一并制裁。楚国的康王、灵王和齐国的庆封就是这种类型。

襄公二十八年（前545），郑国游吉如楚，回国后复命，有言如下：

> 告子展曰："楚子将死矣。不修其政德，而贪昧于诸侯，
> 以逞其愿，欲久，得乎？《周易》有之，在《复》䷗之《颐》䷚。
> 曰：'迷复，凶'，其楚子之谓乎……楚不几十年，未能恤诸侯
> 也，吾乃休吾民矣。"②

游吉认为楚康王离死亡不远了。因为他不修政德，却贪图诸侯的进奉，放纵贪欲，并力求满足。这样的行径和心态，是不可能活得

---

① 杨伯峻编：《春秋左传注（修订本）》第三册，中华书局2009年版，第890页。
② 杨伯峻编：《春秋左传注（修订本）》第四册，中华书局2009年版，第1143—1144页。

长久的。

昭公四年（前538），楚灵王派椒举到晋国去请求得到诸侯的拥护。晋平公不想答允。司马侯说："不可。楚王方侈，天或者欲逞其心，以厚其毒，而降之罚，未可知也。"①司马侯也认为楚灵王正侈汰骄纵，大概上天要满足其贪欲，增加别人对他的怨恨，从而最终降给惩罚。

昭公十一年（前531），楚师伐蔡。子产认为诸侯不能救蔡。原因是："蔡小而不顺，楚大而不德，天将弃蔡以壅楚，盈而罚之，蔡必亡矣。"②蔡、楚两国在为政上都有缺失，天将要放弃蔡国以满足楚国的贪心，再降以责罚。为了餍足楚国，蔡国必然灭亡。

《左传·襄公二十八年》记载，齐国的庆封在国内作乱，逃亡到吴国以后，聚族而居，比以前还要富有。鲁国的子服惠伯认为："天殆富淫人，庆封又富矣。"叔孙穆子则不这么看。他说："善人富谓之赏，淫人富谓之殃。天其殃之也，其将聚而歼旃。"③在叔孙穆子看来，像庆封这样作恶多端、为富不仁的人，获得财富不是好事，而是灾殃。天将要降灾于他，将要聚其族而一起杀尽。果然，六年以后，庆封被灭族。

楚王和庆封这种情形，正像《老子》第三十六章所云："将欲歙之，必固张之；将欲弱之，必固强之；将欲废之，必固兴之；将欲夺之，必固与之。"④贪纵的欲望一时得逞，隐藏着最终的毁灭。《易

---

① 杨伯峻编：《春秋左传注（修订本）》第四册，中华书局2009年版，第1246页。
② 杨伯峻编：《春秋左传注（修订本）》第五册，中华书局2009年版，第1325页。
③ 杨伯峻编：《春秋左传注（修订本）》第四册，中华书局2009年版，第1149页。
④ （魏）王弼注，楼宇烈校释：《老子道德经注校释》，中华书局2008年版，第88页。

传》也有类似的论述。《坤·文言》曰:"积不善之家,必有余殃。"《系辞下》也说:"恶不积,不足以灭身。小人以小善为无益而弗为也,以小恶为无伤而弗去也,故恶积而不可揜,罪大而不可解。"①当楚王和庆封积恶已满,罪行大到无法解脱的时候,灾殃就降临了。尽管《周易》经传的立论角度与《左传》所云不尽相同,但其核心思想则是一脉相通的。

(三)欲不可盈

由持盈难久的思想推论而来,欲不可盈的人生哲学就产生了,晏子辞富的一段精彩言论就表达了这种理念。襄公二十八年(前545),崔氏、庆氏之乱以后,封给晏子邶殿边上六十个城邑,晏子不接受,与子尾有下面这番对答:

> 子尾曰:"富,人之所欲也。何独弗欲?"对曰:"庆氏之邑足欲,故亡。吾邑不足欲也,益之以邶殿,乃足欲。足欲,亡无日矣……不受邶殿,非恶富也,恐失富也。且夫富,如布帛之有幅焉。为之制度,使无迁也……利过则为败。吾不敢贪多,所谓幅也。"②

晏子认为,庆封灭亡的原因就在于贪欲得到了满足。一个人的贪欲是不可以满足的,一旦满足,就离灭亡不远了。他不接受封赏的土地,不是因为厌恶富贵,而恰恰是因为担心失去富贵。富贵就像布帛有一定的幅度一样。给布帛制定幅度,目的是使布帛不会改变。个人得到的利益过多必然会招致败亡。正是清楚地看到这一

---

① (清)阮元校刻:《十三经注疏(清嘉庆刊本)》第一册,中华书局2009年版,第33、183页。
② 杨伯峻编:《春秋左传注(修订本)》第四册,中华书局2009年版,第1150页。

点,所以,晏子才不敢贪多,并以不贪为限制之幅度。子尾听了晏子的一番话,接受封邑之后又全部奉还,因此得到齐侯的宠信。表面看来失去了土地,实际却反而有所获得。

（四）政治与军事中的应用

《左传》还昭示人们,在政治与军事斗争当中,如何对待敌我盈衰,承认并利用持盈难久的规律,是关系成败胜负的重要战略原则。

1. 估计双方力量消长。承认盈盛难以持久的道理,正确估计敌我双方力量的消长。桓公六年（前706）,随国使臣少师归自楚军,请求追击楚人。随侯打算准许少师的请求。季梁阻止道:"天方授楚,楚之羸,其诱我也。君何急焉?"①事实正如季梁所言,楚武王以羸弱之师展示给随国,确实是要以此诱敌的。这时,楚国正处于天助阶段,与之相争,是不可能得到利益的。季梁是一位有政治远见的贤能之士。另一则事例也说明了这点。宣公十五年（公元前594）,楚人伐宋,宋人向晋国求救,晋侯欲救之。伯宗曰:"不可。古人有言曰:'虽鞭之长,不及马腹。'天方授楚,未可与争。虽晋之强,能违天乎……"②于是晋侯就没有行动。伯宗认为天正助楚,不可与之争强。所谓的"天方授楚",指楚国已经强盛起来,暗示晋国的霸主地位已经动摇,晋国的鼎盛期已过,这是在承认持盈难久。晋国虽然还没有明显衰落,但正如鞭虽长也不能触及马腹一样,是不能控制楚国的。实践证明伯宗的见解是正确的。随侯听从季梁之言而修德政,楚退师而还。晋侯正视自己国家鼎盛

---

① 杨伯峻编:《春秋左传注（修订本）》第一册,中华书局2009年版,第111页。
② 杨伯峻编:《春秋左传注（修订本）》第三册,中华书局2009年版,第759页。

期已过的现实,不与楚国争胜,避免了一场大规模战争。

2. 选择时机。利用持盈难久的规律,选择有利时机进行决战。庄公十年,齐鲁长勺之战。鲁战胜之后,鲁庄公问曹刿得胜的原因。对曰:"夫战,勇气也。一鼓作气,再而衰,三而竭。彼竭我盈,故克之。"曹刿把战胜的原因归之于"彼竭我盈,故克之"①,也就是敌军勇气衰竭,而我军气势充沛高昂,处于盈盛状态,这才取得军事上的胜利。因为持盈难久,所以,敌方的士气在三通鼓之后就要衰落。对于鲁国一方来说,先是以等待、观望的方式使对方的士气由盛到衰,然后不失时机地开始反击,有效地利用自己的军队在盈盛状态所具有的战斗力。因为这种最佳状态不会持续太久,稍纵即逝,所以一定要不失时机地加以充分利用。这是用后发制人的方式消耗对方士气,最大限度发挥己方的战斗力。

3. 艰危忧惧的意识。当自身处境并非盈满之时,要有艰危忧惧的意识,否则将招致灾祸。隐公十一年(前712),鲁、齐、郑三国共同攻打许国而获胜,郑庄公让许国大夫百里奉事许叔,住在许都的东部,让公孙获住在许国的西部,并嘱咐公孙获,凡是器用财产,都不要放在许地,等郑庄公去世,公孙获应当迅速离开许地。因为:

> 吾先君新邑于此,王室而既卑矣,周之子孙日失其序。夫许,大岳之胤也。天而既厌周德矣,吾其能与许争乎?②

郑庄公是春秋初年一位霸主式人物。战胜许国之时,郑国正处于

---

① 杨伯峻编:《春秋左传注(修订本)》第一册,中华书局2009年版,第183页。
② 杨伯峻编:《春秋左传注(修订本)》第一册,中华书局2009年版,第75页。

鼎盛状态，可是郑庄公认为，周王室已经由盛满状态衰落了，上天已经厌弃了成周，作为周朝的同姓之国，郑国是不能和许国争夺土地的。在对公孙获的嘱咐当中，郑庄公对己方的情势有了清醒的认识，并认为郑国不可能长久地占有许地，因而才让公孙获采取以退避求生存的行动。郑庄公没有被胜利冲昏头脑，而是从天下形势的变化中认识到郑国持盈难久的处境，做出明智的决定。事实上，郑国的强盛确实仅限于庄公一代。郑庄公死后郑国也就衰落了。

宋襄公违背天道盈衰的规律，一意孤行，可为反面之鉴。僖公二十二年（前638），楚人伐宋以救郑，宋襄公将战，大司马公孙固劝谏说："天之弃商久矣，君将兴之，弗可赦也已。"①宋是商人后裔，天放弃商祚已经很久了，可是宋襄公却非要逆天行事，要兴起衰微已有三四百年之久的商宋声望。大司马认为，如此行事，违背自然规律，必然会遭到咎害，不能得到上天的赦免。结果，宋襄公没有听从司马的意见，与楚交战于泓，宋师大败。宋襄公本人也伤于股，第二年，因为这处箭伤而死去。

持盈难久的哲学观念，《周易》经传是以象征性的符号及简洁的语言表达出来的，富于哲学思辨色彩，《左传》则不然。《左传》长于文学叙述，关注的是人物的命运走向，有叙述，有评论。书中运用了生动的比喻，如"虽鞭之长，不及马腹"，"富如布之有幅"等；以及对比手法，如"善人富谓之赏，淫人富谓之殃"，把哲学思想表达得新奇有趣，富于形象性。

---

① 杨伯峻编：《春秋左传注（修订本）》第二册，中华书局2009年版，第396页。

四、兴衰之变的时限预言

法国启蒙思想家伏尔泰对我国的历史著述有这样的评论："中国人的历史书中没有任何虚构，没有任何奇迹，没有任何得到神启的自称半神的人物。这个民族从一开始写历史，便写得合情合理。"①这是一个误解。中国历史著述中也有虚构和奇迹，而且也有得到神启的人物，他们就是能预见未来的卜官。但伏尔泰所说的"合情合理"倒也没错，史官确实要把事情写得合情合理，即探讨为什么会这样，就是对历史做出解释。

《周易》的宗旨是预测，而《左传》在描写人物、家族的命运时，往往以一个预测为主线，对人物、家族或诸侯国前途的转变做出预言，其后的史实叙述，成为预言的应验。尽管有可能作者是根据已经发生了的历史事实来安排预言的，但撰著却表现为事件的发展变化完全按照预言而展开，表现为前瞻式的预测，而不是回顾式的追忆。而且，在预言中，以《周易》为占卜的事例颇多，占主导地位，《周易》的占卜在叙事中具有重要的结构功能。

（一）漫长的家族兴盛与公室兴衰时限

《周易》的转变有其时限性。《周易》每卦由六条爻辞组成，往往下三爻为事物发展的一个阶段，上三爻为另一阶段。例如首卦《乾》，《乾·文言》解说九四爻，曰："或跃在渊，乾道乃革"②，到这里发生了转变。《系辞上》云："参伍以变，错综其数。"③讲的就是

---

① ［法］伏尔泰：《风俗论》，梁守锵译，商务印书馆1995年版，第74页。
② （清）阮元校刻：《十三经注疏（清嘉庆刊本）》第一册，中华书局2009年版，第29页。
③ （清）阮元校刻：《十三经注疏（清嘉庆刊本）》第一册，中华书局2009年版，第167页。

到一定周期，事物的发展就会发生转变。换言之，事物的转变是有时限的。《左传》在预示人物或家族命运发生转变的时候，也总是预言一定的时间期限。作者运用较多的笔墨叙写了齐国的陈氏、晋国的魏氏和鲁国的季氏等几个家族的昌大，以及与此同时公室的衰败。在揭示这几个家族与其公室的兴衰转变过程当中，作者采取了不同的表现形式，都涉及变化的时限。

第一，通过他人不断的预言和评论，串联起家族与公室的兴衰转变过程。齐国陈氏自陈完（敬仲）开始昌大，最终代齐。陈完出自陈国，是陈厉公之子。《左传》以两个预言为线索叙述陈氏的昌大。

一是陈完妻子之卜。庄公二十二年（前672），陈国内乱，陈完奔齐。作者紧接着补叙道：

> 初，懿氏卜妻敬仲。其妻占之，曰："吉。是谓'凤皇于飞，和鸣锵锵。有妫之后，将育于姜。五世其昌，并于正卿。八世之后，莫之与京'。"①

占卜的预言大吉大利。陈国妫姓，将在姜姓之国繁育后代。后来陈氏的发展，正是预言的逐步应验。齐为姜姓，陈完奔齐之后，齐桓公本欲任他为卿，辞而为工正。到了第五代陈桓子，陈氏始大。第八代的陈成子彻底控制了齐国，在哀公十四年（前481）弑齐简公，预言化为事实。所谓"五世其昌""八世莫京"，都得到应验。

在陈氏将近二百年逐渐兴起的过程当中，作者不断通过他人之口做预言式的评论。昭公三年（前539）、昭公四年（前538）、昭

---

① 杨伯峻编：《春秋左传注（修订本）》第一册，中华书局2009年版，第221—222页。

公八年(前 534)、昭公二十六年(前 516),晏子和史赵多次预示陈氏将会得到齐国。例如,昭公三年,晏子评说齐国政治,分析当时情况与未来趋势,曰:"此季世也,吾弗知。齐其为陈氏矣。公弃其民,而归于陈氏。"①齐国的公室已经衰落,齐国将要为陈氏取代,因为齐侯不爱恤百姓,而陈氏却爱民如子,用各种方法抚慰人心。百姓如流水一般归附陈氏。昭公二十六年,晏子与齐侯议论,晏子再次预言:"公厚敛焉,陈氏厚施焉,民归之矣……后世若少惰,陈氏而不亡,则国其国也已。"②陈氏将代齐有国,已成为必然趋势。

二是陈完少时之卜。作者把陈氏家族的兴起与陈国的亡国、复国及再度亡国的命运变化联系起来,也是以一个预言统领全部过程,以预言的逐步实现作为发展变化的主线。这条线索与陈完妻子之卜一致,二者并不矛盾。庄公二十二年(前 672),陈敬仲年少时,有一次占卜,记曰:

> 周史有以《周易》见陈侯者,陈侯使筮之,遇《观》䷓之《否》䷋。曰:"是谓'观国之光,利用宾于王'。此其代陈有国乎?不在此,其在异国;非此其身,在其子孙……若在异国,必姜姓也。姜,大岳之后也。山岳则配天,物莫能两大。陈衰,此其昌乎!"③

这次占卜的预言是,陈完可能会代替陈国而掌有政权,否则将在他

---

① 杨伯峻编:《春秋左传注(修订本)》第四册,中华书局 2009 年版,第 1234—1235 页。
② 杨伯峻编:《春秋左传注(修订本)》第五册,中华书局 2009 年版,第 1480 页。
③ 杨伯峻编:《春秋左传注(修订本)》第一册,中华书局 2009 年版,第 223—224 页。

国执政。如果陈完本人不执政，那么他的子孙将执政。而且，如果在他国，则必在姜姓诸侯国。又因为物不能两大之理，故而陈国衰亡，陈完这一族则将昌大。《左传·昭公三年》记载，晏子又做预言式评论：“姜族弱矣，而妫将始昌。”①事情是如何发展转变的？昭公八年，楚人灭陈。晋侯与史赵论说陈国政治：

> 晋侯问于史赵曰：“陈其遂亡乎！”对曰：“未也”。公曰：“何故？”对曰：“……且陈氏得政于齐，而后陈卒亡……臣闻盛德必百世祀。虞之世数未也，继守将在齐，其兆既存矣。”②

作者借史赵之口，根据天象再次预言陈氏将得政于齐，而后陈国才会灭亡。昭公九年（前533），陈地发生火灾。郑国的裨灶说：“五年陈将复封，封五十二年而遂亡。”③这里，作者借裨灶之口，预言陈国政权的命运。果然，第五年，昭公十三年（前529），楚平王重建陈、蔡两国。陈氏的命运与陈国的命运转变正如史赵所预言，恰好向相反方向转变。陈国在昭公九年初次灭亡，次年，齐景公把莒地旁边的城邑赐给陈桓子，陈桓子辞谢了。穆孟姬为他请求高唐，陈氏开始昌大。后来，陈成子于哀公十四年（前481）得政于齐。哀公十七年（前478），陈国才再次被楚所灭。自公元前529年复封至此，历时52年。几次关于陈国命运与陈氏命运的预言逐一实现。

　　第二，以首尾照应的预言，完成对家族兴起过程的叙述。《左传》对鲁国季氏的描写就采取了这种方式。闵公二年（前660），鲁

---

①　杨伯峻编：《春秋左传注（修订本）》第四册，中华书局2009年版，第1244页。
②　杨伯峻编：《春秋左传注（修订本）》第四册，中华书局2009年版，第1305页。
③　杨伯峻编：《春秋左传注（修订本）》第四册，中华书局2009年版，第1310页。

国的季友将要出生,桓公让人楚丘之父为他占筮,结果如下:

> 曰:"男也。其名曰友,在公之右;间于两社,为公室辅。季氏亡,则鲁不昌。"又筮之,遇《大有》☲☰之《乾》☰☰,曰:"同复于父,敬如君所。"及生,有文在其手曰"友",遂以命之。①

昭公三十二年(前510),季平子执政,编撰者通过史墨之口重新提及此事,而且还论及季氏一脉几代人的发展情况,将整个季氏家族昌大的线索交代得十分清楚。史墨论曰:

> 昔成季友,桓之季也,文姜之爱子也。始震而卜,卜人谒之,曰:"生有嘉闻,其名曰友,为公室辅。"及生,如卜人之言,有文在其手曰友,遂以名之。既而有大功于鲁,受费以为上卿。至于文子、武子,世增其业,不废旧绩。鲁文公薨,而东门遂杀嫡立庶,鲁君于是乎失国,政在季氏,于此君也四公矣。②

季氏自季友开始,其后季文子、季武子、季平子世代执掌鲁政,忠于公室,励精图治,深受民众爱戴,史墨是从变化的观点来看待季氏掌鲁政一事的,认为这合乎事物的变化规律。因为:"社稷无常奉,君臣无常位,自古以然。故《诗》曰:'高岸为谷,深谷为陵。'三后之姓于今为庶,主所知也。在《易》卦,雷乘《乾》曰《大壮》☳☰,天之道也。"③君臣关系自古就处在变动中,这是自然规律。经史墨的议论,以季友生时之卜为线索,串联起整个季氏的发展历程,

---

① 杨伯峻编:《春秋左传注(修订本)》第一册,中华书局2009年版,第263—264页。
② 杨伯峻编:《春秋左传注(修订本)》第五册,中华书局2009年版,第1520页。
③ 杨伯峻编:《春秋左传注(修订本)》第五册,中华书局2009年版,第1519—1520页。

前后呼应，结构严谨。

　　同是家族命运与公室命运同时发生转变，季氏与鲁国的关系和陈氏与陈齐两国的关系还不相同。季氏亡，鲁国则不昌；陈氏则是在陈国灭亡之后才昌大，昌大以后才夺取了齐国的政权。但无论哪种情况，《左传》都是以预言的方式统摄家族的兴起，国运的转变，并预言其周期的。

　　第三，以两个预言总领整个家族的昌大，而且家族的昌大与公室的昌大是同步的。《左传》对晋国魏氏就采取这种表现方式。毕万以军功起家，闵公元年（前661），晋献公赏赐给毕万魏地，让他做大夫。卜偃预言：

　　　　毕万之后必大。万，盈数也；魏，大名也。以是始赏，天启之矣。天子曰兆民，诸侯曰万民。今名之大，以从盈数，其必有众。①

紧接着，作者又追叙了当初毕万问筮的事情：

　　　　初，毕万筮仕于晋，遇《屯》☲☷之《比》☷☵。辛廖占之，曰："吉。《屯》固、《比》入，吉孰大焉？其必蕃昌。《震》为土，车从马，足居之，兄长之，母覆之，众归之，六体不易，合而能固，安而能杀，公侯之卦也。公侯之子孙，必复其始。"②

这次是毕万主动问筮，得封于魏以后是卜偃主动预言，两次预言都认为毕万的后代将为公侯。作者对魏氏家族命运的叙述也证明了

---

① 　杨伯峻编：《春秋左传注（修订本）》第一册，中华书局2009年版，第259页。

② 　杨伯峻编：《春秋左传注（修订本）》第一册，中华书局2009年版，第259—260页。

预言的正确。魏武子、魏庄子、魏献子、魏襄子等人世代都有功于晋。例如，襄公四年（前569），魏绛（庄子）献和戎之策。襄公九年（前564），魏庄子请求施惠于百姓，施政一年以后，三次出兵而楚国不能与之相争，帮助晋悼公救衰起弊，重兴霸业，改变了公室的命运。昭公二十八年（前514），魏献子为政，孔子称赞道："魏子之举也义，其命也忠，其长有后于晋国乎？"①魏氏一族长盛不衰的命运也再次得到印证。

（二）短暂的亡灭时限

陈氏、季氏和魏氏几个家族都持续兴盛近二百年，在这期间，公室的命运也在发生变化，衰亡或重新兴起。转变是缓慢的，预见的时限也十分漫长。对于那些不行德政的诸侯国君主，《左传》预言了他们的亡灭之期，而且，时限都非常短。

僖公二年（前658），虢公败戎于桑田。晋卜偃预言：

> 虢必亡矣。亡下阳不惧，而又有功，是天夺之鉴，而益其疾也。必易晋而不抚其民矣。不可以五稔。②

卜偃判断，不到五年虢国将会灭亡。事实正如他的预料，僖公五年（前655），晋灭虢。

昭公四年（前538），楚灵王在诸侯面前显示出奢侈。郑国的子产认为楚王"汰而愎谏，不过十年"③，十年之内，楚王必死无疑。左师还进一步分析了以十年为期的原因："不十年侈，其恶不远，

---

① 杨伯峻编：《春秋左传注（修订本）》第五册，中华书局2009年版，第1496页。
② 杨伯峻编：《春秋左传注（修订本）》第一册，中华书局2009年版，第283—284页。
③ 杨伯峻编：《春秋左传注（修订本）》第四册，中华书局2009年版，第1252页。

远恶而后弃。"①恶行的远播需要一定的时日，恶行远播以后才会遭到众人的抛弃。昭公十一年（前531），楚师在蔡。子产认为："楚大而不德……三年，王其有咎乎！美恶周必复，王恶周矣。"②他以三年为期，预言三年之中，楚王的恶德将达到一定周期，三年之内，楚灵王将遇灾祸。楚灵王最后的结局时限完全合乎子产和左师的预言，他于昭公十三年（前529）上吊而死，距昭公四年不到十年，距昭公十一年不到三年。

　　预测国家、家族的命运以世代为单位计算周期，时间比较漫长；预测个人命运则以年为单位计算周期，时间比较短暂。这是比较常见的现象，但有时又不尽然。宣公三年（前606），王孙满论鼎曰："成王定鼎于郏鄏，卜世三十，卜年七百，天所命也。周德虽衰，天命未改。鼎之轻重，未可问也。"③意思很明显，周成王定鼎之时，占卜国家的享国时日，得到的天命是周代可延续30代，700年。这里计算周期时既以世代为单位，又以年为单位，是两种计量方式的结合。对陈国灭亡期的预测也可以见到这种情况。

　　为了理解某一段历史，就需要发现各个历史事件之间的联系，展示一个行动或事件是怎样导致另一个行动或事件的，而且还要进一步展示某些力量或因素如何连续发生作用。《左传》作者通过预测的方式组织历史事件，展现事件发展的内在驱动力。海登·怀特说："大多数关于历史话语的论述一般都区分出事实的

①　杨伯峻编：《春秋左传注（修订本）》第四册，中华书局2009年版，第1252页。
②　杨伯峻编：《春秋左传注（修订本）》第五册，中华书局2009年版，第1325页。
③　杨伯峻编：《春秋左传注（修订本）》第二册，中华书局2009年版，第671—672页。

意义层（数据或资料）与阐释的意义层（解释或关于事实的故事）。"①《左传》也是如此。只是其阐释的意义层有些特殊,作者通过预言和占卜来实现对个人或家族、公室命运兴衰原因的阐释。

五、两种相反的转变契机

《左传》在叙写家族命运转变过程的时候,还揭示出促使转变得以发生的契机。作者对于女子和男子的看法截然不同。

（一）美女祸水论

对于女子而言,相貌与德行相悖反。美貌的女子无美德,是祸患的根源。《左传》作者通过叔向之母预言式的议论,把晋国羊舌氏家族由盛转衰到最后灭亡的原因,归结到两个美貌的女子身上。

襄公二十一年（前552）,栾盈（怀子）逃亡到楚国,范宣子杀了栾盈一党诸人,其中包括羊舌虎（叔虎）,叔向受到牵连,遭囚禁。作者在叙述完这件事之后,补叙道:

> 初,叔向之母妒叔虎之母美而不使,其子皆谏其母。其母曰:"深山大泽,实生龙蛇。彼美,余惧其生龙蛇以祸女。女,敝族也。国多大宠,不仁人间之,不亦难乎? 余何爱焉?"②

刚开始,人们还以为叔向之母是个妒妇,而实际上,她不让貌美的叔虎之母侍寝,是另有原因的。她是出于对家族未来命运的担忧才这样做。因为她认定美丽的女子会生下狠毒怪异的人物,将给整个家族带来不测之祸。作者继而叙述:"使往视寝,生叔虎,美

---

① ［美］海登·怀特:《历史主义、历史与修辞想象》,王建开译,张京媛主编:《新历史主义与文学批评》,北京大学出版社1993年版,第186页。

② 杨伯峻编:《春秋左传注（修订本）》第四册,中华书局2009年版,第1061页。

而有勇力，栾怀子嬖之，故羊舌氏之族及于难。"①叔向之母的担心变成了事实。作者的倾向很明显，赞成叔向之母"深山大泽，实生龙蛇"的美女祸水论。

昭公二十八年（前514），作者再次通过叔向母的议论表明了女人祸水论。晋国杀杨食我，灭羊舌氏。表面看来，是杨食我使羊舌氏遭受灭族惨祸。更进一步的追叙表明，作者还是把羊氏灭族的更根本原因归结到女子身上。当初，叔向打算娶申公巫臣的女儿，其母不同意，因为这个女子的母亲就因为貌美而使三个丈夫、一个国君和一个儿子丧生，使一个国家灭亡。叔向母又列举历史上和神话传说中的美女数人，指出她们自身或其所生之子使人死亡，给家族和国家带来灭顶之灾，把三代的灭亡和公子申生的被害都归罪于美女。总之，"甚美必有甚恶"②，太美的人一定会有特别丑恶的一面，给他人带来恶运。美貌的女子在叔向母眼里是令人畏惧的对象，是祸害的根源。羊舌氏之所以被灭族，正是因为叔向被迫娶了申公巫臣的女儿，正是这个女子生下了有野心的杨食我，导致了羊舌氏的灭族。

《左传·襄公二十六年》揭示，家庭内部父子骨肉相残的悲剧，也与美女有关。文曰：

> 宋芮司徒生女子，赤而毛，弃诸堤下，共姬之妾取以入，名之曰弃。长而美。平公入夕，共姬与之食。公见弃也，而视之，尤。姬纳诸御，嬖，生佐。③

① 杨伯峻编：《春秋左传注（修订本）》第四册，中华书局2009年版，第1061页。
② 杨伯峻编：《春秋左传注（修订本）》第五册，中华书局2009年版，第1492页。
③ 杨伯峻编：《春秋左传注（修订本）》第四册，中华书局2009年版，第1118页。

宋平公宠爱貌美的弃,并与之生子。结果当太子被陷害时,弃做伪证,说他听说过太子想要作乱的事。宋平公杀死太子之后,弃所生的儿子佐被立为太子。如果不是弃得到宠爱,又参与陷害太子,宋平公是不会相信太子要谋反并杀死太子的。弃在这个阴谋中扮演了不光彩的角色,她促成了冤案的发生,使得国君的继承人发生了变化。

（二）异貌男子恶德论

对于男子而言,相貌与德行相一致。丑怪反常的男子必有恶德恶行,导致家族毁灭。楚国的越椒、晋国的伯石（杨食我）和鲁国的竖牛都是这样。《左传·宣公四年》记载,当初子越椒出生的时候,子文就说一定要杀了他,否则必然会毁灭若敖氏。子越椒的父亲子良没有听从子文的话,子文极其悲戚。子文临死前,聚集族人,再次告诫他们,如果子越椒执政,族人一定要赶紧离开楚国,不要赶上灾难。他流着泪感叹:"鬼犹求食,若敖氏之鬼不其馁而!"①什么原因令子文如此憎恶子越椒,如此忧惧若敖氏的前途呢? 原因就是子越椒这人"熊虎之状而豺狼之声"②,形貌凶恶,声音狠厉。子文很有先见之明。这个丑恶的子越椒做事也不恭敬。文公九年（前618）,他聘于鲁,执币傲,叔仲惠伯断言:"是必灭若敖氏之宗。"③宣公四年（前605）,子越椒带领族人攻打楚庄王,他用箭射楚庄王,作乱未成,身死而族灭。

此外,《左传·昭公二十八年》记载,导致晋国羊舌氏灭族的伯石,出生时也发出"豺狼之声"④,是个"狼子野心"式的人物。

① 杨伯峻编:《春秋左传注（修订本）》第二册,中华书局2009年版,第680页。
② 杨伯峻编:《春秋左传注（修订本）》第二册,中华书局2009年版,第679页。
③ 杨伯峻编:《春秋左传注（修订本）》第二册,中华书局2009年版,第574页。
④ 杨伯峻编:《春秋左传注（修订本）》第五册,中华书局2009年版,第1493页。

鲁国的竖牛也是这样的恶人。他是鲁国叔孙穆子的儿子，《左传·昭公四年》记载，他"黑而上偻，深目而豕喙"，长得黑乎乎的，驼背，眼睛深陷，嘴巴像猪。竖牛"乱其室而有之"①，还把病中的叔孙穆子活活饿死。他面目丑怪狰狞，做事则完全采用欺诈、瞒骗的奸邪小人伎俩，用心狠毒，是个异常可憎的恶人。

《左传》通过对男性和女性不同的认知，总结了历史经验。虽然对男女的看法不尽相同，但是把人的外在相貌与内在的道德品质联系起来的思维方式则是一致的。

六、巫术文本与文学形式

从上面的考察分析当中，可以朦胧地感觉到，《周易》这部巫术著作与《左传》的文学表现形式之间存在某种联系。这种联系不是一下子便能看清楚，不是简单直接的彼此一一对应关系。二者究竟是如何转化的？还需要进一步的辨析。

（一）《周易》在《左传》中的结构功能

从功能角度考察，《周易》的功能是预测未来，而《左传》作者运用了大量《周易》预言来结构作品，这些预言在叙述整个事件中担负着重要的结构功能。也就是说，《周易》本来单纯的巫术预测功能，在《左传》中被赋予了结构作品的功能。这是《周易》与《左传》最突出、最鲜明的联系。前面所述"兴衰之变的时限预言"部分，陈氏家族、魏氏家族、季氏家族等几个大家族的兴起，都与《周易》的占卜有关系。陈完少时之卜、季友之生之卜和毕万仕于晋之卜，无不是问筮于《周易》而得出对家族的预言，最后家族命运的发展变化又无一不是《周易》筮言的实现。此外，像郑国游吉对

---

① 杨伯峻编：《春秋左传注（修订本）》第四册，中华书局2009年版，第125、1257页。

楚王的预言,也引《周易》为例。

(二)先知预言的作用

从叙述方式上考察,《左传》喜欢安排先知先觉型人物的叙述方式,可能受到《周易》的启发。《周易》能够培养出观察事情吉凶转化征兆的能力,《系辞下》曰:"夫易,圣人之所以极深而研几也","知几其神乎","几者,动之微,吉之先见者也"①。也就是说,有才智的人从《周易》中能够掌握见微知著的本领。《左传》在叙述人物或公室命运变化时,经常出现一位或几位能够见微知著的有识之士,通过这类先知先觉型人物来预言情形的变化。郑庄公不朝,周桓公从中看出他人亦将不朝的苗头;穆叔与秦后子等人从赵孟的言语当中看出赵孟将死,晋公室将衰;伍子胥从吴王伐齐而胜中预见到吴将灭亡。叔向母从叔虎母相貌姣美中看出家族未来的灾祸;子文从子越椒的豺狼之声中听出了不祥之音。这些人物的出现不是偶然的,是作者有意识的安排,他们的预言起到统领事情变化过程的作用。

(三)思维方式的相近

《周易》和《左传》都表现了象喻思维的特点。例如,《周易》经文首先把变化思想寄托于龙的行为之中,以龙的运动象喻变化。九四爻辞"或跃在渊",蕴含着生命阶段开始发生转折;上九爻辞"亢龙有悔",蕴含了"盈不可久"的思想。《左传》的变化思想主要是借助于具体的事象以出之。作者不是单纯地叙述一个个事件,而是通过某一线索把这些事件有机地联系起来,形成一个整

---

① (清)阮元校刻:《十三经注疏(清嘉庆刊本)》第一册,中华书局2009年版,第168、184页。

体,这样就促使读者思考为什么会发生这些事。作者如此布局是以其对人生、对历史的哲学思考为背景的。如此一来,事件就成为传达某种哲学思考的事象。

恩斯特·卡西尔说:"历史学家并不只是给予我们一系列一定的编年史次序排列的事件。对他来说,这些事件仅仅是外壳,他在这外壳之下寻找着一种人类的和文化的生活——一种具有行动与激情、问题与答案、张力与缓解的生活。"①《左传》作者运用了多种表现方法、叙述手段及修辞手法,淋漓尽致地将社会大变化中的生活艺术地表现出来。至于《左传》与《周易》的关系,总而言之,我们只能说,《左传》作者对《周易》根本性的变易精神领会极深,在创作中有所借鉴,表现为主题与形式的一脉相承及继承中的变异与超越。《左传》对历史进行了反思,在回顾与反思中,让巫术占卜承担了叙事功能,以此对推动历史发展变化的内在原因作出一种解释,这既没有脱离巫术的思维模式,又是对历史进行理性思考的结果,是对巫术思维的超越。

七、变革的原因与时机

"变"是《周易》一个重要的主题,变的最高形式是革,如果说变还只是量的积累,那么,革就是质的飞跃,是根本性质的改变。变和革既有联系,又有区别,变是革的准备,革是变的最终完成。变是在旧质内进行,革则是以新质的确立为目标,是吐故纳新的过程。《杂卦》称:"革,去故也。"②这道出了革的本质,它

①　[德]恩斯特·卡西尔:《人论》,甘阳译,上海译文出版社1985年版,第237页。
②　(清)阮元校刻:《十三经注疏(清嘉庆刊本)》第一册,中华书局2009年版,第202页。

是对旧质的扬弃。《革》卦就是专门以变革为主题来组织编撰卦爻辞的。

> ䷰（离下兑上）革　巳日乃孚。元亨,利贞,悔亡。
>
> 初九　巩用黄牛之革。
>
> 六二　巳日乃革之,征吉,无咎。
>
> 九三　征凶,贞厉。革言三就,有孚。
>
> 九四　悔亡,有孚,改命,吉。
>
> 九五　大人虎变,未占有孚。
>
> 上六　君子豹变,小人革面,征凶,居贞吉。①

《革》卦讲述了由开始准备变革,一直到变革结束整个过程及结果。《易》传对变革的原因、时机、方式等问题,做了理论总结,并热情赞美了革的作用和意义。《革·象》曰:"革,水火相息,二女同居,其志不相得曰革。巳日乃孚,革而信之。文明以说,大亨以正。革而当,其悔乃亡。天地革而四时成。汤武革命,顺乎天而应乎人。革之时,大矣哉!"②这是说革新不可避免,无论自然界,还是人类社会,都要通过革新才能获得发展。

　　对于变革的原因,《革·象》从哲学层面指出引起变革的原因有两种:一是相异事物的相互排斥,一是相同事物的相互抵触。即:"水火相息,二女同居,其志不相得曰革。"性质相异事物的相互排斥,犹如水火不相容一样;性质相同事物的相互抵触,犹如两

---

① （清）阮元校刻:《十三经注疏(清嘉庆刊本)》第一册,中华书局 2009 年版,第124—125 页。

② （清）阮元校刻:《十三经注疏(清嘉庆刊本)》第一册,中华书局 2009 年版,第124 页。

个同属阴性的女子共处，志意不同，互相乖舛，王弼注云："变之所生，生于不合者也。""息者，生变之谓也。"《正义》："火本干燥，泽本润湿。燥湿殊性，不可共处。若其共处，必相侵克。既相侵克，其变乃生。"①所解甚得其本义。

阴阳相互渗透，相反而相成，是《周易》哲学的一个核心。《说卦》曰："故水火相逮，雷风不相悖。山泽通气，然后能变化，既成万物也。"②性质相近的同类事物相互呼应，相互吸引，相辅相成，是《周易》另一个突出的哲学观念。《乾·文言》曰："同声相应，同气相求。水流湿，火就燥。云从龙，风从虎。"③《革·彖》的论述是从另外的角度来观察事物间的相互作用关系，表现了《周易》的辩证思维特征。它指出阴阳异质事物之间以及性质相近事物之间的关系，除了相反相成的一面，还存在相互排斥的情况，正是事物相互排斥的一面，才产生了变化。

类似的哲学观点在后代也可以看到。托名汉代黄石公所著的《素书·安礼》曰："同志相得，同仁相忧，同恶相党，同爱相求……同声相应，同气相感，同类相依，同义相亲，同难相济，同道相成。"这些都属于性质相近事物间的相互呼应。同时，它们之间也存在相互排斥的一面："同美相妒，同智相谋，同贵相害，同利相忌……同艺相规，同巧相胜。"④

---

① （清）阮元校刻：《十三经注疏（清嘉庆刊本）》第一册，中华书局2009年版，第124页。

② （清）阮元校刻：《十三经注疏（清嘉庆刊本）》第一册，中华书局2009年版，第197页。

③ （清）阮元校刻：《十三经注疏（清嘉庆刊本）》第一册，中华书局2009年版，第28页。

④ 张景、张松辉译注：《素书》，中华书局2022年版，第116、116页。

对于变革的时机,《革》卦辞有"巳日乃孚"之语,六二爻辞亦称"巳日乃革之"。也就是说,变革的时机是"巳日"最佳。① 变革的方式是循序渐进,"文明以说"的。要用柔和的方式取得民众的信任和支持。《系辞下》曰:"危以动,则民不与也。惧以语,则民不应也。无交而求,则民不与也。莫之与,则伤之者至矣。"②冒险而动,百姓不会参与;用恐吓的语言来发布命令,百姓就不会响应;没有任何交情而求助于人,百姓就不会赞成。如果没人赞成,那么有所行动的人就会受到伤害了。一句话,如果没有得到民众的支持而妄自行动,会招致损伤。

变革的过程是复杂而艰巨的。《革》九三云:"革言三就,有孚。"变革的命令多次下达,最终才能取得百姓的信任。变革的形式是由上自下而进行的。先是"大人虎变",而后"君子豹变",最后才是"小人革面",由君王到贵族,再到最下层的平民百姓。

变革的结果是元亨,悔亡,吉。变革得以成功的前提条件及保障是如《革·彖》所说:"顺乎天而应乎人"。类似的说法还有,《兑·彖》曰:"是以顺乎天而应乎人。说以先民,民忘其劳。说以犯难,民忘其死。说之大,民劝矣哉。"《中孚·彖》曰:"说而巽,孚,乃化邦也。"③

八、《易》理与变革者的命运

《周易》的变革理论为后代的改革提供了理论依据。《革·

---

① 己、已、巳,这三个字极易混淆,《周易正义》作"巳日",笔者认为当作"己日",详细考证请见附录三。
② (清)阮元校刻:《十三经注疏(清嘉庆刊本)》第一册,中华书局 2009 年版,第184—185 页。
③ (清)阮元校刻:《十三经注疏(清嘉庆刊本)》第一册,中华书局 2009 年版,第143、146 页。

象》提及的汤武革命是改朝换代的重大事件,在历史上非常受重视。春秋战国时代,郑国的子产、楚国的吴起和秦国的商鞅等人,都是以实施社会变革而著称的人物。《尚书》《左传》及《史记》对这些人物的变革是怎样描写的? 作者对变革者采取了什么样的态度? 它们与《周易》的变革理论相比较,有哪些不同? 这些问题,可以从对变革时机的把握、变革的过程和方式、变革的结果及变革者的命运等几个方面进行探讨。

(一)对变革时机的把握

《左传》及《史记》有关变革者的记述表明,如果注重变革时机,对时机把握得好,就会得到嘉美的结果。反之,则将遭到噩运。

汤武非常注重革命的时机。他们都选择了最恰当的时机,等待时机完全成熟才发起改朝换代的大变革。《尚书·汤誓》记载,商汤讨伐夏桀时,夏民对夏桀的怨恨已到达顶点,发出"时日曷丧? 予及汝皆亡"[1]的咒语,号呼着宁愿与夏桀同归于尽。

周武王伐纣的情形与此相似。《尚书·泰誓》记载,当时"商罪贯盈,天命诛之"[2],纣王"自绝于天,结怨于民"[3],所以周武王才大声疾呼"时哉弗可失"[4],激励民众不要错过时机,要跟随他讨

---

[1] (清)阮元校刻:《十三经注疏(清嘉庆刊本)》第一册,中华书局 2009 年版,第 338 页。

[2] (清)阮元校刻:《十三经注疏(清嘉庆刊本)》第一册,中华书局 2009 年版,第 383 页。

[3] (清)阮元校刻:《十三经注疏(清嘉庆刊本)》第一册,中华书局 2009 年版,第 386 页。

[4] (清)阮元校刻:《十三经注疏(清嘉庆刊本)》第一册,中华书局 2009 年版,第 384 页。

伐恶贯满盈的商纣王。

从商汤和周武王的革命行动来看,他们所谓的时机成熟,主要是指顺从天命,顺从民意,讨伐天之罪人。这与《革·彖》所云"汤武革命,顺乎天而应乎人"①完全一致。作者对于汤武能够选择恰当的变革时机表示了赞许。

《左传·襄公十年》记载,郑国的子驷实行改革,以失败告终,子驷也在政治动乱中被杀死。这次改革失败的原因表面上看是因为子驷的政令使五大家族丧失了土田,得罪了大族的利益,导致政变。但更深层的原因则是变法的时机尚未成熟,当时的时势还没有形成变革的政治格局,子驷的政令走在了时代前头,因而他最终成为一位失败的先驱者。

(二)变革的方式

《革·彖》认为应当"文明以说",这一观点具有鲜明的儒家色彩。后世的改革大多具有浓厚的法家色彩,无不实行严刑峻法。《左传·昭公四年》记载:

> 郑子产作丘赋,国人谤之……子宽以告。子产曰:"……吾闻为善者不改其度,故能有济也。民不可逞,度不可改。《诗》曰:'礼义不愆,何恤于人言?'吾不迁矣。"②

子产并没有完全顺应百姓的意愿行事,依照百姓的愿望收回法令。他坚持推行法令,不作任何改变,表现出严峻强硬的作风。昭公六年(前536),郑人铸刑书。叔向派人给子产送去书信,措辞激烈,

---

① (清)阮元校刻:《十三经注疏(清嘉庆刊本)》第一册,中华书局2009年版,第124页。
② 杨伯峻编:《春秋左传注(修订本)》第四册,中华书局2009年版,第1254页。

谴责子产。子产回复曰："吾以救世也。"①子产铸刑书于鼎，强调以法治国，这种做法与传统观念大相径庭，因而招来叔向的批评。但子产以救世为宗旨，面对反对意见没有做出任何让步，其态度凛然生威。

《史记·孙子吴起列传》记载，吴起相楚，实行变法。他"明法审令，捐不急之官，废公族疏远者，以抚养战斗之士。要在强兵，破驰说之言从横者"②。吴起变法的一个总的准则是"明法审令"，也是以法令为依准，显出法家治国的特点。其性情"刻暴少恩"，以如此之性情变法，不难想象其峻烈的风格。至于商鞅，更是法家的代表人物。《史记·商君列传》记载，商鞅颁行法令一年，太子犯法，他"刑其傅公子虔，黥其师公孙贾"③，对最高层统治者也不讲情面，剥夺了他们的特权。商鞅"天资刻薄人也"④，处事有决断，峻刻疾急。他这么做的直接影响就是秦人都畏惧其威严，不敢违背变革的政令。

（三）变革过程的艰巨性

《革》九三云："革言三就，乃孚。"变革的法令经过几次下达，才得到民众的信任。可见变革是件十分不容易的事，充满了障碍。《革》九四云："有孚。改命，吉。"得到民众的信任之后，进行改革才吉利。按照《周易》的理论，变革必须首先取得民众的信任。商鞅在具体施行变法的法令之前，首先做的一件事就是力争取信于民，《史记·商君列传》所记徙木以立信一事就是例证。

---

① 杨伯峻编：《春秋左传注（修订本）》第四册，中华书局 2009 年版，第 1277 页。

② （汉）司马迁：《史记》第七册，中华书局 1982 年版，第 2168 页。

③ （汉）司马迁：《史记》第七册，中华书局 1982 年版，第 2231 页。

④ （汉）司马迁：《史记》第七册，中华书局 1982 年版，第 2237 页。

变革想要得到民众的信赖和认可,需要经过几个反复才能够实现。子产和商鞅的变革实践说明了这一点。《左传·襄公三十年》记载:

> 从政一年,舆人诵之,曰:"取我衣冠而褚之,取我田畴而伍之。孰杀子产,吾其与之!"及三年,又诵之,曰:"我有子弟,子产诲之;我有田畴,子产殖之。子产而死,谁其嗣之?"①

子产改革一年,百姓对他怀有强烈的不满,恨不能杀之而后快。三年以后,百姓态度大变,担心子产死去,无人继承。商鞅变法也遇到了类似的情形,《史记·秦本纪》记载:"百姓苦之;居三年,百姓便之。"②刚开始,百姓苦于新法;三年以后,百姓以新法为便利。

子产和商鞅的变法都是在实行几年以后,才得到民众的认可和衷心拥护。可见,取信于民是一个艰难的过程。

（四）变革者的命运与《周易》理论的关联

汤武革命得到当时人的拥戴,受到后世的赞扬。子驷、子产、吴起、商鞅等人的变革,当时就有争议,后世也仍然褒贬不一。汤武的命运嘉美可羡,而子驷等人的命运则呈现出悲剧色彩,可钦可叹。

子驷变法未成而身为之殉,二十年后,子产实行田洫,完成其叔父子驷未竟的事业。《左传·昭公四年》记载,开始,民众不接受,国中竟然流传着这样恐怖的歌谣:"孰杀子产,吾其与之!"五年之后,子产订丘赋,国人又再次诽谤他。子产听说之后,说:"何

---

① 杨伯峻编:《春秋左传注（修订本）》第四册,中华书局2009年版,第1182页。
② （汉）司马迁:《史记》第一册,中华书局1982年版,第203页。

害？苟利社稷，死生以之。"①子产已经把自己的生死置之度外了，只要有利于国家，他不爱惜个人的生命。子产坚定不移的改革宣言大义凛然而又显得异常悲壮。子产虽然没有重蹈子驷的悲剧命运，但是，从郑国民众的反映当中，不难看出一个变革者的艰危处境；从子产的话语当中，不难体会一股苦涩的滋味。

吴起和商鞅的变法虽然取得了显著的成效，但他们的命运结局却非常悲惨，吴起被乱箭射死，商鞅被车裂。太史公热情地赞颂汤武，但对吴起和商鞅的态度却有所保留。

考察变革者的命运，我们发现，变革者与《周易》一样重视时机和方式的选择，掌握了恰当的时机，其命运结局便是好的；变革者选择的时机不恰当，或者选择的方式不是《周易》所倡导的儒家温和的方式，而是法家峻烈急切的方式，那么，等待变革者的便不是很好的命运。由此看来，《周易》经传所提出的变革理论，在任何时候，都有其现实参照意义，值得人们思索和借鉴。

春秋虽然是礼崩乐坏的时代，但是社会大改革的阶段还没有到来，更多的还是在原有体制下所发生的一些变化。所以，《左传》有关改革的事件并不是很多。到了战国时期，社会改革家才大批涌现，《史记》以传记文学的方式反映了那个时代的改革状况。

---

① 　杨伯峻编：《春秋左传注（修订本）》第四册，中华书局2009年版，第1254页。

第二章 《周易》的结构模式与 上古文学的框架体制

第一节 《周易》爻辞与三句体诗结构模式

对于诗歌形式的研究,历来以一句诗由几个字组成为主,学术界已为我们勾勒出一条明晰的诗歌发展脉络:二言、三言、四言、五言至七言。对一首(章)诗由几句构成,即对诗歌结构模式的研究则明显逊色,一般认为诗歌结构最常见的是四句体,包括以四为基数的八句律诗、长篇排律等,对其他结构模式鲜有论者。四句体很早就产生了,原始祝语咒语中就有,如《礼记·郊特牲》记载的,相传为伊耆氏所作的《蜡辞》:"土反其宅,水归其壑,昆虫勿作,草木归其泽。"①《诗经》中四句一章之诗比比皆是。与四句体产生时代相近,后代亦多有作的,还有一种体式:三句体诗。对于三句体诗,前人曾有所论述,然而对于《周易》爻辞与三句体诗的渊源关系,尚无人论及。这里旨在以《周易》和《诗经》两部经典为主,探讨三句体诗的渊源与流脉、它所承载的表意功能、结构的内在机

---

① (清)孙希旦撰,沈啸寰、王星贤点校:《礼记集解》中册,中华书局1989年版,第696页。

制、体现的思维特征等问题，期望能从发生学上对三句体诗的研究
有所补益。

一、叙事与抒情

　　三句体诗最早可上溯到神话传说时代。《山海经·大荒北
经》记有驱逐旱魃的咒语："神北行！先除水道，决通沟渎！"①这
则咒语显示了远古初民企图用语言的魔法力量驱逐自然灾害的强
烈意愿，这个早期三句体诗承载着祭咒功用，具有上古巫术文学的
特征。但是，这类咒语保留下来的极少。降至《周易》和《诗经》时
代，有韵的三句体诗开始大量涌现，自成一格。如果说《驱魃咒》
可视为三句体诗的远祖，那么《周易》和《诗经》中的三句体诗则是
这种诗体的真正始祖。

　　《周易》爻辞三句韵语有二十余条，分别见于《同人》《大壮》
《鼎》等卦。例如《同人》九三："伏戎于莽，升其高陵，三岁不
兴。"②莽、陵、兴，均在古韵蒸部。③《大壮》上六："羝羊触藩，不能
退，不能遂。"④退、遂，在物部。⑤《鼎》九四："鼎折足，覆公餗，其

---

① 袁珂校注：《山海经校注》，巴蜀书社1993年版，第491页。笔者按：原书断
　　句，引号在"神北行"后，则咒语仅为"神北行"一句。张衡《东京赋》"因耕父
　　于清泠，溺女魃于神潢"句下，高步瀛疏曰："令曰：神北行，先除水道，决通沟
　　渎。郭曰：言逐之必得雨，故见先除水道，今之逐魃是也。"（高步瀛著，曹道
　　衡、沈玉成点校：《文选李注义疏》，中华书局1985年版，第707页）依此，这则
　　咒语为三句。
② （清）阮元校刻：《十三经注疏（清嘉庆刊本）》第一册，中华书局2009年版，第
　　58页。
③ 参见黄玉顺：《易经古歌考释》，巴蜀出版社1995年版，第75页。
④ （清）阮元校刻：《十三经注疏（清嘉庆刊本）》第一册，中华书局2009年版，第
　　99页。
⑤ 参见黄玉顺：《易经古歌考释》，巴蜀出版社1995年版，第232页。

形渥。"①足、悚、渥,在屋部。② 除去吉凶悔吝之类的断语,这些爻辞是单独的一节诗,三言、四言或杂言,三句表达出完整的意义,读起来节奏铿锵,容易记忆。

《诗经》中全诗都是三句一章的共有九首:《周南·麟之趾》《召南·甘棠》《召南·驺虞》《唐风·无衣》《齐风·著》《王风·采葛》《魏风·十亩之间》《桧风·素冠》和《豳风·九罭》。《雅》《颂》中三句一组的诗章十分常见,俯拾即是。如《商颂·长发》首章:"洪水芒芒,禹敷土下方,外大国是疆。幅陨既长,有娀方将,帝立子生商。"③从《周易》爻辞和《诗经》的情况,可以得出这样的结论:在诗歌产生的初始阶段,就包孕三句体结构模式,这是一种非常古老的诗歌样式。

《周易》是一部卦书,用于巫术,《周易》卦爻辞是为占卜而编纂的,服务于巫术。综观《周易》爻辞的三句体诗句,它们的功能大体一致,都是叙述型语体,或讲述事情的经过,或叙说某种行为,传达的是一种事象或物象。《师》六五:"大君有命,开国承家,小人勿用。"④这是叙述一件事情:君王下达命令,分土地以封诸侯,立大夫以分采地。这样的事情,没有地位的平民与此绝缘,他们不能和君子一样受到开国承家的赏赐。《艮》六二:"艮其腓,不拯其

---

① (清)阮元校刻:《十三经注疏(清嘉庆刊本)》第一册,中华书局 2009 年版,第126 页。
② 参见黄玉顺:《易经古歌考释》,巴蜀出版社 1995 年版,第 232 页。
③ (清)阮元校刻:《十三经注疏(清嘉庆刊本)》第一册,中华书局 2009 年版,第1350 页。
④ (清)阮元校刻:《十三经注疏(清嘉庆刊本)》第一册,中华书局 2009 年版,第49 页。

随,其心不快。"①掣制其腿肚子,使人无法抬腿举步,造成不愉快。这是描述一种行为和心理状态,行动上受牵制而内心极不情愿。《渐》九三:"鸿渐于陆,夫征不复,妇孕不育。"②这里,鸿渐于陆是一种物象,意谓鸿鸟由水中进至高平之地,暗示离开自己的家园。"夫征不复,妇孕不育"则是由鸿渐于陆这一物象联想起的人间事象:丈夫出征没有返回,妇女怀孕而不生育,是不利之象。《周易》爻辞大多具有象征意义,通过具体的事件或物象暗示吉凶悔吝。因此,爻辞除断语外,是叙述型语体,其中三句诗为一节的爻辞,也都是叙事拟态,没有抒情成分。

　　《诗经》中三句一节的篇章较多,其中有一部分也是用于巫术。不过,《诗经》中的这类诗句不是像《周易》那样用来占卜,而是用于祈祷和诅咒。《周南·麟之趾》是一首祈祷诗,共三节,句式、意义基本相同。首章云:"麟之趾,振振公子,于嗟麟兮。"③麟是古代传说中一种神奇的动物,被视为祥瑞之兽。麟之趾,指的是麟之足,位于身体的下部,以此起兴,祝愿贵族公子借助吉祥之兽而兴旺。《召南·驺虞》是一首诅咒诗,首章云:"彼茁者葭,壹发五豝,于嗟乎驺虞。"④豝,小野猪。驺虞,又名驺吾,类似虎,尾巴很长,是野猪的天敌。这几句诗先对草丛中野猪之多感到惊讶,拨

① （清）阮元校刻:《十三经注疏（清嘉庆刊本）》第一册,中华书局 2009 年版,第 129 页。

② （清）阮元校刻:《十三经注疏（清嘉庆刊本）》第一册,中华书局 2009 年版,第 130 页。

③ （清）阮元校刻:《十三经注疏（清嘉庆刊本）》第一册,中华书局 2009 年版,第 595 页。

④ （清）阮元校刻:《十三经注疏（清嘉庆刊本）》第一册,中华书局 2009 年版,第 618 页。

开芦苇就发现五头小野猪,然后呼唤驺虞来吃掉它们,这是即将面临野猪成灾而采取的应急措施。《诗经》中三句一节的诗虽然也用于巫术,但它们和《周易》爻辞的同类诗句有明显差异,它们不是纯粹的叙事体,而是饱含人的情感、意志、愿望,诗中出现的事类物象承载着人的情志。诗句的语气是祝愿或诅咒,叙述不居主导地位。

《诗经》三句一节的篇章也有叙述型的,这类诗主要服务于宗教,用于祭祀祖先。《小雅·楚茨》和《大雅》的《皇矣》《大明》《卷阿》及《商颂·玄鸟》等诗中都有许多这种类型的诗句。这类诗也有许多篇幅用以叙事,而且较之《周易》三句体爻辞显得多有铺陈,但它不限于叙事,而是表达赞美敬仰之情,并且还有祈求神灵保佑的意向。就后一方面而言,又与用于祈祷的巫术诗相近。

《诗经》还有一些三句一节的诗篇与宗教巫术无关,表现的是世俗生活,抒发男女之间的恩爱怨悔之情。《王风·采葛》首章云,"彼采葛兮,一日不见,如三月兮。"①作者以采葛起兴,抒发对自己爱恋对象的想念之情。《郑风·丰》首章云:"子之丰兮,俟我乎巷兮,悔予不送兮。"②一个容貌丰满的男子在巷口等待姑娘,但姑娘没有以礼相送。这是女方在回忆往事时表现自己悔恨的心理。这类诗抒情性更强,而且是脱口而出,具有浓郁的民歌情调。

---

① (清)阮元校刻:《十三经注疏(清嘉庆刊本)》第一册,中华书局 2009 年版,第 703 页。
② (清)阮元校刻:《十三经注疏(清嘉庆刊本)》第一册,中华书局 2009 年版,第 727 页。

　　《周易》和《诗经》是保留三句体诗最早也最多的两部先秦典籍。《周易》爻辞中的三句体诗服务于占卜，句型比较单一，都是叙事型。《诗经》三句体诗的功能较之《周易》爻辞更为多样，不纯是叙事型，还包含祈祷、诅咒、颂赞以及抒发男女之情等多方面内涵，句式也多种多样。

　　《周易》和《诗经》之后，三句体诗层出不穷，蔚为大观，有三句一诗者，也有以三句为结构单位成诗者。查阅逯钦立辑校的《先秦汉魏晋南北朝诗》，三句诗达130余首。唐宋两代，这类三句体诗的创作仍然不绝如缕，比较突出者有唐朝富嘉谟的《明冰篇》、元结的《大唐中兴颂》、宋朝黄庭坚的《观伯时画马礼部试院作》及苏轼、晁无咎等人的和作。诗有此体，词中《浣溪沙》上、下阕各三句，与三句体诗格式相同，可见这种诗体流波之长。

　　一定的形式往往承担着特殊的功用，考辨三句体诗之源，就其功用层面而言，大体可以划出两条平行线：祭咒之谣与抒情之诗。祭咒之谣涉及宗教巫术，负载功利目的，美盛德之形容以求神明庇佑，或为祝咒之辞以求愿望成真。抒情之诗则与宗教巫术无关，不具功利目的，而是人类种种情感的诗化表达，纯为表情符号。两大派别各具特色，风格各异，共同建构起三句体诗的诗体大厦。后代三句体诗正是沿着这两大派别发展演变的。

　　承继宗教巫术传统的三句体诗，当首推李斯的七篇刻石铭文，载录于《史记·封禅书》。其中五篇分别刻于今山东境内的峄山、泰山、琅邪台、之罘、之罘东观，其余两篇刻于碣石和会稽。除《琅邪台刻石铭文》外，其他六篇都是三句一节，非常整齐。这些铭文疏而能壮，在格调上和宗教祭祀诗一脉相承。

　　唐代元结撰写《大唐中兴颂》，载录于《全唐文》卷三百八十，大力赞扬唐肃宗平定安史之乱的业绩。全诗共45句，三句一节，篇幅颇长而结构整饬，今截取纯系颂赞之辞的末五节以见其师承雅颂之意。辞曰：

> 功劳位尊，忠烈名存，泽流子孙。
> 盛德之兴，山高日升，万福是膺。
> 能令大君，声容沄沄，不在斯文。
> 湘江东西，中直浯溪，石崖天齐。
> 可磨可镌，刊此颂焉，何千万年。①

属抒情歌辞的三句体作品，《诗经》之后，汉高祖的《大风歌》雄浑悲凉，广为人知。《史记·高祖本纪》载：

> 高祖还归，过沛，留。置酒沛宫，悉召故人父老子弟纵酒，发沛中儿得百二十人，教之歌。酒酣，高祖击筑，自为歌诗曰："大风起兮云飞扬，威加海内兮归故乡，安得猛士兮守四方。"令儿皆和习之。高祖乃起舞，慷慨伤怀，泣数行下。②

刘邦平定宇内，荣归故里，即景抒发胸襟，三句《大风歌》是帝王创业意欲寻求守业之士的英雄慨叹，蕴含着守成之难的深层忧患。他的咏唱也是脱口而出，不假修饰。汉代这类口头咏唱的三句体诗很多，如《将归操》《龟山操》《别鹤操》等。南朝民歌中的三句体诗数量更多，二十五首《华山畿》就有二十三首都采用了这种

---

① （清）董诰等编：《全唐文》，中华书局1983年版，第3859页。
② （汉）司马迁：《史记》第二册，中华书局1982年版，第389页。

形式。

吟写情怀的三句体诗多为随心之讴，不像祭歌咒语多是恭敬谨严、苦心经营之作。这类三句体诗篇幅也较小，形式不拘一格，常用语气助词以增强抒情意味，挥洒自如，明白晓畅。用韵灵活，到后代才固定。与祭歌咒语相比，这类作品诗意更浓，诗味更醇，因为情感是诗的生命本质，它直接拨动人们的心弦，在心灵的深处激起神秘的感应和回响。

二、几种结构方式

与四句体诗相比，三句体诗有其独特的内在机制，这种机制在《周易》爻辞中就已经形成。

首先，用韵上，有句句入韵式。四句体诗自《诗经》始，就以首句、第二句与末句入韵这种韵式为主，首句有时不入韵。如首篇《关雎》首章：“关关雎鸠，在河之洲；窈窕淑女，君子好逑。”[1]这章就是首、二、末三句入韵式，鸠、洲、逑均在古韵幽部。[2]《小雅·皇皇者华》首章：“皇皇者华，于彼原隰，駪駪征夫，每怀靡及。”[3]隰与及均在古韵缉部。后代四句体诗首句可入韵也可不入韵，而二、四句必是韵脚所在。四句体诗可以第三句不用韵，中间有顿挫，末句用韵仍然觉得音调和谐。三句体诗不同，韵脚不便安排，自首至末句句入韵，易产生一气贯注、行云流水般的美感。例如《周易·离》九三爻辞：“日昃之离，不鼓缶而歌，则

① （清）阮元校刻：《十三经注疏（清嘉庆刊本）》，中华书局2009年版，第570页。

② 本节涉及的《诗经》诗句尾字所在韵部，均依照王力《〈诗经〉的用韵》，见王力主编：《古代汉语（修订本）》第二册，中华书局1981年版。

③ （清）阮元校刻：《十三经注疏（清嘉庆刊本）》第一册，中华书局2009年版，第868页。

大耋之嗟。"①离、歌、嗟均在古韵歌部。《中孚》六三:"得敌,或鼓或罢,或泣或歌。"②敌在锡部,罢、歌,在歌部,二部协韵。《诗经·桧风·素冠》云:"庶见素冠兮,棘人栾栾兮,劳心博博兮。庶见素衣兮,我心伤悲兮,聊与子同归兮。庶见素鞸兮,我心蕴结兮,聊与子如一兮。"③这首诗共三章,每章三句,首章冠、栾、博,在元部,次章衣、悲、归,在微部,末章鞸、结、一,在质部,是句句入韵式。后代三句诗句句入韵者很多,刘邦《大风歌》、梁鸿《思友诗》、王嘉《三句歌》都属此类。长篇如曹丕《燕歌行》、元结《中兴颂》、岑参《走马川行》也都是句句入韵体,只是有所变化,有的一韵到底,有的三句转韵。

　　三句体诗用韵还有另外两种样式:第一,首句不用韵,二、三句用韵;第二,首末用韵,次句不用韵。前者像《周易·离》上九:"王用出征,有嘉折首,获匪其丑"④,首、丑,在幽部。《诗经·召南·甘棠》首章:"蔽芾甘棠,勿剪勿伐,召伯所茇。"⑤伐、茇,在月部。汉代的《归耕操》《寿阳乐》用韵也是如此。后者如《周易·坎》六三:"来之坎,坎险且枕,入于坎窞。"⑥坎、窞,在谈部。《诗经·王

---

① (清)阮元校刻:《十三经注疏(清嘉庆刊本)》第一册,中华书局 2009 年版,第 87 页。
② (清)阮元校刻:《十三经注疏(清嘉庆刊本)》第一册,中华书局 2009 年版,第 146 页。
③ (清)阮元校刻:《十三经注疏(清嘉庆刊本)》第一册,中华书局 2009 年版,第 813—814 页。
④ (清)阮元校刻:《十三经注疏(清嘉庆刊本)》第一册,中华书局 2009 年版,第 87 页。
⑤ (清)阮元校刻:《十三经注疏(清嘉庆刊本)》第一册,中华书局 2009 年版,第 604 页。
⑥ (清)阮元校刻:《十三经注疏(清嘉庆刊本)》第一册,中华书局 2009 年版,第 85 页。

风·采葛》首章："彼采葛兮,一日不见,如三月兮。"①葛、月,在月部。南朝《读曲歌》有云"桐花特可怜,愿天无霜雪,梧子解千年"②,也属此类。

三种用韵的方式,以句句入韵最为常见。这种韵式的大珠小珠落玉盘式的美学韵味,将诗之"韵"这一独特的内质展露得最为充分,将情感也表达得最为畅快,有倾泻之势。

其次,受三句为一个结构单位的制约,内容上,三句体诗各句之间的关系与四句体诗亦大异其趣。四句体多有起承转合的意义结构。例如《诗经·陈风·东门之枌》首章："东门之枌,宛丘之栩。子仲之子,婆娑其下。"③首句与次句点明地点与景物:一片生机盎然的枌林栩树,三句一转由树及树下之人,末句写人在树下翩跹起舞,总合全篇。四句体诗一般都是每两句为一组,第一、二句和三、四句经常构成一来一往的关系形成往复性结构。《周易》三句体诗则不然。从意义组合上考察,大致有以下三种:并列式、递进式、分合式。

并列式指三句意义平行,无主次之分。《旅》六二："旅即次,怀其资,得童仆。"④旅人来到客馆,携带货币,得一仆役,三件事并列。这类并列式三句体诗,《周易》之外的早期诗篇中也比较常见。比如,《诗经·大雅·大明》描述武王军队云:"牧野洋

① （清）阮元校刻:《十三经注疏(清嘉庆刊本)》第一册,中华书局 2009 年版,第703 页。
② （宋）郭茂倩编:《乐府诗集》,中华书局 1979 年版,第 672 页。
③ （清）阮元校刻:《十三经注疏(清嘉庆刊本)》第一册,中华书局 2009 年版,第801 页。
④ （清）阮元校刻:《十三经注疏(清嘉庆刊本)》第一册,中华书局 2009 年版,第141 页。

洋,檀车煌煌,驷𬴂彭彭。"①从不同角度写出声威之壮,也属并列式。《楚辞·九歌·东皇太一》"扬枹兮击鼓,疏缓节兮安歌,陈竽瑟兮浩倡"②一节,写祭祀奏乐高歌盛况。《九歌·礼魂》"成礼兮会鼓,传芭兮代舞,姱女倡兮容与"③几句,写送神歌舞场面,都是并列。并列式三句体诗多为描叙句,也多用于写场面,叙景象。

递进式指各句意义层层顺承上句,叙事则事在发展变化,抒情则情在逐步强化,说理则末句点睛。《周易·坎》上六:"系用徽纆,寘于丛棘,三岁不得。"④这首诗叙述一个人被绳索绑缚,关寘在墙上墙外生有刺棘的监狱中,三年而未获释放。《鼎》九四:"鼎折足,覆公𫗧,其形渥。"⑤鼎足折断,鼎中稀粥倾覆在地,粘连一片。以上叙事之辞,事情都处在变化中,最后有结果。

所谓分合式,就是三句体诗中有一句带有总括的性质,另外两句表达不同的意义。这种分合式结构有两种情况:先分后合,先合后分。《同人》九三:"伏戎于莽,升其高陵,三岁不兴。"⑥这是先

---

① (清)阮元校刻:《十三经注疏(清嘉庆刊本)》第一册,中华书局 2009 年版,第1094 页。

② (宋)洪兴祖撰,黄灵庚点校:《楚辞补注》,上海古籍出版社 2015 年版,第83 页。

③ (宋)洪兴祖撰,黄灵庚点校:《楚辞补注》,上海古籍出版社 2015 年版,第126 页。

④ (清)阮元校刻:《十三经注疏(清嘉庆刊本)》第一册,中华书局 2009 年版,第86 页。

⑤ (清)阮元校刻:《十三经注疏(清嘉庆刊本)》第一册,中华书局 2009 年版,第126 页。

⑥ (清)阮元校刻:《十三经注疏(清嘉庆刊本)》第一册,中华书局 2009 年版,第58 页。

分后合式结构。设伏兵于草莽之中，有人登于高地之上，因暴露目标而三年不能振兴。前两句叙述两种相反性质的动作，后一句说明结果。《剥》上九："硕果不食，君子得舆，小人剥庐。"①这是先合后分式结构。先是说大的果实不会亏蚀，言外之意，小者要被剥夺。后面两句分别讲述君子和小人的不同遭遇，用以回应前文。这类分合式三句体诗在《诗经》中也可以见到。《秦风·权舆》："於我乎夏屋渠渠，今也每食无余，于嗟乎不承权舆。"②这几句诗大意是从前住的大屋宽敞又明亮，现在每顿饭吃得没剩余，从前的盛况没有保持下来，意谓现在无法和当初相比。第一、二句分述过去和现在，第三句以总结性的语言抒发感慨。这类分合式结构的诗句往往出现正反对照，两个分句的意象正好相反，由此而来，诗体形成正反合的结构。《周易》爻辞用以预示吉凶，因此两个分句成为相反事类物象的机会更多。

　　以上只是三句体诗的几种主要结构形式，实际上远不止此，还有其他一些有别于四句体诗的结构形式。综观三句体诗内部结构，虽然仅仅三句，但是也极尽腾挪变化。并列如贯珠，递进如抽丝，或分合如绘锦，美不胜收。虽然没有四句诗体起伏跌宕、曲折纡回之美，但是也自有流转自然、绘事达情之功，因此这种诗体绵延不绝，代有佳构。中国古代讲究奇偶之美，如果四句体诗体现的是偶数美，那么，三句体诗则是奇数美，二者相互辉映，各领风骚。

　　南宋严羽在《沧浪诗话》"诗体"一节中，特别标出"三句之

① （清）阮元校刻：《十三经注疏（清嘉庆刊本）》第一册，中华书局 2009 年版，第77 页。
② （清）阮元校刻：《十三经注疏（清嘉庆刊本）》第一册，中华书局 2009 年版，第796 页。

歌"条目,并注云:"高祖《大风歌》是也。古《华山畿》二十五首,多三句之词。其他古诗多如此者。"①宋代王楙《野客丛书》卷二十评黄庭坚三句转韵诗云:"以仆考之,非止唐人,其苗裔盖出于《三百篇》之中,如《素冠》之诗是也。"②这两位评家的看法颇有见地,但都忽略了与《诗经》同时甚或稍早的《周易》爻辞。要而言之,就奠定一种思维模式、诗歌结构模式而言,《周易》也功不可没,它与《诗经》共同奠定了以三为基本结构单位、以三为完整意义单位、以三为节奏韵律单位的古诗体制。

从对三句体诗歌源流、内在机制的考察中,应当说,初始阶段的诗歌包孕各种体式,是多元而非单一的,人类各种各样丰富的意念情感各有其相应的表达方式,任何一种单线描述诗体演变的做法都是片面的。

三、"三"的意义

三句体诗产生的背后,有着怎样的一种思维方式? 这要溯源到神话时代。

首先,三是一个神秘数字,《山海经》涉及三的条目内容颇多神异。《大荒西经》云:"大荒之中,有山名曰大荒之山,日月所入。有人焉,三面,是颛顼之子,三面一臂,三面之人不死,是谓大荒之野。"③类似的不死神人还有三首人、三身人。神树则有三株树,《海内北经》云:"三株树在厌火北,生赤水上,其为树如柏,叶皆为

---

① (宋)严羽著,郭绍虞校释:《沧浪诗话》,人民文学出版社 1983 年版,第 71—72 页。
② (宋)王楙著,王文锦点校:《野客丛书》,中华书局 1987 年版,第 229 页。
③ 袁珂校注:《山海经校注》,巴蜀书社 1993 年版,第 472 页。

珠。"①神鸟则有西王母的侍鸟——三青鸟，见于《海外南经》和《大荒西经》。如此种种，说明三和神话确实存在某种联系。三面人长生不死，珠树是不死神树，人、鸟、树无不与生命永恒紧密相连，它们又无不与三密切相关，三在人们的思维中当是一个完美的神性数字。

其次，三是圆满的象征。远古初民有以三为多的观念。周族的礼有三揖三让之节，周族的乐以三阕为基本单位，周族的丧期以三年为限。《国语·周语上》云："夫兽三为群，人三为众，女三为粲。"②就是以三为多，由以三为多直接衍生出的观念是数至三即可，至三即为一圆满完整单位。无独有偶，西方哲人也有相同看法。据黑格尔《哲学史讲演录》所言，古希腊毕达哥拉斯学派认为："一切的一切都是由三元决定的……我们称二为'双'不为'全'，说到三我们才说全。"③

《周易》创制年代去古不远，体现了原始思维的诸多特征。《周易》作者也把三视为完满的象征。因此，爻辞中多次出现以三为首的词语，如三人、三祈、三锡、三岁、三日、三接、三狐、三就等，都是以三为多、以三为极限，八经卦每卦的卦象都由三爻组成，这也体现出作《易》者把三看作独立圆满系统的象征，以三为结构单位的思维特点。

三句体诗的产生，大概即源于三是神性数字，具有圆满性的观念。《周易》作者在组织言说人事吉凶的爻辞时，选择了三句式韵语。古老的诗歌也以三为完满单位,至三而止。

至于《周易》为什么把"三"作为一个数字的极限和圆满的象征,《说卦》作了这样的解释:"昔者圣人之作《易》也,将以顺性命之理,是以立天之道曰阴与阳,立地之道曰柔与刚,立人之道曰仁与义。兼三才而两之,故《易》六画而成卦。"[1]按照这种说法,《周易》的单卦之所以由三爻组成,是用它象征天地人三才,体现的是宇宙精神。这种形而上的解释并不符合《周易》制作的实际,它反映了《易传》作者把"三"这个数字抽象化、神秘化的倾向。实际上,"三"之所以获得众多、圆满的意义,应该从先民的经验、感觉和思维中去寻找答案。

第二节 《周易·坤》卦七爻与《庄子》内篇

把道家思想和《周易》联系起来进行考察,古已有之。《汉书·艺文志》论道家是"合于尧之克攘,《易》之嗛嗛"[2],褚伯秀评论《庄子》时也说:"内篇之奥,穷神极化,道贯天人,隐然法度森严,与《易》《老》相上下。"[3]那么,《庄子》内篇与《周易》是否有联系? 如果有,是什么样的联系? 这里试从篇章编次入手加以剖析。

一、《庄子》内篇六段成章的结构模式

《庄子》内七篇每篇的内部结构都是统筹安排,遵循着既定的

---

① （清）阮元校刻:《十三经注疏(清嘉庆刊本)》第一册,中华书局 2009 年版,第196 页。

② （汉）班固撰,(唐)颜师古注:《汉书》第六册,中华书局 1962 年版,第 1732 页。

③ （宋）褚伯秀撰,张京华点校:《庄子义海纂微》,华东师范大学出版社 2014 年版,第 266 页。

原则。除《大宗师》需要多加分析外，其余六篇都比较明显是由六部分组成的。组成各篇的六节，有的分别讲述一个寓言故事，有的集中论述一个具体问题，脉络清晰。

《庄子》的《齐物论》《德充符》《应帝王》都是分别由六段寓言组成，无须多论。《逍遥游》篇基本也是如此，只是第二个寓言包含宋荣子、列御寇两个故事，但这两个故事说明的都是同一问题。《养生主》开头一段是总论，其余五段是五个独立的寓言故事。据《人间世》篇第一节和第三节各包含两个故事。在第一节中，仲尼教诲颜回，教诲叶公子高两个故事互相补充。《黄帝内经·素问·调经论》曰："阴虚则内热，阳盛则外热。"①文中的颜回属阳盛，要扶危拯难；叶公子高属阴虚，自己承认是"内热"。把这两个故事组织在一起，通过孔子之口宣传处世之道，两个故事紧密相连，不可分割。第三节的两个故事都是论述树木，属于同一类型，起着反复渲染的作用，与《逍遥游》对鲲鹏的描写手法相似，也不能割裂开。因此，《人间世》篇包含的寓言故事虽然稍多些，但全文也是由六部分组成。

《大宗师》篇段落繁多，但也同样遵循着以六段组篇的原则。《大宗师》中间一段论道，论道的前、后两部分也各由六段组成。前面六段是理论的说明，后面六段是六个寓言故事暗示。作者之所以这样安排，显然是为了突出《大宗师》篇的核心作用。总之，无论剖析《庄子》内篇的哪一篇，都可以看到，它是按照六段成篇的模式构制的。当然，作者在具体运用这一基本原则时，具有变通性和灵活性。

---

① 　姚春鹏译注：《黄帝内经》，中华书局 2010 年版，第 494 页。

《庄子》以前的典籍中,按六段成篇的原则编纂的典型之作是《周易》本经。《周易》本经共六十四卦,除《乾》《坤》两卦有七条爻辞外,其余六十二卦每卦都是由六条爻辞组成。之所以如此,《说卦》的解释是:"兼三才而两之,故易六画而成卦。分阴分阳,迭用柔刚,故《易》六位而成章。"①《庄子》内篇也以六段成章,不管这是作者自觉地、有意识地效法《周易》本经,还只是一种巧合,总之,二者在文体形式上确实存在着隐蔽的、内在的联系。

二、《坤》卦与《庄子》内篇主旨的相通

《庄子》内篇六段成篇的结构与《周易》本经"六位而成章"有着惊人的相似。内篇为什么由七篇组成? 这七篇为什么按现在这样的顺序排列? 对这些问题进行深入探讨,还可以发现《庄子》内篇与《坤》卦潜在的联系。

《乾》《坤》二卦各是七爻,《庄子》内七篇与《坤》卦的七爻,在数字上是吻合的,各自的体系都是由七部分组成。将《庄子》内七篇与《坤》卦七爻及先秦时期对爻辞的解说加以对照,就会发现,《庄子》内七篇展开的顺序及思想意义与《坤》卦七爻颇多相通之处。下面试逐一加以对照分析。

《坤》初六曰:"履霜坚冰至。"②作为行为主体,他的动作是"履",也就是行路。《庄子》内篇开卷之作是《逍遥游》,全文不离"游"字。该篇以鲲鹏乘风南徙开始,继之以"列子御风而行",藐

---

① (清)阮元校刻:《十三经注疏(清嘉庆刊本)》第一册,中华书局2009年版,第196页。

② (清)阮元校刻:《十三经注疏(清嘉庆刊本)》第一册,中华书局2009年版,第32页。

姑射神人"乘云气、御飞龙,而游乎四海之外"①。对于"大瓠",要
"以为大樽而浮乎江湖"②;对于"大树",要"树之于无何有之乡、
广莫之野,彷徨乎无为其侧,逍遥乎寝卧其下"③,履、游都是行走,
只不过一是现实的,一是想象中的。

　　"履霜坚冰至"展示的是这样的环境,脚踏严霜,面对寒冰,行
路之难,于此可见。这条爻辞突出的是客观环境的恶劣,以及由此
造成的对人的束缚和限制,人依赖于客观条件。《逍遥游》篇也反
复渲染世间的人和物都"有待",大至不知几千里的鲲鹏,小至纤
尘,它们的飞动都要靠风力气息。即使像宋荣子、列子这样的贤
人,也都"有待",对精神条件或物质条件有所依赖。这种所"待"
之物也像严霜坚冰一样,束缚着人们的自由。

　　《坤》初六爻辞对人主观行为和客观条件的描述,主旨在于
使人趋吉避凶、求得自由,它的出发点和归宿都建立在主观和客
观的联系上,要求二者协调一致。《逍遥游》篇所追求的是"乘
天地之正,御六气之辨,以游无穷"④,是"无待"的自由,是主观
与客观的完全协调,是摆脱了物质上、精神上任何依赖的"逍遥"
状态。

　　把《坤》初六爻辞和《逍遥游》篇加以对照,它们的相通之处显
而易见。爻辞围绕"履"论述,庄文紧扣"游"展开;爻辞让人避开
严霜寒冰这样的恶劣条件,庄文则追求所谓"无待"的"逍遥"。
"游"是由"履"演变而来,"无待"是对趋吉避凶观念的改造和

---

① (清)郭庆藩撰,王孝鱼点校:《庄子集释》上册,中华书局2012年版,第31页。
② (清)郭庆藩撰,王孝鱼点校:《庄子集释》上册,中华书局2012年版,第37页。
③ (清)郭庆藩撰,王孝鱼点校:《庄子集释》上册,中华书局2012年版,第40页。
④ (清)郭庆藩撰,王孝鱼点校:《庄子集释》上册,中华书局2012年版,第17页。

继承。

《坤》六二曰："直、方、大,不习,无不利。"[1]意为:对那些属于直、方、大之类的阳刚之行,不实践并没有害处。把这条爻辞与《齐物论》相对照,思想意义上的相通之处更多。《逍遥游》篇屡次言及"大树""大瓠",足以见出庄子对"大"的肯定。可是,对于常见的直与方,道家是不赞成的。《老子》第四十一章云:"大方无隅"[2],第五十八章云:"是以圣人方而不割,廉而不刿,直而不肆,光而不耀"[3]。方则有棱角,有棱角就容易产生割伤。直则必锐,锐则刺物。老子幻想"方而不割""直而不肆",正说明方必割、直必肆。不割、无隅之"方"是圆,不肆之"直"是曲,曲极亦圆。《庄子·齐物论》篇也重方圆之辨,其辞曰:"夫大道不称,大辩不言,大仁不仁,大廉不嗛,大勇不忮。道昭而不道,言辩而不及,仁常而不成,廉清而不信,勇忮而不成。五者圆而几向方矣。"[4]庄子这段话总的观点是要圆,不要方。其中的"大勇不忮"实际也就是"直而不肆",勇和直属同类概念。《坤》卦的第二条爻辞论直、方、大,《庄子》内篇的第二篇也是论述这一问题。他提倡"大",但反对"直"和"方"。他所说的"大",实指道。不习"直"和"方",就是要像南郭子綦那样,"苔焉似丧其耦";像"庄周梦为蝴蝶"那样,达到物我不分。

---

[1] (清)阮元校刻:《十三经注疏(清嘉庆刊本)》第一册,中华书局 2009 年版,第 32 页。

[2] (魏)王弼注,楼宇烈校释:《老子道德经注校释》,中华书局 2008 年版,第 112 页。

[3] (魏)王弼注,楼宇烈校释:《老子道德经注校释》,中华书局 2008 年版,第 152 页。

[4] (清)郭庆藩撰,王孝鱼点校:《庄子集释》上册,中华书局 2012 年版,第 83 页。

　　《坤》六三曰："含章，可贞。或从王事，无成，有终。"①《庄子》内篇的第三篇是《养生主》。无论从标题上对照，还是从内容上考察，《养生主》都与《坤》卦六三爻辞有着直接的关系。含是包藏在内，不显露于外；章指美好之物。"含章"，意为包藏美好之物。《庄子》则曰"养生"，指保护人的自然天性。"含章"与"养生"二者从句法结构到思想意义都是相通的。

　　《坤》六三的后半部分是"或从王事，无成，有终"②。相对应的，《养生主》讲要以自然、天理为主，人要服从它。所谓"缘督以为经""依乎天理""因其固然"，讲的都是这个意思。爻辞说"无成"，《养生主》则讲无心成事，主观上不要有意识地去做事。这就是文中所说的"为善无近名，为恶无近刑"③，像泽雉那样，"神虽王，不善也"④。爻辞讲"有终"，《养生主》也重视这个问题。它开篇在论述"缘督以为经"就指出，如能这样，就"可以保身，可以全生，可以养亲，可以尽年"⑤，这不正是"有终"吗？后面的寓言故事，又具体说明了怎样才算"有终"。所说的"有终"，或是像庖丁的解牛刀一样，使用十九年，所解数千牛，"而刀刃若新发于硎"⑥；

---

① （清）阮元校刻：《十三经注疏（清嘉庆刊本）》第一册，中华书局2009年版，第32页。

② （清）阮元校刻：《十三经注疏（清嘉庆刊本）》第一册，第32页。

③ （清）郭庆藩撰，王孝鱼点校：《庄子集释》上册，中华书局2012年版，第115页。

④ （清）郭庆藩撰，王孝鱼点校：《庄子集释》上册，中华书局2012年版，第126页。

⑤ （清）郭庆藩撰，王孝鱼点校：《庄子集释》上册，中华书局2009年版，第115页。

⑥ （清）郭庆藩撰，王孝鱼点校：《庄子集释》上册，中华书局2012年版，第119页。

或是像得道之人那样，"安时而处顺，哀乐不能入"①。

《坤》六四曰："括囊，无咎无誉。"②《庄子》内篇第四篇的《人间世》，也与这条爻辞存在着对应关系。按照《象》传和《文言》的解释，《坤》卦六四爻辞的主旨是"慎不害也""盖言谨也"③，讲的是人的处世态度。《人间世》篇论述的也是这个问题，司马彪就认为该篇是"言处人间之宜，居乱世之理"④。考察《人间世》的实际内容，可知全文确实是围绕这样的中心展开的。

何谓"括囊"？朱熹曰："括囊，言结囊口而不出也。"⑤朱熹的解释继承了《文言》的说法，《文言》认为爻辞反映的是"天地闭、贤人隐"⑥这样的事实，是力主闭藏。《人间世》全篇都贯穿这种思想。对于人来说，就是要"徇耳目内通而外于心知"⑦，也就是外遗于形内忘于智，这正是括人自身之"囊"。支离疏是庄子笔下的正面形象，他"颐隐于脐，肩高于顶，会指天，五管在上，两髀为胁"⑧，

---

① （清）郭庆藩撰，王孝鱼点校：《庄子集释》上册，中华书局 2012 年版，第 128 页。

② （清）阮元校刻：《十三经注疏（清嘉庆刊本）》第一册，中华书局 2009 年版，第 32 页。

③ （清）阮元校刻：《十三经注疏（清嘉庆刊本）》第一册，中华书局 2009 年版，第 34 页。

④ （清）郭庆藩撰，王孝鱼点校：《庄子集释》上册，中华书局 2012 年版，第 131 页。

⑤ （宋）朱熹撰，廖名春点校：《周易本义》，中华书局 2009 年版，第 45 页。

⑥ （清）阮元校刻：《十三经注疏（清嘉庆刊本）》第一册，中华书局 2009 年版，第 34 页。

⑦ （清）郭庆藩撰，王孝鱼点校：《庄子集释》上册，中华书局 2012 年版，第 150 页。

⑧ （清）郭庆藩撰，王孝鱼点校：《庄子集释》上册，中华书局 2012 年版，第 180 页。

这是以形来象征德,从外形上看,这正像一个扎紧了上口,立在地上的口袋。他最大的特点是不为世俗所用,而这在庄子看来却是大用。文中所赞扬的树木也都具有这种特点,是"散木""不材之木"。而那些可用之木,则是"自掊击于世俗者也"①。栎社树、商丘大木,都是树中的"括囊"者。至于为什么要采取这种"括囊"式的处世态度,文中通过接舆之口做了回答:"方今之时,仅免刑焉"②,这是乱世的全身之法,也就是《文言》所说的"天地闭,贤人隐"。总之,《人间世》阐述的处世哲学就是《坤》卦六四爻辞所说的"括囊,无咎无誉",只是把这一处世哲学寓言化了。

《坤》六五曰:"黄裳,元吉。"③《左传·昭公十二年》记载鲁国的子服惠伯解释说:"黄,中之色也;裳,下之饰也;元,善之长也。中不忠,不得其色;下不共,不得其饰;事不善,不得其报。"④这段话的中心意思是人内有德,才会有外美相附。子服惠伯在解释爻辞时说:"吾尝学此矣",可见对"黄裳元吉"的这种解释由来已久。⑤

《庄子》内篇第五篇的《德充符》与《坤》卦第五条爻辞也有关联。按照先秦时期很古老的解释,"黄裳元吉"是说外美附丽于内德,《德充符》篇反复阐述的正是这种思想。对于"德充符"这个题

---

① (清)郭庆藩撰,王孝鱼点校:《庄子集释》上册,中华书局 2012 年版,第 177 页。
② (清)郭庆藩撰,王孝鱼点校:《庄子集释》上册,中华书局 2012 年版,第 183 页。
③ (清)阮元校刻:《十三经注疏(清嘉庆刊本)》第一册,中华书局 2009 年版,第 33 页。
④ 杨伯峻编:《春秋左传注(修订本)》第四册,中华书局 2009 年版,第 1337 页。
⑤ 笔者对"黄裳"含义的探讨,详见附录一《〈易·坤〉卦"黄裳"考释》。

目,郭象解释说:"德充于内,物应于外,外内玄合,信若符命而遗其形骸也。"①这种解说符合实际情况。再从该篇的具体内容来看,都是对这一思想形象化的说明。兀者王骀德充于内,从之游者与孔子中分鲁,甚至连孔子都要"引天下而与从之"②。哀骀它"恶骇天下",形貌上丑陋无比。可是,由于他是"才全而德不形者",德充于内,因此,"丈夫与之处者,思而不能去也。妇人见之,请于父母曰:'与为人妻宁为夫子妾'者,十数而未止也。"③这些夸张的描写都是为了说明"德不形者,物不能离也"。④"德不形"就是德充于内:"物不能离",就是外美附于内德。当然,庄子所说的"德"有其特定含义,与周代传统的观念不同。但是,《德充符》篇所论述的问题,却与子服惠伯对《坤》卦六五爻辞的解说相合,与爻辞的宗旨一致。

《坤》上六曰:"龙战于野,其血玄黄。"⑤对于这条爻辞,《文言》有如下解释:"阴拟于阳必战,为其嫌于无阳也,故称龙焉。犹未离其类也,故称血焉。夫玄黄者,天地之杂也,天玄而地黄。"⑥

---

① (清)郭庆藩撰,王孝鱼点校:《庄子集释》上册,中华书局 2012 年版,第187 页。
② (清)郭庆藩撰,王孝鱼点校:《庄子集释》上册,中华书局 2012 年版,第188 页。
③ (清)郭庆藩撰,王孝鱼点校:《庄子集释》上册,中华书局 2012 年版,第206 页。
④ (清)郭庆藩撰,王孝鱼点校:《庄子集释》上册,中华书局 2012 年版,第215 页。
⑤ (清)阮元校刻:《十三经注疏(清嘉庆刊本)》第一册,中华书局 2009 年版,第33 页。
⑥ (清)阮元校刻:《十三经注疏(清嘉庆刊本)》第一册,中华书局 2009 年版,第34 页。

这段解说的一个突出特点是把爻辞与宇宙的主宰联系在一起。在古人观念中,宇宙的主宰是阴阳,阴阳又体现着天地之性,天为阳,地为阴。从爻辞而联想到宇宙的本体,这种解说在《坤》卦其他爻辞的注疏中是见不到的。无独有偶,《庄子》内篇的第六篇《大宗师》,也是论宇宙本体的。对于宇宙本体,庄子或称为"天地""造化",或称为"阴阳"。文中写道:"阴阳于人,不翅于父母","今一以天地为大炉,以造化为大冶,恶乎往而不可哉!"①作为宇宙的最高主宰,庄子称为"道",全篇的论述,都是紧紧围绕"道"进行的。《文言》由《坤》卦上六爻辞联想到观念中的世界本体天地阴阳,《大宗师》也恰恰是《庄子》内篇集中论述宇宙本体的篇目。

《坤》上六曰:"龙战于野,其血玄黄"②,《庄子·大宗师》篇则是集中论道。由龙而联想到道,这在《庄子》内篇有例证可寻。《逍遥游》篇所提到的藐姑射神人是位得道的真人,他就被描绘成"乘云气,御飞龙而游乎四海之外"③。"御飞龙"是得道的象征,"龙"与"道"在庄子的思维中已经联系在一起。因此,《大宗师》篇与《坤》卦上六爻辞存在着对应关系,一言道,一言龙,也就不难理解了。道家创始人老子曾被喻为龙,正是同一思维方式的体现。《史记·老子韩非列传》记载:"孔子适周,将问礼于老子……孔子去,谓弟子曰:'鸟,吾知其能飞。鱼,吾知其能游。兽,吾知其能走。走者可以为罔,游者可以为纶,飞者可以为矰。

---

① （清）郭庆藩撰,王孝鱼点校:《庄子集释》上册,中华书局2012年版,第262页。

② （清）阮元校刻:《十三经注疏（清嘉庆刊本）》第一册,中华书局2009年版,第33页。

③ （清）郭庆藩撰,王孝鱼点校:《庄子集释》上册,中华书局2012年版,第28页。

至于龙吾不能知,其乘风云而上天。吾今日见老子,其犹龙邪。'"①太史公这里所记之事虽然未必真实,但将老子喻为龙却反映出道与龙的联系。

《坤》用六曰:"利永贞"②,"永"是"长",引申为"大"。"贞"在爻辞里出现时,先秦时期解为"坚""固"。《左传·襄公九年》载,鲁国的穆姜占筮,得"元亨利贞"的断语,对于"贞"字,她解释说:"贞,事之干也","贞固足以干事","弃位而姣,不可谓贞"③。"贞"都被说成是坚固之义。坚固是强大、力量的体现。在当时社会的政治生活中,君王是最强大有力的,因此,"利贞"有时被解说为象征君王的强大。重耳返国之前,筮得"元亨利贞"。对于"利贞",《国语·晋语四》记载司空季子释曰:"内有震雷,故曰利贞。"④"贞"被说成是君主治国。

《庄子》内篇第七篇《应帝王》,集中探讨了如何使人自身坚固,"能胜物而不伤",指出的方法是"用心若镜,不将不迎,应而不藏"⑤。"应而不藏"故能"胜物而不伤",所以,"应"便能强固,有似于人间的帝王,《应帝王》的题目,取的就是这种含义。从文章的题目到所论述的具体问题,《应帝王》与当时人们观念中的《坤》卦用六爻辞都是一致的。在排列顺序上,用六爻辞是《坤》卦的第

① (汉)司马迁:《史记》第七册,中华书局1982年版,第2140页。
② (清)阮元校刻:《十三经注疏(清嘉庆刊本)》第一册,中华书局2009年版,第33页。
③ 杨伯峻编:《春秋左传注(修订本)》第三册,中华书局2009年版,第965页。
④ 徐元诰集解,王树民、沈长云点校:《国语集解(修订本)》,中华书局2002年版,第341页。
⑤ (清)郭庆藩撰,王孝鱼点校:《庄子集释》上册,中华书局2012年版,第307页。

七爻，是最后一爻；《应帝王》是《庄子》内篇的第七篇，也是最后一篇。

从上述对照中可以推断，《庄子》内七篇先后顺序的排列、各篇的主旨，都与《坤》卦七爻存在某种关联。

三、余论

《庄子》内篇与《周易》及《坤》卦七爻为什么会有如此密切的关系呢？很可能是《庄子》内篇的作者或编撰者对《周易》尤其是《坤》卦的思想及结构有所借鉴。

从当时的社会思想背景看，这种可能性是有的。从《左传》及《国语》引《周易》占筮的二十几条例子来看，春秋时期《周易》的传播已经相当广泛，涉及的地域十分广大，秦晋魏齐鲁郑各国都有筮例。地域如此广大，可是解说者所讲的卦象，竟然非常一致。如果不是有一个基本固定的版本广为流传，这种情况是很难想象的。而且，不仅专门的卜筮之官懂《周易》，贵族中也不乏能解《周易》之人。例如据《左传》记载，宣公六年（前603），郑国王子伯廖以《周易》中《丰》之《离》断言公子曼满无德而贪，寿命将尽；襄公九年（前564），鲁国穆姜解说"元亨利贞"；襄公二十五年（前548），齐国陈文子解说《困》卦爻辞，这些都显示出解说者有比较深厚的《易》学修养。《周易》不仅在史官、医筮及贵族中流传，平民阶层接触《周易》也不是困难的事。《史记·孔子世家》记载："孔子晚而喜《易》""读《易》，韦编三绝"①。孔子自己也曾说："五十以学《易》，可以无大过矣。"②到了战国时期，《周易》的传播更加广泛。

---

① （汉）司马迁：《史记》第六册，中华书局1982年版，第1937页。
② 语出《论语·述而》。（清）刘宝楠撰：《论语正义》，中华书局1990年版，第267页。

《庄子·天下》曾论"《易》以道阴阳"①,可知《庄子》的作者或编撰者对《周易》十分熟悉。那么,他借鉴《周易》六位成章的结构方式是可能的。

从道家基本的思想倾向上看,《庄子》对《坤》卦有所借鉴也存在可能性。《坤》卦的基本思想是取被动、守阴柔,道家的创始人老子也是如此。《老子》第四十三章云:"天下之至柔,驰骋天下之至坚。"第五十二章云:"守柔曰强。"第十章云:"专气致柔。"②庄子的基本倾向也有崇尚被动的一面。《人间世》曰:"自事其心者,哀乐不易施乎前,知其不可奈何而安之若命,德之至也。""且夫乘物以游心,托不得已以养中,至矣。"《德充符》曰:"知其不可奈何而安之若命,唯有德者能之。"《大宗师》曰:"安时而处顺,哀乐不能入也,此古之所谓悬解也,而不能自解者,物有所结之。"③其安时、安命之说,正是取消人的主观能动性,要人完全被动地接受、顺应自然所给予的一切。被动,是通向自由的途径,虽然颇有几许无奈,但又不乏几分自得。这无奈与自得是《庄子》的特色。《坤》卦所谓"含章""括囊",对于人生,是教人取敛藏的态度。由敛藏很容易走向的下一步,或者说与敛藏名虽异而质相近的,是什么呢?正是道家所高倡的无为。道家思想的根底与《坤》卦的精神实在是息息相通。

---

① (清)郭庆藩撰,王孝鱼点校:《庄子集释》下册,中华书局 2012 年版,第 1067 页。

② (魏)王弼注,楼宇烈校释:《老子道德经注校释》,中华书局 2008 年版,第 120、140、22 页。

③ (清)郭庆藩撰,王孝鱼点校:《庄子集释》上册,中华书局 2012 年版,第 155、160、199、260 页。

当然，《庄子》内七篇并不是《坤》卦七爻的正解，也不能说，内七篇是作者受到《坤》卦七爻的启发而创制的。《庄子》文章恣纵不傥，《周易》语言至简，用意极晦，本不相类，但它们都表达了人生哲学，因而也就存在一致性的可能。总而言之，《周易》与《庄子》之间存在一些相关性，这里只是做出探索和推论。

第三节　《周易》的占问与上古文学的问对体

以问答形式结构文章是一种十分古老的表现方法，《尚书·尧典》中尧与众臣的对答就已经初见端倪。至于战国诸子辩难之文，汉代词客设论之赋，渐渐蔚为大观。对于问对体的源头与流脉，前人已经多有论述，但是仍然有许多问题还有进一步探讨的空间。在上古文学的问对体作品中存在着一个群落，其外在结构模式的产生原因和内在主旨意蕴的渊源都与其他作品有所区别。本节力图从《周易》占问功能的角度揭示这个问对体作品群落外在形式的最初由来，以及《周易》卦爻辞蕴含的哲思与问对体作品的意义指向之间的联系。至于问对体产生的其他诸多复杂的原因，这里不拟涉及。

一、有关问对体的几种意见

最早对问对体作品进行分析的人是南朝齐梁间的刘勰。他把宋玉的《对楚王问》看作问对体作品的始祖，进而列举了自此以后几篇仿作，并对每一篇作品的风格作了简要评述，最后对这类作品产生的心理动因及写作目的、内容、文辞特点等作了总结。①　稍后于刘勰的昭明太子萧统,在他主持编订的《文选》中设有"对问"卷,仅收宋玉《对楚王问》一篇,又有"设论"卷,收录东方朔《答客难》、扬雄《解嘲》、班固《答宾戏》三篇。他的选编标准与刘勰基本相同。近人刘师培也沿袭了这一思路,认为问对体作品源于宋玉②,并指出了问对体受到战国纵横家的影响。唐代史学家刘知几在《史通·杂说下》中把这种文体的产生时间稍稍提前了些。他说:"自战国已下,词人属文,皆伪立客主,假相酬答。至于屈原《离骚》辞,称遇渔父于江渚;宋玉《高唐赋》,云梦神女于阳台。夫言并文章,句结音韵。以兹叙事,足验凭虚。"③他除了举出早于宋玉作品的《渔父》外,又明确指出问对体"伪立客主,假相酬答"这一重要的形式特点及其虚构性质。清人沈德潜的见解与此相近,他说:"《卜居》《渔父》两篇,设为问答,以显己意,《客难》《解嘲》

---

①　《文心雕龙·杂文》曰:"宋玉含才,颇亦负俗,始造《对问》,以申其志,放怀寥廓,气实使之。……自《对问》以后,东方朔效而广之,名为《客难》。托古慰志,疏而有辨。扬雄《解嘲》,杂以谐谑,回环自释,颇亦以工。班固《宾戏》,含懿采之华。崔骃《达旨》,吐典言之裁。张衡《应间》,密而兼雅。崔寔《客讥》,整而微质。蔡邕《释诲》,体奥而文炳。景纯《客傲》,情见而采蔚。虽迭相祖述,然属篇之高者也。至于陈思《客问》,辞高而理疏。庾凯《客咨》,意荣而文粹。斯类甚众,无所取裁矣。原兹文之设,乃发愤以表志,身挫凭乎道胜,时屯寄乎情泰,莫不渊岳其心,麟凤其采,此立体之大要也。"〔(南朝梁)刘勰著,詹锳义证:《文心雕龙义证》,上海古籍出版社1989年版,第489—506页〕

②　刘师培说:"吾观杂文之体,约有三端:一曰答问,始于宋玉,(《答楚王问》)盖纵横家之流亚也;厥后子云有《解嘲》之篇,孟坚有《宾戏》之答,而韩昌黎《进学解》,亦此体之正宗也。"(刘师培:《论文杂记》,人民文学出版社1959年版,第113页)

③　(唐)刘知几著,(清)浦起龙通释,王煦华整理:《史通通释》,上海古籍出版社2009年版,第486页。

之所从出也。"①鲁迅综合了各家之说，扩大了作品范围，并特别指出了地域习俗对文体的滋养。②

此外，章学诚在《校雠通义·汉志诗赋》中评论汉赋"假设对问，《庄》《列》寓言之遗也。"③这就将问对体作品的范围扩大到《庄》《列》等道家文学领域。杨公骥指出："赋在表现方法上的特征是：继承了语录文的问答样式，所以赋中往往有'假设问对以申其志'，即所谓'述客主以首引，极声貌以穷文'，以主客对话的样式，从事文学的表现。"④这里没有指出具体的篇章，但是，语录文的产生早于《卜居》《渔父》，这就把问对体产生的时间向历史深处推进了一段时空。

上举诸家都对问对体给予了关注，从不同侧面进行了探索，得出了非常重要的结论。尽管各自追溯的源头不尽相同，但主要都是从纯粹文本形式角度出发的，适用于一般状况。至于问对体作品中那个特殊的群落，则被众说所忽略。而这个群落与巫卜记事，尤其与卜筮之书《周易》之间的密切关联，更是隐蔽已久，长期以来一直未能引起注意。

---

① 沈德潜著，霍松林校注：《说诗晬语》，人民文学出版社 1979 年版，第 197 页。
② 鲁迅说："又有《卜居》《渔父》，述屈原既放，与卜者及渔人问答之辞，亦云自制，然或后人取故事仿作之，而其设为问难，履韵偶句之法，则颇为词人则效；近如宋玉之《风赋》，远如相如之《子虚》《上林》，班固之《两都》皆是也。又有《对楚王问》，其辞甚繁，殆如游说之士所谈辩，或亦依托也。然与赋当并出汉初。然则《骚》者，固亦受三百篇之泽，而特由其时游说之风而恢宏，因荆楚之俗而奇伟；赋与对问，又其长流之漫于后代者也。"（鲁迅：《汉文学史纲要》，人民文学出版社 1973 年版，第 22—23 页。）
③ 章学诚撰，叶瑛校注：《文史通义校注》，中华书局 1985 年版，第 1064 页。
④ 杨公骥：《汉代文学》，见杨若木选编：《杨公骥文集》，东北师范大学出版社 1998 年版，第 295 页。

二、巫卜与问对体文本的产生

对于巫卜记事和我国古代文章的发展二者之间的关系,已有学者作出论断,并把巫卜记事放在一个很重要的位置。郭预衡指出:

> 中国的古代文化与巫卜关系很大,散文的发展,最初就是从巫卜记事开始的。随后便产生了《易》卦爻辞一类文字,再后便出现了《易传》一类的哲理文章。在这基础上先秦的哲理文章得到广泛的发展。①

巫卜记事对文学发展产生了哪些影响? 郭预衡对此做了线性描述和分类概括,这是非常有价值的论断。对于巫卜记事具体在哪些方面影响了先秦哲理文章,我们还可以再做探讨。

巫卜记事的作品最早可以上溯到殷墟甲骨卜辞,最早、最简单的问对体作品也就产生在甲骨卜辞中。卜辞中大量的作品只记录了问辞,所以卜辞中大多是问句。但是应该看到,甲骨卜辞中也出现了占者的答辞,尽管数量很少。

当时的占卜主要是根据龟兆来推断吉凶,而不是利用蓍草来占卦。运用蓍草占卜,详细地记录卦爻辞的专门用书《周易》在当时还没有形成。所以,尽管可以说,从外在结构形式、从直接的文本形式上看,甲骨卜辞中记录有问辞和答辞的文字是问对体文学作品的远祖,但还不能说它们是问对体作品的始祖,因为,正如杨公骥所说:"卜辞是卜问吉凶时的'命龟之辞',既非史书更非文

---

① 郭预衡:《中国散文史》(上),上海古籍出版社 1986 年版,第 13 页。

学。"①甲骨卜辞文字过于简陋，如何占卜的，根据什么而做出断语，语焉不详，更看不出有什么哲学意味和文学色彩，对后世文学的影响微乎其微。从结构形式和思想意蕴方面来考察，晚出的占卦用书《周易》才对巫筮型问对体作品产生了真正而深刻的影响。

这种影响究竟表现在哪些方面？能否直接从外在的文本形态中看出来？回答是否定的。仅从《周易》经传文本中是无法看出《周易》与问对体作品之间存在什么联系的，《周易》经传文本中不存在问对体篇章。《周易》经的部分包括六十四卦，都是这样的构成模式：卦象、卦名、卦辞、爻题（六个）、爻辞（六条）。爻辞中包含事象或物象和断辞（吉、凶、悔、吝等）两部分。六十四卦中《乾》《坤》两卦六爻之外又分别有"用九"和"用六"两条爻辞，其余各卦都是上面这种模式，无一例外。所有卦爻辞中都没有问对形式。再看《周易》传的部分。《易传》共七种：《彖》《象》《文言》《系辞》《说卦》《序卦》《杂卦》，它们都是从不同角度解说、论述《易》理的文字，也没有采取问对形式。也就是说，《周易》经传文本本身与问对体作品二者之间在外部文学结构形式方面不存在渊源关系，《周易》经传文本不是问对体作品的源头。它们之间的联系不是表现在文本的外在形式相同上，而是《易》的占筮功用为问对体作品的产生提供了契机；在运用《易》占筮的过程中，出现了问答，形成了主、客双方，在记录运用《易》占筮的过程时，自然而然地产生了问对体作品。这种情形可以从最早的历史散文《左传》中得到验证。《左传》中共有十一条运用《周易》进行占筮的例子。其中《左传·僖公十五年》的两条比较典型，文曰：

---

① 杨公骥：《中国文学》第一分册，吉林人民出版社1980年版，第123页。

秋……晋饥,秦输之粟;秦饥,晋闭之籴,故秦伯伐晋。卜徒父筮之,吉:"涉河,侯车败。"诘之。对曰:"乃大吉也。三败,必获晋君。其卦遇《蛊》☶,曰:'千乘三去,三去之余,获其雄狐。'夫狐《蛊》,必其君也。《蛊》之贞,风也;其悔,山也。岁云秋矣,我落其实,而取其材,所以克也。实落、材亡,不败,何待?"①

初,晋献公筮嫁伯姬于秦,遇《归妹》☳之《睽》☲。史苏占之,曰:"不吉。其繇曰:'士刲羊,亦无衁也;女承筐,亦无贶也。西邻责言,不可偿也。《归妹》之《睽》,犹无相也。'《震》之《离》,亦《离》之《震》。'为雷为火,为嬴败姬。车说其腹,火焚其旗,不利行师,败于宗丘。《归妹》《睽》孤,寇张之弧。姪其从姑,六年其逋。逃归其国,而弃其家。明年其死于高梁之虚。'"②

在第一条筮例中,秦穆公出兵伐晋之前让卜官占筮,得到的结果是吉利。秦穆公于是询问详细情况,卜徒父把卜筮所得的《蛊》卦从卦名、卦象、爻辞等方面作了分析,又结合占筮的时间,得出晋国必败的结论。其中"千乘三去,三去之余,获其雄狐"的辞句虽然不见于今本《周易》,但明显是卦爻辞。首先,卜徒父结合卦名和爻辞加以分析:狐具有蛊(一种败坏饮食的虫子)的性格,晋惠公狡猾似狐,言而无信,不知感恩图报,白白地占了秦国一些便宜,而且

---

① 杨伯峻:《春秋左传注(修订本)》第二册,中华书局 2009 年版,第 351—354 页。
② 杨伯峻:《春秋左传注(修订本)》第二册,中华书局 2009 年版,第 363—365 页。

当时有以狐喻君的观念，因而断定《蛊》卦中的狐必是晋惠公。其次，他从卦象上分析：《蛊》的内卦是巽，外卦是艮。巽为风，艮为山。认为《蛊》的内卦巽风象征秦国，外卦艮山象征晋国，秦伐晋时正是秋天，风将吹落山上的果实，木材也就可以砍伐利用了。就秦国方面来说，是"岁云秋矣，我落其实，而取其材，所以克也"。就晋国方面而言则是"实落材亡，不败何待"。在具体的占筮过程中，先是得到占卦的结果——吉；随即秦伯"诘之"，询问具体情况；而后，卜徒父"对曰"，对占筮得到的卦名、卦象、爻辞详加分析和解说。秦伯与卜徒父的一问一答构成这段叙述文字。一问一答中，可以看出是以卜徒父的回答为主的，突出的是卜徒父对《周易》的理解和阐释，以及运用《周易》预测人事吉凶的能力。

再看第二条筮例。晋献公为嫁伯姬给秦国而占问，得到《易·归妹》变成《睽》卦，即上爻由阴变为阳。史苏联系了《归妹》卦上六爻辞"士刲羊，亦无衁也；女承筐，亦无贶也"和《睽》卦上九爻辞"睽孤，寇张之弧"，为献公分析、解说了爻辞和卦象，预测的结果是不吉利。不利于出师，将在宗丘打败仗；侄子将跟着姑姑，六年之后，逃回自己的国家，抛弃他的家，第二年死在高梁的废墟。这段叙事文字的结构方式是晋献公筮问，史苏解答，一问一答，完成一段占筮记事。其中也是以史苏的回答为主，突出的是筮人史苏对所占得的《易》卦的灵活解析。

其他几段运用《周易》占卦的筮例，也都主要以记叙问卦者和解说者的问答来结构文章，而且也都是以解卦人的回答、对《易》的理解、分析、运用为主。可以说，在最早的问卦过程中形成了主客问答，在最早记录运用《周易》进行占筮的文字中形成了问对体作品。应该说，《左传》中记录运用《周易》进行占筮的文字详尽生动、思致明晰,是最早和问筮相关的问对体文学作品。它们为后代作品奠定了一个基本的问答体结构模式,成为一种结构原型。最初的问对体作品是用来记事的,后来这一结构模式发展成为议论、抒情的载体。

三、《周易》与问对体结构模式

这种源自占筮记事的问对体作品与其他问对体作品区别何在? 它们与《周易》的联系表现在哪些方面?

首先,从外部结构模式上看,不难发现上面所举的一些巫筮型问对体作品中,最明显的外在结构特点便是一问一答就结束全篇,而不是几问几答。除甲骨卜辞、《左传》筮例外,后世问筮型问对体作品,都承袭了这种一问一答的结构模式。《楚辞》中的《卜居》、西汉贾谊的《鵩鸟赋》、魏晋易代之际嵇康的《卜疑》、唐代刘禹锡的《何卜赋》、宋代李纲的《日者赋》等与问卜有关的作品,都是如此。《卜居》中屈原发问,郑詹尹回答;《鵩鸟赋》中作者贾谊发问,假借鵩鸟之口作答;《卜疑》中宏达先生发问,太史贞父作答;《何卜赋》中作者发问,一位鬻卜的楚叟作答;《日者赋》中日者欲为作者占卜未来,作者笑而应之,抒发了长篇议论。除简单的背景交代外,这几篇作品的主干结构十分清晰:一问一答,一来一往。

在不是明显地与占筮有关的问对体作品中也不乏一问一答的结构。虽然它们没有采用问筮的形式来表达思想感情,但其意义指向往往与《周易》的思想有着千丝万缕的联系,可以看作是巫筮型问对体的变体,这类作品突出地表现在以士不遇为主题的汉赋上。如东方朔《答客难》、扬雄《解嘲》《解难》、崔骃《达旨》、张衡《应间》、崔寔《答讥》和蔡邕《释诲》等。

为什么巫筮型问对体作品采取了一问一答的结构模式? 这还

要到巫筮的性质中去寻找答案。

　　占问行为属于巫筮人员与神灵的交流，先天地具有不可多言的神秘气息，在初民那里，向神灵乞问吉凶更是一件非常神圣的事情。巫卜人员为了保证占问行为的神秘性和神圣性，便不允许前来占问的人一而再、再而三地询问。《周易·蒙》卦辞对此有着明确的说明。卦辞云："童蒙求我。匪我求童蒙。初筮告，再三渎，渎则不告。"①高亨的解释十分准确："此童蒙谓求筮者也。我，筮人自谓也。""初筮告，再三渎，渎则不告，言求筮者初来求筮，则为之筮，而告以休咎。若不信初筮，反覆多疑，而再三求筮，是狎辱筮人，则不为之筮也。"②这里的筮特指童蒙向巫师问疑求决。再三追问，便是对筮人的不信任，是对神灵的亵渎，是侵犯占筮神圣性的行为，因而遭到弃绝。《左传·哀公十年》记载，赵鞅帅师伐齐，大夫请卜之。赵孟曰："吾卜于此起兵，事不再令，卜不袭吉，行也。"③赵孟所说也是认为占筮具有神圣性，同样一件事，不可以占问第二次。再三询问的行为遭到摒弃，问筮者只有询问一次的权利，因此，在记录运用《周易》占问的《左传》筮例中，一问一答成为最基本、最常见的结构模式，在后世的问卜型问对体作品中，也就自觉或者不自觉地采取了一问一答这种结构模式。

　　是不是所有的问对体作品都采取了这种一问一答的形式？如果是这样，那么说巫筮型问对体作品的结构特点是一问一答就失去意义了。通过考察，我们发现其他问对体作品多有几问几答的

---

① （清）阮元校刻：《十三经注疏（清嘉庆刊本）》第一册，中华书局 2009 年版，第 36 页。
② 高亨：《周易古经今注》，中华书局 1984 年版，第 173 页。
③ 杨伯峻：《春秋左传注（修订本）》第五册，中华书局 2009 年版，第 1656 页。

结构方式,绝不仅仅是一问一答。例如儒家经典《论语》是语录体文献,其中记载了大量孔子与其弟子的问答,其中将近一半的问答属于多问多答。例如《子路》篇子贡向孔子问士一段:

> 子贡问曰:"何如斯可谓之士矣?"
>
> 子曰:"行己有耻;使于四方,不辱君命。可谓士矣。"曰:"敢问其次。"
>
> 曰:"宗族称孝焉,乡党称弟焉。"曰:"敢问其次。"
>
> 曰:"言必信,行必果,硁硁然小人哉! 抑亦可以为次矣。"
>
> 曰:"今之从政者何如?"
>
> 子曰:"噫! 斗筲之人,何足算也!"①

子贡就何为士的问题一再追问,孔子有问必答,并无反感。再如《尧曰》篇子张向孔子问从政一段,子张四问、孔子四答,子张的二问、三问、四问都是由孔子的回答中引发的,孔子毫无厌倦的意思,而是详加论说。几问几答中,弟子好问,层层深入,教育者孔子则不厌其烦地一步一步解答。这样的例子在《论语》中十分常见,为什么会出现这种情况呢? 这与孔子的教育宗旨有关。孔子讲求诲人不倦,希望弟子在学习中能够举一隅而以三隅反,闻一知十。从孔子与弟子具体的问答中也可以看出他对弟子能够举一反三、闻一知十的欣赏。例如《学而》记载:

> 子贡曰:"贫而无谄,富而无骄。何如?"

---

① (清)刘宝楠撰,高流水点校:《论语正义》,中华书局1990年版,第540页。

　　　　子曰："可也；未若贫而乐，富而好礼者也。"

　　　　子贡曰："《诗》云：'如切如磋，如琢如磨。'其斯之谓与？"

　　　　子曰："赐也始可与言《诗》已矣，告诸往而知来者也。"①

子贡长于货殖，故有此问。自以为能够贫而不谄媚、富而不骄泰就已经差不多了。孔子的回答则勉励他更进一步，超出贫富之外。子贡领悟了孔子的教导，引《诗》明之，用治骨角、治玉石当不断切磋琢磨来表明自己的理解。孔子听后非常欣慰，称赞子贡能够由已知推知未知。再如《八佾》子夏问诗一段，也是如此。由诲人不倦、举一反三的宗旨出发，孔子在对待弟子的疑问时，自然不会排斥多次发问，而是采取了启发式的循循善诱、谆谆教导、有问必答的态度，几问几答中启发了学生的灵智。在记录孔子与弟子的对话时，也就自然而然地形成了多问多答的问对体作品。

　　对教育者应如何答，被教育者应如何问，才能有益于学问的增进，先秦儒家有很好的阐释。《礼记·学记》曰：

　　　　善问者如攻坚木，先其易者，后其节目，及其久也，相说以解；不善问者反此。善待问者如撞钟，叩之以小者则小鸣，叩之以大者则大鸣，待其从容，然后尽其声；不善答者反此。此皆进学之道也。②

----

① （清）刘宝楠撰，高流水点校：《论语正义》，中华书局 1990 年版，第 33 页。
② （清）孙希旦撰，沈啸寰、王星贤点校：《礼记集解》中册，中华书局 1989 年版，第 969 页。

《周易·蒙》卦辞在讲明问筮宗旨的同时,也蕴含了教育童蒙的思想。朱骏声在《六十四卦经解》中解释《蒙》卦辞时就由问筮联系到弟子求师问学,认为"求师同于求神",具体说:"弟子初问,则告之以事义。不思其三隅,相况以反解者,此师勤而功寡。学者之灾也。不复告者,欲令思而得之,亦所以利义而干事也。"①仅从弟子问师角度考虑,这是正确的,但结合《蒙》卦本身的意蕴,就不对了。因为《蒙》卦本义讲的是求占问筮,再三筮则不告,是为了保证占筮行为的神圣性,与教育无关。不过这并不妨碍后人在解说时与教育童蒙相关联。其"童蒙求我,非我求童蒙"的卦辞与《礼记·曲礼》所说的"礼闻来学,不闻往教"②也不无相通之处。

《孟子》一书中也有很多篇章属于问对体。大部分是多问多答的结构。对于问答,孟子也有所议论,《尽心上》记曰:

> 孟子曰:"君子之所以教者五。有如时雨化之者,有成德者,有达财者,有答问者,有私淑艾者。此五者,君子之所以教也。"③

孟子把回答弟子的疑问看作君子教育弟子五种形式之一,把答问放在一个很重要的位置。孟子还对在什么情况下不予以回答作了说明,《尽心上》:"挟贵而问,挟贤而问,挟长而问,挟有勋劳而问,

---

① 朱骏声撰:《六十四卦经解》,中华书局1958年版,第24页。
② (清)孙希旦撰,沈啸寰、王星贤点校:《礼记集解》上册,中华书局1989年版,第7页。
③ (清)阮元校刻:《十三经注疏(清嘉庆刊本)》第五册,中华书局2009年版,第6208页。

挟故而问,皆所不答也。"①他把问答看作纯粹的增进学问之道,不应掺杂其他杂质。前来求问的人应该以平等的态度对待老师。可见他也十分重视问答。从问答的对象上划分,《孟子》中的问对篇章可以分为两大类。一类是孟子与弟子的问答,如公孙丑、万章等。一类是与诸侯王的对答,如梁惠王、齐宣王等。两类问对表现了孟子两种不同的谈辩风格:对于弟子之问,不厌其烦,有问必答,侃侃而谈,气氛和谐舒缓:对于诸侯王,他往往成为发难者,步步紧逼,咄咄逼人,造成十分紧张的情势,经常带有强迫性质地使人接受他的王道之论,迫使诸侯王理屈词穷,顾左右而言他。不论与弟子还是与诸侯王的对答,绝大多数都采取了多问多答的结构方式,而不限于一问一答。

　　产生这个特点的原因与孔子的诲人不倦不太相同,孟子讲求浩然之气,这可以说是形成其文章多问多答结构的一个重要原因。公孙丑问孟子有何特长,孟子回答说:"我知言,我善养吾浩然之气。""其为气也,至大至刚,以直养而无害,则塞于天地之间,其为气也,配义与道;无是,馁也。"②孟子知言,清楚言辩的关键,他推崇浩然之气,一方面是用于个人修养,另一方面,在与人言论时,自然地追求浩然博大的总体风格,讲求造成充沛的气势,有来有往,几来几往中,才能见出其长于言辩,善于酿造磅礴声势的特点。

　　从创作宗旨上看,除《左传》外,源于《周易》这一脉系的后代作品都有一个"伪立主客、假相酬答"的特点,与《论语》《孟子》基

---

① （清）阮元校刻:《十三经注疏（清嘉庆刊本）》第五册,中华书局 2009 年版,第6028 页。

② （清）阮元校刻:《十三经注疏（清嘉庆刊本）》第五册,中华书局 2009 年版,第5840、5840—5841 页。

于事实而载录的做法截然不同。

在道家经典《庄子》中也存在为数众多的问对体篇章。例如《秋水》篇以河伯和海若的七问七答开始,继之以其他六段不同人物之间的问答。其他篇章中以问对为主谋篇布局者所在多有。《庄子》中多问多答不仅表现在固定的两个人物之间,还表现在一篇由几组对话组成,每组对话的人物都不相同,但基本上都围绕着一个中心。这种结构主要是为了便于表达其丰富的宇宙哲学与人生哲学,表达其恣纵不傥的神思妙悟,尤其与他所追求的绝对自由紧密相关。一切都不受任何约束,泛若不系之舟,多有变幻,异常灵动。

通过以上的比较分析,可以确切无疑地说,与占筮有关、与《周易》有关的问对体作品的确与其他问对体作品在外在结构模式方面存在着明显的差异,其他问对体作品尽管各自的出发点不同,但是都不约而同地采取了多问多答的形式,只有巫筮型作品采取了一问一答的结构模式。

四、《周易》与占筮型问对体的内在意蕴

从外部结构模式方面考察,与《周易》相关的问对体作品特点如上所述。那么从内在意蕴方面考察,这类问对体作品与《周易》有哪些相通之处?

(一)对未来人生的困惑与解答

1.《周易》是用于解决人生疑问的。人们对于占卜的功用有着明确的认识和表述。《尚书·洪范》曰:"稽疑:择建立卜筮人,乃命卜筮。""汝则有大疑,谋及乃心……谋及卜筮。"①《左传·桓

---

① (清)阮元校刻:《十三经注疏(清嘉庆刊本)》第一册,中华书局 2009 年版,第404—405 页。

公十一年》曰："卜以决疑。"①《系辞上》解说《周易》的功用是圣人"以断天下之疑"②。卜筮的功用是解决疑问，用来给心怀疑惑的问卦者以吉凶祸福方面的答案，其中凝结着许多人生的经验和智慧。

从这条线索出发，我们发现，占筮型问对体作品都与面对具体的个体人生困境，不知道应该如何选择人生道路密切相关。从表现形式上看，主动问卦者求占的动机和目的都是期望能够从占筮之人那里、从卜龟、蓍草那里、从卦爻辞那里，也就是从卜筮的功用价值中求得对其人生疑问的解答。我们分析一下楚辞《卜居》、嵇康《卜疑》和刘禹锡《何卜赋》中几位问卦者前去问卦的心理动因。文曰：

> 《卜居》：屈原既放，三年不得复见。竭知尽忠，而蔽障于谗。心烦虑乱不知所从。乃往见太卜郑詹尹。曰："余有所疑，愿因先生决之。"③

> 《卜疑》：有宏达先生者，恢廓其度，寂寥疏阔……于是远念长想，超然自失：郢人既没，谁为吾质？圣人吾不得见，冀闻之于数术。乃适太史贞父之庐而访之，曰："吾有所疑，愿子卜之。"④

---

① 杨伯峻：《春秋左传注（修订本）》第一册，第 131 页。
② （清）阮元校刻：《十三经注疏（清嘉庆刊本）》第一册，中华书局 2009 年版，第 168 页。
③ （宋）洪兴祖撰，黄灵庚点校：《楚辞补注》，上海古籍出版社 2015 年版，第 280 页。
④ （三国魏）嵇康撰，戴明扬校注：《嵇康集校注》，中华书局 2014 年版，第 235—236 页。

《何卜赋》:余既幼惑力命之说兮,身久放而愈疑。心回穴其莫晓兮,将取质夫东龟。楚人俗巫而好术兮,叟有鬻卜而来思。乃招而祝之曰……①

显而易见,他们都是对于现实状况心存疑惑,无法自己解决人生难题,所以才去问卜占筮的。问卦者的心理期待是与《易》的功用联系在一起的。

2.《周易》具有预测未来的功能。《系辞上》曰:"极数知来之谓占""遂知来物""神以知来"②;《系辞下》曰:"夫《易》彰往而察来""占事知来"③。这些都是对《易》预测功能的阐述。它能够预知还没有发生的事情的吉凶祸福,进而发挥其指引人们趋利避害、趋吉避凶的作用。在这一点上,占筮型问对体作品与《周易》一脉相承。作品中的主人公基于对现状的不满而表现出对于人生前途深切的探求之情,虽然字面上并没有出现占问未来的字样,但是不难体会到他们提问的深层心理是面向未来的:今后的人生道路应该如何走下去,选择怎样的人生态度才是吉利的,如何才能得到福佑。

例如,《卜居》中屈原一连串提出十六个、八组对比选择式疑问,如"宁正言不讳以危身乎? 将从俗富贵以偷生乎? 宁超然高举以保真乎? 将呢訾栗斯,喔咿嚅睨以事妇人乎? 宁廉洁正直以

---

① (唐)刘禹锡撰,陶敏、陶红雨校注:《刘禹锡全集编年校注》,中华书局2019年版,第1660页。
② (清)阮元校刻:《十三经注疏(清嘉庆刊本)》第一册,中华书局2009年版,第162、167、169页。
③ (清)阮元校刻:《十三经注疏(清嘉庆刊本)》第一册,中华书局2009年版,第185、189页。

自清乎,将突梯滑稽,如脂如韦以絜楹乎?"最后归结到"此孰吉孰凶,何去何从"①这个问题上,展现了屈原在两种人生态度之间彷徨不定的疑虑。嵇康《卜疑》中的宏达先生在同样运用"宁……将……"的句式,问出十四个人生选择方面的问题之后,最终也归结到"此谁得谁失,何凶何吉"②这个问题上。刘禹锡《何卜赋》中的问卜者,在听了卜人"主者时耶"的回答之后,"蹈道之心一,而俟时之志坚"③,明确了人生选择,坚定了等待时来运转的信心,寄希望于未来。《梁溪集》卷一载有李纲《日者赋》,其中的日者明白地告诉李子:"今我欲语子以未来"④,表明其卜筮的目的和功用:能够告知人们未来的人生将是怎样的一种状况。

　　对于未来人生的关心是人类与生俱来的根性。正如卡西尔所说:"我们更多地是生活在对未来的疑惑和恐惧、悬念和希望之中,而不是生活在回想中或我们的当下经验之中。""思考着未来,生活在未来,这乃是人的本性的一个必要部分。"⑤《周易》的创制目的与功用以及占筮型问对体作品的内在主旨都向我们昭示了这点,它们都把关注的目光投放在未来人生的吉凶上。

　　从《周易》解决疑问和预示未来的本质功用上,我们发现了占筮型问对体作品与《周易》的内在相通之处。需要说明的是,问筮型作品中有的既卜且筮,有的只取一种。《卜居》中的占卜人员卜

---

①　(宋)洪兴祖撰,黄灵庚点校:《楚辞补注》,上海古籍出版社 2015 年版,第 280 页。

②　(三国魏)嵇康撰,戴明扬校注:《嵇康集校注》,中华书局 2014 年版,第 237 页。

③　(唐)刘禹锡撰,陶敏、陶红雨校注:《刘禹锡全集编年校注》,第 1661 页。

④　(宋)李纲撰,王瑞明点校:《李纲全集》,岳麓社 2004 年版,第 4 页。

⑤　[德]恩斯特·卡西尔:《人论》,甘阳译,第 68 页。

筮并用,太卜郑詹尹"端策拂龟"。王逸《楚辞章句》释曰:"策,蓍也。立蓍拂龟,以展敬也。"①即太卜既用筮占,又用龟卜。《卜疑》中也是卜筮并用,太史贞父"危坐操蓍,拂几而陈龟"②。《何卜赋》与《日者赋》中的占卦者都是只用龟卜。卜与筮最初是有区别的,它们所用的工具和方法不同,卜是灼龟以观兆,筮是揲蓍以观象而玩辞,但是,由于它们的功用是相同的,都是用来解决疑难、预测人事的祸福吉凶,而且在实际运用中也经常二者并用,因此,到了后代就把二者统称为占卜,不再加以细致的区分。所以,无论卜还是筮,它们在问卦型作品中所起的作用都是相同的。

(二)《左传》与后世占筮型问对体的差异

《左传》和以上论及的占筮型问对体作品与《周易》的联系已如上述,那么后代的占筮之作与《左传》问筮文段二者之间是怎样的关系?答案是,后人之作在结构形式和思想倾向上都与《左传》有所区别。

从问辞与答辞在作品中各自所占的篇幅上看,后代占筮型问对体作品一反《左传》中以答辞为主,以问辞为辅的结构和布局,而是反客为主,突出的是发问者的疑问。如前面所述,《左传》中记载问筮的文字以问筮者为辅,对他们提问的记载只有寥寥的"诘之"二字或一句话,对占筮之人回答的记载则占据了几乎所有的篇幅,突出的是占筮之人对《周易》的运用和解析。后代占筮型问对体文学作品恰恰相反,突出的不是占筮之人的解说,而是发问者的疑问。《卜居》《卜疑》《日者赋》等三篇,对发问者问话的铺

---

① (宋)洪兴祖撰,黄灵庚点校:《楚辞补注》,上海古籍出版社2015年版,第281页。

② (三国魏)嵇康撰,戴明扬校注:《嵇康集校注》,中华书局2014年版,第235页。

陈占据了绝大部分的篇幅，占卜之人的回答只占了很小的比例。《何卜赋》中虽然问与答差不多平分秋色，但也仍然不再以突出回答为主。有趣的是，在最早的甲骨卜辞中，主要记载的是问辞，而不是答辞，后世这种问对体作品从表面形式上看又是向最原始的巫卜记事方式的回归。但是，二者的出发点是不同的，承载的意蕴也是不同的，一是纯粹而简朴的记事，一是为了抒情或说理。

从思想倾向上看，后世作品也与《左传》意旨迥异，也呈现为反客为主的情形。被寄予希望的专职卜筮之人并不能解答问卦的人提出的关于人生根本性的问题，他们不得不承认自己所操持的术数功用是有限的。《卜居》中的太卜郑詹尹听完屈原的疑问之后，其反应是："乃释策而谢，曰：'夫尺有所短寸有所长，物有所不足，智有所不明，数有所不逮，神有所不通，用君之心行君之意，龟策诚不能知此事。'"①他被问住了，无法用卜筮的方法为屈原指出未来人生的走向。《卜疑》中的太史贞父的回答则是："吾闻至人不相，达人不卜。"②他认为至人、达人应超脱于占卜功用之上。《何卜赋》中鬻卜楚人的回答是："姑蹈常而俟之，夫何卜为？"③他提出应当守常态以待时机，否定了占卜的功用。在《日者赋》中，作者一开始就表明了对术士的否定态度："予疾之"④，他作赋就是为了斥其虚妄，因而有意安排了这样的情节：主动要为作者占卜未

①　（宋）洪兴祖撰，黄灵庚点校：《楚辞补注》，上海古籍出版社 2015 年版，第 280 页。

②　（三国魏）嵇康撰，戴明扬校注：《嵇康集校注》，中华书局 2014 年版，第 237 页。

③　（唐）刘禹锡撰，陶敏、陶红雨校注：《刘禹锡全集编年校注》，中华书局 2019 年版，第 1661 页。

④　（宋）李纲撰，王瑞明点校：《李纲全集》，岳麓书社 2004 年版，第 4 页。

来的日者最后被作者的一番话说得"俯而惭,仰而叹,不得所对,
逡巡而辞退"①。整体看来,几篇占筮型问对体作品都以不同方
式,用不同的人生价值取向,在不同程度上对占筮的功用有所否
定。这与《左传》中表现出的对占卜之术的肯定与赞赏态度是截
然相反的。《左传》不仅突出占筮之人的答辞,还记录了所占之事
的最后结果,用以表明与占筮者的预测相符,表明占筮的灵验。前
面所举的秦伯占问一例,就记载了"(晋惠公)三败及韩"②的交战
结果,进一步确认、验证了占卜预测的灵异性。

上面的分析表明,后代作品与《左传》大异其趣;作者选择了
主人公与占筮之人问对的结构形式,却又在内在意蕴上对《周易》
占筮的性质和功用有所背离。为什么会产生这种现象呢?

首先,问卦者提出的问题与巫筮所能解决的问题二者之间天
然地存在着矛盾。从问卦者的问题中我们看出,他们的问题都是
根本性的,即应当采取什么样的人生态度、人生价值取向来面对人
生,面向未来以立身处世。而这又是卜筮者所无法解决的,超出了
他们的预测范围。他们所能提供的,是对于具体问题的解答,而不
是给出一个根本性的人生态度和方法,不是在两种或几种人生态
度中做出明确的取舍。因此,在这类问对体作品中不可避免地会
出现与常例悖反的现象:占筮之人被问筮者问住。

其次,从作者的创作动机和目的角度考察,也能得到解释。正
因为《周易》具有对人生问题的解疑预测功用、包孕有对人生的哲理
思考,所以文人学士选择了问卦这种形式来表现他们对人生对未来

---

① (宋)李纲撰,王瑞明点校:《李纲全集》,岳麓书社 2004 年版,第 5 页。

② 杨伯峻:《春秋左传注(修订本)》第二册,中华书局 2009 年版,第 354 页。

的困惑与思索。然而从作者表达情感的需要角度出发，作者创作的
宗旨在于"设为问答，以显己意"，在于"发愤以表志"，是为了抒发他
们自己郁愤的胸臆，表达对人世的愤懑、对人生的哲理性思考，而不
是真的要向占筮之人求得指引，他们不过是借问筮的形式来实现抒情
说理的目的。所以在内在意蕴方面就出现了与占卦本身功用的背离。
其中卜筮之人是作者有意虚设的人物，问对形式是作者有意识选用的
结构方式。这类作品的占问具有强烈的虚拟色彩，而不是对于实际问
卜情况的实录；是文学化的一种表达方式，而不是史料性的历史记述。
由此而来，它们就必然会表现出不同于叙事性史传作品的独特风貌。

（三）汉代占筮型问对体与《周易》的关联

除了问筮型问对体作品之外，前面已经提及，汉代有些一问一
答型问对体作品也表现出与《周易》义理一脉相承的渊源关系，可
以视为占筮型问对体作品的变体。那么这类作品与《周易》在内
在意蕴方面有哪些契合之处？

从表面的词语沿用层面上考察，这类作品引用了大量《周易》
经传词句。例如贾谊《鵩鸟赋》："德人无累兮，知命不忧。"①语出
《周易·系辞上》："乐天知命，故不忧。"②张衡《应间》："吉凶分
错，人用童蒙。"③这里引用了《周易·蒙》六五："童蒙，吉。"④《后

---

① （汉）贾谊撰，（明）何孟春订注，彭昊、赵勖点校：《贾谊集》，岳麓书社 2010 年
　　版，第 142 页。
② （清）阮元校刻：《十三经注疏（清嘉庆刊本）》第一册，中华书局 2009 年版，第
　　160 页。
③ （汉）张衡撰，张震泽校注：《张衡诗文集校注》，上海古籍出版社 2009 年版，第
　　282 页。
④ （清）阮元校刻：《十三经注疏（清嘉庆刊本）》第一册，中华书局 2009 年版，第
　　37 页。

汉书》卷六十《蔡邕列传》载录蔡邕《释诲》,曰:"时行则行,时止则止,消息盈冲,取诸天纪。利用遭泰,可与处否,乐天知命,持神任己。"①这段文字涉及《周易·艮·象》:"时止则止,时行则行,动静不失其时也。"《周易·序卦》:"泰者,通也。物不可以终通,故受之以否。"《周易·系辞上》:"乐天知命,故不忧。"②这类情况还有很多,兹不一一。

从深层意蕴上看,这些作品集中表现的主题是士不遇,作者对于战国时代与大汉"时异事异"的现实情况有着十分清醒的分析和体认。东方朔《答客难》云:"彼一时也,此一时也。""时异事异",认为乐毅、李斯、郦食其等人"功若丘山,海内定,国家安,是遇其时也"③。扬雄《解嘲》云:"世异事变,人道不殊;彼我易时,未知何如。""夫萧规曹随,留侯画策,陈平出奇,功若泰山,响若坻隤,唯其人之赡知哉,亦会其时之可为也。故为可为于可为之时,则从;为不可为于不可为之时,则凶。"④张衡《应间》云:"余应之以时有遇否,性命难求""天爵高悬,得之在命。"⑤《艺文类聚》卷二十五载崔寔《答讥》云:"不揣己而干禄,不揆时而要会。或遭否而不遇,或智小而谋大。"⑥如此等等,不一而足。

---

① (南朝宋)范晔撰,(唐)李贤等注:《后汉书》,中华书局1965年版,第1987页。
② (清)阮元校刻:《十三经注疏(清嘉庆刊本)》第一册,中华书局2009年版,第129、200、160页。
③ (汉)扬雄撰,张震泽笺注:《扬雄集校注》,上海古籍出版社1993年版,第191、193页。
④ (汉)扬雄撰,张震泽笺注:《扬雄集校注》,上海古籍出版社1993年版,第191、193页。
⑤ (汉)张衡撰,张震泽校注:《张衡诗文集校注》,上海古籍出版社2009年版,第273、279页。
⑥ (唐)欧阳询撰,汪绍楹校:《艺文类聚》,上海古籍出版社1999年版,第460页。

作者再三感叹的"时"，是《易传》中一个非常重要的概念。作者把《周易》理对于"时"的认识，具体到人生层面上，用以指导人生进退。认识到时世嬗变，情势殊异，随之而来的问题就是面对个人无法改变的现实情况，士人应该如何安身立命。作品中提供了两个思考方向，给出了两种答案，这两种答案都与《周易》有关。

第一种是加强自身修养，待时而进。《汉书》卷六十五《东方朔传》载录其《答客难》曰："故曰时异事异。虽然，安可以不务修身乎哉！""苟能修身，何患不荣！"①《汉书》卷一百《叙传》载录班固《答宾戏》曰："孔终篇于西狩，声盈塞于天渊，真吾徒之师表也。""慎修所志，守尔天符，委命共己。"②张衡《应间》曰："庶前训之可赞，聊朝隐乎柱史，且韫椟以待价，踵颜氏以行止。"③

这个待时而进的思想源自《易传》。《易传》中特别推崇"时"，强调"与时偕行"。时机未到，要"待时"，以反身修德为主。《乾·文言》解释九四爻辞曰："'或跃在渊，无咎。'何谓也？子曰：上下无常，非为邪也。进退无恒，非离群也。君子进德修业，欲及时也。"《系辞下》曰："君子藏器于身，待时而动，何不利之有。"《艮·象》曰："时止则止，时行则行，动静不失其时，其道光明。"《系辞下》曰："变通者，趣时者也。"④上引诸句，表达的都是这个意思。

第二种是超出眼前个体命运遭遇，扩大思想的视域，以整个宇宙人生为观照、思考的对象，把自我消融在哲学思考中。其中固然

① （汉）班固撰，（唐）颜师古注：《汉书》第九册，中华书局 1962 年版，第 2865 页。

② （汉）班固撰，（唐）颜师古注：《汉书》第十二册，中华书局 1962 年版，第 4231 页。

③ （汉）张衡撰，张震泽校注：《张衡诗文集校注》，上海古籍出版社 2009 年版，第 293 页。

④ （清）阮元校刻：《十三经注疏（清嘉庆刊本）》第一册，中华书局 2009 年版，第 27、183、129、178 页。

不乏以老庄思想来自我排遣,以投身于大道之中来纾解郁愤的倾向,如哲理赋《鹏鸟赋》;但是不应忽视的是,以玄思为安身立命之本也是他们一个重要的思想。例如扬雄《解嘲》曰:"顾默而作《太玄》五千文,枝叶扶疏,独说数十余万言。深者入黄泉,高者出苍天,大者含元气,细者入无间。"《解难》曰:"昔人有观象于天,视度于地,察法于人者,天丽且弥,地普而深。昔人之辞,乃玉乃金。""是以宓羲氏之作《易》也,绵络天地,经以八卦,文王附六爻,孔子错其象而象其辞,然后发天地之藏,定万物之基。"①这些都是明确标举《周易》之道。班固《答宾戏》曰:"独抒意乎宇宙之外,锐思于毫芒之内,潜神默记,恒以年岁。"②这也是以宇宙玄思、精窈之道为立身之本。

无论是对"时"变的认识,还是修身以待时、安时而处顺的人生态度,这些对于人生哲理的感悟与表述,都与《周易》所体现的精神息息相关、薪火相传。

考察汉代这些作者其他类型的作品之后,就会发现,在他们的思想体系里,《周易》实实在在地占据着一个重要的位置。扬雄除《解嘲》《解难》外,还作有阐发玄理的《太玄赋》,开篇便言说:"观大易之损益兮"③,并模仿《周易》经传的体制著述了一部深奥难解的《太玄》。张衡除《应间》外,还作有《思玄赋》,写他曾向人问筮,并好阴阳之学。例如:"心犹与而狐疑兮,即岐阯而抒情。文君为我端蓍兮,利飞遁以保名。""惧筮氏之长短兮,钻东龟以观

① (汉)扬雄撰,张震泽笺注:《扬雄集校注》,上海古籍出版社1993年版,第177、201页。
② (汉)班固撰,(唐)颜师古注:《汉书》第十二册,中华书局1962年版,第4226页。
③ (汉)扬雄撰,张震泽笺注:《扬雄集校注》,上海古籍出版社1993年版,第191、193页。

祯""占既吉而无悔兮""玩阴阳之变化兮"①等。这些情况说明，作者对占筮、对《周易》是十分熟悉而且非常推崇的。他们在问对体作品中表达了与《周易》哲理相关的意蕴不是偶然、孤立的现象，而是有总体思想倾向作为背景的。

当然，上古文学问对体作品的类型多彩多姿，不只是这里论及的这几种，问对体作品产生的渊源也不是单一的，而是多元共生的。这里只是探讨了其中的几种，主要是由《周易》的占筮功用发展而来的这一脉系。

第四节　《周易》结构与战国
秦汉散文的体制

学术界对战国秦汉时期散文的研究大多着眼于思想及文学风格，对于某些著作中特殊的结构编排极少留意。仔细考察，《吕氏春秋》十二纪、八览、六论的结构框架，《说苑》二十卷两卷一组的篇章安排，古书序在书末的体例，论说文常见的先总说、后分说的结构形态，这几个互不相干的现象，都可上溯到《周易》。

《周易》本经具有对卦式和沟通天人的编排特点，把本经与七种《易传》联结为一个整体加以观照就会发现，《易传》具有后世序的文体特征。本节拟从对卦式、沟通天人、序的体例及经传合编与论说文的形态这四个方面，考察《周易》经传与战国秦汉散文几种结构编排形式之间的关系，力求以《周易》经传的结构为线索，揭

---

① （汉）张衡撰，张震泽校注：《张衡诗文集校注》，上海古籍出版社 2009 年版，第203、205、237 页。

示上古文学作品某些结构特点及其形成原因。

需要说明的是,关于《周易》经传的作者、成书年代与编排体例问题,历来说法不一。笔者赞成这种看法:《周易》本经的撰定及编次成于周初,《易传》成于春秋战国时期,非一人所作,把经文与传文合编在一起始于西汉的费直。① 这是本节所有结论的前提。

一、对卦式结构形态

六十四卦是按照两两相对的方式编排的,每两卦为一组,可以

---

① 关于《周易》经传作者、著作年代及编排体例,撮举几种观点,排比如下。

司马迁《报任少卿书》:"文王拘而演《周易》。"

《史记·孔子世家》:"孔子晚而喜《易》,序《彖》《系》《象》《说卦》《文言》。"

《汉书·艺文志》:"孔氏为之《彖》《象》《系辞》《文言》《序卦》之属十篇。"

清人皮锡瑞有"论以传附经始于费直不始于王弼亦非本于郑君"之说。(详见皮锡瑞:《经学通论》,中华书局1954年版,第25页)

李镜池:《彖传》与《象传》,"年代当在秦汉间;其著作者当是齐鲁间底儒家者流"。《系辞》与《文言》,"年代当在史迁之后,昭宣之前"。《说卦》《序卦》与《杂卦》"在昭宣后"。(李镜池:《易传探源》,见顾颉刚:《古史辨》第三册,上海古籍出版社1982年版,第94—128页)

高亨:"说十翼中有汉人作品,并无坚确的论据。管见以为十翼都写于战国时代,正如欧阳所说'非一人之言',《彖》《象》比较早些,可能在春秋末期。"(高亨:《周易杂论》,第35—36页)

黄寿祺、张善文:"《易传》七种原皆单行,后来被合入经文并行……关于援传连经始于何人的问题,旧有两说。《三国志·魏志·高贵乡公传》记载……这段资料说明淳于俊认为,东汉的郑玄合《彖传》《象传》于经文。《崇文总目》云:'凡以《彖》《象》《文言》杂入卦中者,自费氏始。'晁公武《郡斋读书志》亦曰:'凡以《彖》《象》《文言》等参人卦中,皆祖费氏。东京荀、刘、马、郑皆传其学,王弼最后出,或用郑说,则弼亦本费氏也。'……汉代学者出于便利诵习的目的编成经传参合本,当是较为可信的说法。"(黄寿祺、张善文:《周易译注》,上海古籍出版社1989年版,第8—9页)

分为三十二组。这种编排的本子出现甚早，流传久远，影响很大。本经具有这个特点，《易传》对此又做了明确的阐释。《杂卦》作者独具只眼地发现了《易经》对卦式这一重要的编排方式，其阐发深得要义。《杂卦》没有按照六十四卦的顺序解说卦义，而是错综交互地叙述，错杂之中有一个规律，即大体上是把相邻的两卦联系起来对卦义加以说明。①

究其渊源，如此编排，与《周易》的中心观念阴阳不无关系。《易》卦象的基本符号是阴爻和阳爻，其中寓含朴素的对立转化观念，也寓含二分法的世界观。由此而来，全书六十四卦按照两两相对的原则来编排顺理成章。

那么，对举的两卦之间是什么关系呢？或者说，遵循什么宗旨来选择组对编排的两卦？晋韩康伯在注中指出："《杂卦》者杂糅众卦，错综其义，或以同相类，或以异相明也。"②"以同相类"和"以异相明"，正是《易经》六十四卦一个基本的编排宗旨，在这个宗旨的支配下才形成两两对举的编排形式。

以同相类和以异相明二者之中，以异相明占大多数。例如："《乾》刚《坤》柔，《比》乐《师》忧。""《震》，起也；《艮》，止也。《损》《益》，盛衰之始也。""《睽》，外也；《家人》，内也。《否》

---

① 《杂卦》自《大过》以下八卦，没有两两相对地加以解说，对此，古人虞翻、干宝、朱熹等都提出各自的看法，或解释原因，或疑为错简。近人尚秉和认为这几卦"虽不对举，而义仍反对。"（尚秉和：《周易尚氏学》，中华书局1980年版，第338页）

② （清）阮元校刻：《十三经注疏（清嘉庆刊本）》第一册，中华书局2009年版，第201页。

《泰》,反其类也。"(《杂卦》)①乾道刚健,坤道柔顺。《比》卦旨在结群,故乐;《师》卦言军旅之事,故忧。《震》卦讲的是雷动之象,在古人观念中,雷动又为万物起始初动之象,如《说卦》所云:"万物出乎震"②,故曰起;《艮》象为山,山为静止不动之象,故曰止。《损》为盛之始,《益》为衰之始。《睽》卦所言都是离家在外之事,《家人》卦讲的是治家之事。《否》为天地闭塞之象,《泰》为天地交通之象,二者卦象与性质恰恰相反。其他还有许多,不一而足。

《杂卦》所言属于"以同相类"的有:"《革》,去故也;《鼎》,取新也。""《需》,不进也;《讼》,不亲也。"③《革》卦义是革去已有的;《鼎》卦义是煮熟生食后取得新食,意在取得新物。两卦意相连属。"不进"与"不亲"都是否定性的行为和情感,故为同类。再如《临》与《观》二卦,具有动作的连续性,先临近,后观察。《萃》与《升》二卦也具有动作的连续性,先聚集,后上升。这两组也都属于"以同相类"型。

《周易》六十四卦的这种对卦式结构方式及其遵循的宗旨,给了后代著述以颇多启示。《吕氏春秋》中依照"以异相明"或"以同相类"方法编排结构的篇目所在多有,仅举几例,略作说明。《贵公》和《去私》,《劝学》和《尊师》,《侈乐》和《适音》,《不二》和《执一》等紧紧相邻的几篇都是对卦式结构。仅从题目上就能看出它

---

① （清）阮元校刻:《十三经注疏（清嘉庆刊本）》第一册,中华书局 2009 年版,第202 页。

② （清）阮元校刻:《十三经注疏（清嘉庆刊本）》第一册,中华书局 2009 年版,第197 页。

③ （清）阮元校刻:《十三经注疏（清嘉庆刊本）》第一册,中华书局 2009 年版,第202 页。

们之间的联系。《贵公》以公正为贵,《去私》则是去除私心,二者相辅相成。贵公必须去私,去私才能贵公,它们互为前提和条件,相互发明。《劝学》旨在劝勉人们要致力于学习,学习自然离不开老师,对待老师应该有什么样的态度呢?《尊师》就回答了这个问题,强调了尊师重教的重要性。这两篇意相连属,一脉相承。《侈乐》批评了奢华靡费的音乐,是从反面论述;《适音》从正面论述了音乐应当平和适中的道理。《不二》即不能有两个中心,强调权力集中统一,通过否定"二"来说明应该"一"的治国之道;《执一》也同样是强调要集权力于一身,直接用肯定形式来表达政治观点。一个否定,一个肯定,格外突出了作者对君主权力分配问题的看法。

　　《吕氏春秋》的篇目编排虽然存在大量的《周易》式对卦型结构,但还属于局部现象,并不是整部书都如此。时至汉代,作者和编撰者更加注重书的整体结构编排,出现了不少精心编排结构的著作,《说苑》就是一部值得玩味的书。

　　刘向整理编定了多部散佚的古籍,他编辑编撰的书,基本上都有一个整饬的总体结构。《说苑》一书全部都是按照两两相对的原则来编排顺序的,或"以异相明"或"以同相类"。全书分为二十卷,依次是《君道》《臣术》《建本》《立节》《贵德》《复恩》《政理》《尊贤》《正谏》《敬慎》《善说》《奉使》《权谋》《至公》《指武》《谈丛》《杂言》《辨物》《修文》《反质》。

　　从卷目上看,《君道》与《臣术》,《建本》与《立节》,《修文》与《反质》六篇"以异相明"的特点非常明显。《君道》论述的主题是君主治国治民的原则、方法以及个人应具有的操守和德行等;《臣术》对人臣应遵循的原则、具备的才能及应坚持的操守等展开论述。君臣关系是对立统一的关系,二者既相对立,又相依赖。君道与臣术则是一个问题的两个方面,相互依存,相互发明。《建本》讲的是建立根本,主要说明立身处世、为政治国应首先做好的根本大事。"本"与"节"是相对而言的。《立节》讲的是树立名节,把《建本》中的主张具体化了,并对《建本》的内容作了一些补充,侧重臣民一方立论。《修文》主旨是兴修文教,制礼作乐,"文"是修饰,是加在事物本来天性之外的东西。与"文"相对的则是"质",相连的一篇就论说"反质",使事物回归本质,保持它质朴的本性,主要内容是反对奢侈、提倡质实简朴。这几对相反相成、互相补充、互相发明。

其他十四卷也都是本着两两相对应的原则来编排的,只是从标题上看,对卦式特点不像前面所举例子那样容易辨识,下面试举几例加以说明。

卷五《贵德》是就施恩一方立论,《复恩》则主要是就受恩一方立论。两篇合起来的主要意旨就是《复恩》篇首所说的"夫施德者贵不德,受恩者尚必报;是故臣劳勤以为君,而不求其赏,君持施以牧下,而无所德"①。即君主应施德而不图报,臣下应受恩而以死相报。这是"以异相明"。

卷十三《权谋》论述的是权衡时势,随机应变以求趋利避害的谋略。权谋有为公为私之分,为了防止偏失,卷十四《至公》就论述大公无私,最大的公正。文中标举尧让位于舜而不传其子的行为是"大公",伊尹、吕尚二人忠君仁下,不结私党,不营私家的行

---

① (汉)刘向撰,向宗鲁校证:《说苑校证》,中华书局 1987 年版,第 116 页。

为是"人臣之公"①。相连两篇之间的关系可归为"以同相类"。

　　卷十七《杂言》和卷十八《辨物》尽管所言各异，但二者的宗旨是相同的，都在卷首就对理想人格做了论述，表明了该卷的中心议题。只不过两篇是就理想人格的两个侧面各作论述，合起来，则是一个全面的理想人格所应具备的素质和修养。《杂言》要求"贤人君子"能够清醒地认识到国家的盛衰成败，安定与混乱的原因，明达世俗人情，知道应该何去何从。也就是说，对他们的界定是就其政治智慧而言的。《辨物》对"成人"的界定则重在通晓人情人性、各类事物的变化、光明与幽暗的原因、宇宙生机的来源等方面，"穷神知化"是"成人"的最高境界。对他们的界定是就其宇宙智慧而言的，侧重的是天道方面。这两卷的内在主旨与意蕴一脉相通，符合"以同相类"的编排宗旨。

　　《说苑》是按照两两相对的原则来编排书序的，或"以同相类"，或"以异相明"，还要进一步说明的是，这种编排在很大程度上得益于《周易》本经的对卦式结构。做出这一推测的理由有二：

　　第一，编纂者的知识结构提供了可能。刘向曾研习《周易》，这在史书中有明确记载。《汉书·楚元王传附刘歆传》："歆及向始皆治《易》"②，《汉书·儒林传》："刘向校书，考《易》说"③，可见，刘向对《易经》是十分熟悉的。而且，在《说苑》之前，就目前常见的典籍而言，只有《易经》是按照两两相对的原则编排的。

　　第二，《说苑》本身提供了内证。《说苑》是经过精心编撰的作

① （汉）刘向撰，向宗鲁校证：《说苑校证》，中华书局1987年版，第343页。
② （汉）班固撰，（唐）颜师古注：《汉书》第七册，中华书局1962年版，第1967页。
③ （汉）班固撰，（唐）颜师古注：《汉书》第十一册，中华书局1962年版，第3601页。

品,刘向在《说苑序奏》中自云:

> 所校中书《说苑杂事》……其事类众多,章句相溷,或上
> 下谬乱,难分别次序……令以类相从,一一条别篇目,更以造
> 新事十万言以上,凡二十篇,七百八十四章,号曰《新苑》,皆
> 可观。①

这篇《序奏》道出了作者所下的编撰功夫,说明该书的结构不是随
便安排,而是有意为之的,经过了一番"令以类相从,一一条别篇
目"的着意加工。而这加工,很有可能是借鉴、效仿了《周易》本经
的结构方式。

二、包举宇宙式结构

沟通天地人,在著作的结构中体现宇宙意识,是《吕氏春秋》
的创作宗旨及结构编排特点。这一特点并非无所依傍、自出机杼,
而是其来有自,其渊源便是《周易》本经。

《周易》本经这个特点主要表现在两个方面:

第一,《周易》卦象之后系以卦爻辞这个最基本的结构之中,
蕴藏着沟通天地人的信息。《周易》共有六十四卦,卦象是由八个
经卦重叠交错组合而成。依据《说卦》的解释,乾、坤、震、兑、坎、
艮、离、巽等八个经卦最基本的象征之物是:天、地、雷、泽、水、山、
火、木,卦象全部取自自然现象。卦象来自自然,卦爻辞与人事密
切相关。设立卦象的目的,也正在于对应解说人事,预测人事吉
凶。这种卦象与文字相对应,天地自然万象与人事相对应的结构,
包蕴着沟通天地人的意向。

---

① (汉)刘向撰,向宗鲁校证:《说苑校证》,中华书局1987年版,第1页。

　　第二,六十四卦上经和下经的编排也包蕴着沟通天地人的意向。《周易》本经分为上、下两部分,上经三十卦,下经三十四卦。这种分经方式由来已久,在西汉前已经确定。为什么采用了这种分次,而没有采取每部分三十二卦、平分秋色的结构? 这种结构编排是不是隐寓着编撰者的某种哲思? 上经起首两卦是《乾》和《坤》,象征天与地,讲的是天道与地道;下经首卦是《咸》,讲的是人道之始。可以说,在对上、下经分编的结构安排之中,蕴含了天地人相呼应的关系。

　　《易传》对六爻来源的解说,揭示出《周易》本经隐含的沟通天人特性。《系辞下》曰:

　　　　《易》之为书也,广大悉备。有天道焉,有人道焉,有地道焉,兼三材而两之,故六。六者非它也,三材之道也。道有变动,故曰爻。①

《说卦》曰:

　　　　昔者圣人之作《易》也,将以顺性命之理,是以立天之道,曰阴与阳,立地之道,曰柔与刚,立人之道,曰仁与义。兼三才而两之,故《易》六画而成卦。分阴分阳,迭用柔刚,故《易》六位而成章。②

《易传》指出《周易》本经"广大悉备"的特点,即包容天地人,把六

① （清）阮元校刻:《十三经注疏（清嘉庆刊本）》第一册,中华书局 2009 年版,第 188 页。
② （清）阮元校刻:《十三经注疏（清嘉庆刊本）》第一册,中华书局 2009 年版,第 196 页。

爻的来源和性质归结于创制《周易》者对天道、地道、人道的参照和取用。

为什么《周易》本经会有这样一种结构,是编撰者有意为之,还是无意而成?应该说,尽管后人对编撰者用意的推测可能并不完全符合其原创时的精神,但有一点是无可置疑的,即,编撰者如此安排结构,绝非妙手偶得之,而是有总体构想的,否则不可能如此严整缜密。

《周易》本经沟通天人的结构编排体例,在秦代的《吕氏春秋》一书中得到回应。《吕氏春秋·序意》篇对该书的创作宗旨与目的作了如下说明:“上揆诸天,下验之地,中审之人。”又说:“天曰顺,顺维生;地曰固,固维宁;人曰信,信维听。”[1]这里,同样也对天道、地道、人道,即天地人的固有本质作了界定,确切表明其意在沟通天地人的创作目的和气魄。而且,编撰者的确是依照这个宗旨来设计全书结构的。在把沟通天地人这一宏大观念具体化在书的结构中时,《吕氏春秋》有自己的特点,与《周易》本经不尽相同。

《吕氏春秋》建构了一个象征性的时空构架,以此来实践沟通天地人这个结构原则。全书分为三部分:十二纪、八览、六论。十二纪是按照春夏秋冬时间序列编排的,是时间纵向流程。其八览和六论,正如杨希枚所论:“《吕氏春秋》的八览、六论也同样是或象地数,或象天地交泰之数,尤或隐寓六合、六虚、六漠、八极、八表、八弦之类的宇宙观思想。”[2]如此一来,十二纪包纳了春夏秋冬

---

[1] 许维遹:《吕氏春秋集释》,中华书局2009年版,第274页。
[2] 杨希枚:《先秦文化史论集》,中国社会科学出版社1995年版,第722页。

时间概念，八览和六论包纳了天地八方空间概念，二者合起来就是一个涵容天地的宇宙。

《周易》本经与《吕氏春秋》二书不仅在结构编排上有近似的特点，它们还具有几个共同的基本结构数字：四、八、六。

据《系辞上》的解释，八卦的产生是源于太一生两仪，两仪生四象，四象生八卦。所谓四象就是四时。《周易》本经的基本结构是八卦，每卦六爻。由此衍生出六十四卦，三百八十四爻。那么，四、八、六也是《周易》的结构数字。《吕氏春秋》十二纪以春夏秋冬四时为序，共六十篇；八览每览八篇论文，共六十四篇，六论每论六篇，共三十六篇。这样，其基本结构数字也是四、八、六，与《周易》相同。

《周易》本经和《吕氏春秋》都有四、八和六这几个结构数字，二者之间是否存在联系，存在着怎样的联系？我们认为，这几个基本结构数字都与时空概念密切相关；编撰者运用它们所要表达的哲学意蕴是一致的，都意在建构一个包举宇宙的时空框架。

"四"与春夏秋冬四时联系在一起，《易经》中对此没有明晰的反映，但是，《易传》的阐释揭示出四时在《周易》本经中具有的结构地位。《说卦》在解说八卦时，有这样一段以时空为线索的论述：

> 万物出乎《震》，《震》，东方也。齐乎《巽》，《巽》，东南也……《离》也者，明也，万物皆相见，南方之卦也……《坤》也者，地也，万物皆致养焉……《兑》，正秋也，万物之所说也……战乎《乾》，《乾》，西北之卦也，言阴阳相薄也。《坎》者，水也，正北方之卦也，劳卦也，万物之所归也……《艮》，东

北之卦也,万物之所成终,而所成始也。①

这里把八卦解说成是按照时空序列组织的,在表述上采取了错综互文见义的方法,需要稍加辨识。作者把万物的生、养、归、终生命过程的完成与八卦联系起来,把空间方位与八卦相对应。虽然其中只把"兑"与时序相对应,认为"兑"时属正秋,但从这一条对应中,不难看出作者的总体思路:八卦与四时相对应。这段论述正如潘雨廷所说,是"说明八卦周流的时空结构,时即春夏秋冬,位为东南西北"②。

对《乾》卦辞中的"元亨利贞"四个字的解释,后人也不自觉地引入了四时的概念。朱熹在《周易本义》卷一中释曰:

> 元者,生物之始,天地之德莫先于此,故于时为春……亨者,生物之通,物至于此莫不嘉美,故于时为夏……利者,生物之遂,物各得宜,不相妨害,故于时为秋……贞者,生物之成,实理具备,随在各足,故于时为冬……③

他把万物的生命流程和四时完全对应,并以此来解说"元亨利贞"。

《周易》本经的四时结构处于隐蔽状态,需要后人费力地猜测和勾抉。《吕氏春秋》十二纪以四时为序的结构特点则十分显著,而且,其中同样蕴含着与四时相应的生命流程观念:"春夏秋冬四纪,显系春言生,夏言长,秋言收,冬言藏。每纪所系之文,亦皆配

---

① (清)阮元校刻:《十三经注疏(清嘉庆刊本)》第一册,中华书局2009年版,第197页。

② 潘雨廷:《周易表解》,上海社会科学院出版社1993年版,第11页。

③ (宋)朱熹撰,廖名春点校:《周易本义》,中华书局2009年版,第35页。

合春生、夏长、秋收、冬藏之义。"①

　　八和六这两个数字经常与空间概念联系在一起。例如，《庄子·田子方》："挥斥八极"②。《荀子·解蔽》："明参日月，大满八极，夫是之谓大人。"③八极，就是八方。《楚辞·远游》："经营四荒兮，周流六漠。"洪兴祖补注："汉《乐歌》作'六幕'，六合也。"④《庄子·齐物论》："六合之外，圣人存而不论。"成玄英疏："六合，天地四方。"⑤《庄子·应帝王》："以出六极之外，而游无何有之乡。"成疏曰："六极，犹六合也。"⑥《列子·仲尼》："用之弥满六虚，废之莫知其所。"⑦六漠、六合、六虚，指的都是上下四方立体空间。

　　《周易》本经包含着对八和六的哲学化因素，《易传》，尤其是《系辞》和《说卦》完成了对它们的哲学化。在《易传》之后，人们大多把八这个数字解说为与《周易》八卦相关。汉代服虔注解《左传》的"八风"时说："谓八卦之风。"《史记·太史公自序》中提到"八位"这个概念，张晏集解曰："八位，八卦位也。"⑧《大戴礼记·

---

① 陈奇猷：《吕氏春秋校释》，学林出版社1984年版，第3页。

② （清）郭庆藩撰，王孝鱼点校：《庄子集释》中册，中华书局2012年版，第725页。

③ （清）王先谦撰，沈啸寰、王星贤点校：《荀子集解》，中华书局1988年版，第397页。

④ （宋）洪兴祖撰，黄灵庚点校：《楚辞补注》，上海古籍出版社2015年版，第273—274、276页。

⑤ （清）郭庆藩撰，王孝鱼点校：《庄子集释》上册，中华书局2012年版，第83、85页。

⑥ （清）郭庆藩撰，王孝鱼点校：《庄子集释》上册，中华书局2012年版，第293页。

⑦ 杨伯峻：《列子集释》，中华书局1979年版，第145页。

⑧ （汉）司马迁：《史记》第十册，中华书局1982年版，第3290页。

本命》曰:"八者,维刚也,天地以发明,故圣人以合阴阳之数也。"卢注:"八为八维,八卦之数也。"①

《吕氏春秋》把风与八个方位相配。文曰:"何谓八风? 东北曰炎风,东方曰滔风,东南曰熏风,南方曰巨风,西南曰凄风,西方曰飂风,西北曰厉风,北方曰寒风。"②在八览首篇《有始览》中提出八个方位,作者或有深意存焉。

三、序在书末的体例

古书序在书末的体例是学界共识,而且被用作一条考订古籍编次的重要依据③。这种体例是从哪一部书开始确立的,古人对此曾有所议论。刘勰《文心雕龙·宗经》云:"故论、说、辞、序,则《易》统其首。"④他认为《周易》开创了序这种文体。清代姚鼐在《古文辞类纂·序目》中指出:"序跋类者,昔前圣作《易》,孔子为作《系辞》《说卦》《文言》《序卦》《杂卦》之传,以推论本原,广大其义。"⑤也就是说,《易传》是序跋文的始祖。虽然《易传》并非孔子所作,但认为序跋源于《易传》,则是很有见地的看法。为什么刘勰和姚鼐会持有这个观点呢? 或者说,就哪个意义层面而言,序这种文体是由《周易》开创的?

---

① (清)王聘珍撰,王文锦点校:《大戴礼记解诂》,中华书局1983年版,第252页。

② 许维遹:《吕氏春秋集释》,中华书局2009年版,第279页。

③ 除书末之序外,序还有书中各篇章前的小序类,如《诗》《书》之序,《史记》十二诸侯年表、六国表等年表前之序;以及刘向父子奏校书毕所作之序,这些不在本章论述之列。

④ (南朝梁)刘勰著,詹锳义证:《文心雕龙义证》,上海古籍出版社1989年版,第78页。

⑤ (清)姚鼐纂集,胡士明、李祚唐标校:《古文辞类纂》,上海古籍出版社2016年版,第3页。

　　编排在《周易》经文后面的传文，共有七种，分为十篇。《彖》传解释卦名、卦义及卦辞。《象》传中的《大象》解释卦形所象之物及卦义，《小象》逐条解释爻辞。《文言》是对《乾》《坤》两卦卦义及每条爻辞的解说。《系辞》反复阐释《易经》的创制、功用、筮法及《易》道的广大精深。《说卦》主要阐述八卦的形成、性质及所象征之物。《序卦》解说六十四卦的编排次序。《杂卦》以两卦为一组来解释六十四卦的卦义，重在揭示其对立统一关系。

　　七种传文既非作于一时，又非出于一人之手。不过，把七种传文视为一个整体加以考察，它们涉及的内容则具有后世所说的序的特征。《易传》可以看作是从各个方面对《周易》本经所作的一篇总序。也正是在这个意义上，刘勰和姚鼐才提出《周易》，确切地说是《易传》，是序这种文体的本原。

　　这篇规模宏大、意蕴丰富的总序，为书序的编排位置、内容及行文风格，都提供了一个可资参考借鉴的范例。因而，可以说，序在书末的体例是从《周易》开始的。

　　从序所在的位置上看，尽管《周易》经传合编始于西汉，但传文的写定在经文之后，这点是确定无疑的。这些附在《周易》本经后面的传文，对后世著作中作者自序的位置产生了启示作用。汉代作品中有这样几篇序比较重要，它们所在的位置无一例外，都是在书末，它们是《史记·太史公自序》《淮南子·要略》《法言·序》《汉书·叙传》《论衡·自纪》。再往后延伸，常璩《华阳国志》的《序志》，葛洪《抱朴子》的《自叙》，刘勰《文心雕龙》的《序志》等，也都是这种体例。

　　从书序的内容上看，《易传》具有兼容并包的性质，涵盖了后代书序涉及的所有内容。后代的书序内容都能够在《易传》中找到与之相应的部分,找到它们的原初形态。

《易传》七种的内容大体包括以下几个方面:《易》卦的起源、《易》的功用、作者以及对《周易》本经具体内容的阐释。后代书序的内容也都不出这个范围,都选择了同样的角度来为著述作序。

《易传》中的《系辞》和《说卦》对《周易》的起源、创制目的等问题作了阐发。《系辞上》曰:"圣人设卦观象,系辞焉而明吉凶。""《易》有太极,是生两仪。两仪生四象,四象生八卦,八卦定吉凶,吉凶生大业。"《系辞下》曰:"古者包牺氏之王天下也,仰则观象于天,俯则观法于地,观鸟兽之文,与地之宜,近取诸身,远取诸物,于是始作八卦,以通神明之德,以类万物之情。"①创制《周易》本经的人是圣人,是远古传说时代的三皇之一包牺氏。八卦起源于天地四时的流衍运行,圣人参悟天地人万象,始作八卦,目的是预知人事的吉凶。

后代的书序也大都包含这类内容。《淮南子·要略》阐明作书目的:"夫作为书论者,所以纪纲道德,经纬人事,上考之天,下揆之地,中通诸理。"②《史记·太史公自序》和《汉书·叙传》等自序都有类似的文字,说明创作的缘起、创作的目的。

《易传》中的《象》和《大象》都阐述了《易经》六十四卦每一卦的精义,在汉代书序中也能找到与之相对应的部分。《淮南子·要略》对全书二十篇各篇精神依次作了说明。《史记·太史公自序》对全书十二本纪、十表、八书、三十世家、七十列传的要旨逐一

① (清)阮元校刻:《十三经注疏(清嘉庆刊本)》第一册,中华书局 2009 年版,第 158、170、179 页。
② (汉)刘安编,刘文典撰,冯逸、乔华点校:《淮南鸿烈集解》,中华书局 2013 年版,第 700 页。

概括，《汉书·叙传》也对十二纪、八表、十志、七十传的主要内容做了总结。

《易传》中的《序卦》解说了六十四卦的编排顺序。例如对《乾》《坤》《屯》《蒙》的内在逻辑联系，《序卦》给予这样的阐释："有天地，然后万物生焉。盈天地之间者唯万物，故受之以《屯》。屯者，盈也。屯者，物之始生也。物生必蒙，故受之以《蒙》。蒙者，物之稚也。"①先有天地，乾象征天，坤象征地，然后才有万物生长。万物充盈于天地之间，所以接下来的是《屯》，因为屯有两个含义：一是充盈，二是万物始生。物生之始，是幼稚的，所以接下来便是《蒙》。蒙的意思是指物初生时幼稚、浑朴的状态。以此类推，《序卦》揭示了六十四卦排序的内在关联。不论《序卦》作者的解释是否符合最初创制六十四卦之人的本来意图，《序卦》从卦序角度来理解整部《周易》本的做法还是可取的，有助于后人对全书整体结构以及每卦卦义的理解。

汉代序文中也不乏对该书排列顺序的解说。《淮南子·要略》"凡属书者，所以窥道开塞"②一段，就论述了该书编排次序的内在逻辑结构。著书的目的在于窥知"道"的内涵，打开闭塞的知识之门，这说明了以《原道训》作为全书之首的原因。如果不知晓道的终始，那么就不知依傍，于是论说终始问题，这是在解释为什么第二篇是《俶真训》。如果论说了终始问题，而不知晓天地四时，就不知道应避讳什么，这里解释第三篇《天文训》、第四篇《地

---

① （清）阮元校刻：《十三经注疏（清嘉庆刊本）》第一册，中华书局 2009 年版，第 200 页。

② （汉）刘安编，刘文典撰，冯逸、乔华点校：《淮南鸿烈集解》，中华书局 2013 年版，第 706 页。

形训》、第五篇《时则训》为什么排在《俶真训》之后。如此等等,不必一一。就这样由上一个论题层层牵引出下一个论题,阐明了全书二十篇由天道而至人事,再及帝道之间的编排思路。这部分与《易传》的《序卦》体例非常相似。

从行文风格上看,后代的序也与《易传》具有相似性。《序卦》和《杂卦》这两篇文章的行文都异常简明扼要。《杂卦》全篇仅三百余字,就把六十四卦各卦的宗旨解说得清清楚楚。通常每卦只用一两个字说其要义。如"《萃》聚,而《升》不来也。《谦》轻,而《豫》怠也"①。《序卦》因重在解说顺序,故文字稍繁,也仅一千余字。其中说及各卦卦义时,大多数也是只用一两个字,点到即止。如:"《蛊》者,事也","《贲》者,饰也","《渐》者,进也","《丰》者,大也。"②

汉代序文,如《史记·太史公自序》《扬子法言·序》《汉书·叙传下》等,其行文风格无一不与《序卦》《杂卦》相近,都是文字省净,言简意赅。《太史公自序》论及各篇创作意图及旨要,基本上采用了以四言为主的短句。例如,"末世争利,唯彼奔义,让国饿死,天下称之,作《伯夷列传》第一。""楚汉相距荥阳,而韩信为填颍川,卢绾绝籍粮饷,作《韩信卢绾列传》第三十三。"③韩卢两人,每人只用四个字便道出了他们在两军对垒时的主要功劳,简要至极。

---

① (清)阮元校刻:《十三经注疏(清嘉庆刊本)》第一册,中华书局2009年版,第202页。
② (清)阮元校刻:《十三经注疏(清嘉庆刊本)》第一册,中华书局2009年版,第201页。
③ (汉)司马迁:《史记》第十册,中华书局1982年版,第3312、3315页。

《汉书·叙传下》论述篇章大意，不仅全部采用了短句，而且还全部采用了四言诗的方式，进一步提炼了文字。如"《坤》作坠势，高下九则；自昔黄唐，经略万国；变定东西，疆理南北。三代损益，降及秦汉；革划五等，制立郡县；略表山川，彰其剖判。述《地理志》第八。"①不仅简明，而且还增加了声韵美，读来琅琅上口。

扬雄的《法言序》篇幅很短，不像《淮南子·要略》《太史公自序》和《汉书·叙传下》等篇章那样内容丰富，多所涉及；而是只依次说明全书十三卷各卷概要，文字尤其简省，大多只用寥寥三五短句点明卷旨。例如，概述首卷《学行》，曰："天降生民，倥侗颛蒙，恣乎情性，聪明不开，训诸理。撰《学行》。"②全文风格均如此。

简言之，《易传》对汉代序文在书中的位置、涉及的内容、行文的风格都具有启示、制约甚至规范的作用。当然，《周易》经传与后来撰著的序文也有很大的区别。《周易》经传的编撰出自多人之手，作传者与著经者并非一人，汉代的序文则是作者有意为之。这也从一个侧面证明汉代已经萌生了撰著自觉的精神，著书者要自己解说其撰述之苦心孤诣，以期他人能更好地理解其一家之言。

四、经传合编与论说文

《周易》本经成书较早，给经作传也较早。战国时期，已经撰定并广泛流传对《周易》本经所作的阐释、说明性质的文字，包括《彖》（上、下）、《象》（上、下）、《文言》《系辞》（上、下）、《说卦》《序卦》《杂卦》等七种，合称"十翼"。最初经传各自成书，自西汉

---

① （汉）班固撰，（唐）颜师古注：《汉书》第十二册，中华书局 1962 年版，第4244 页。
② （汉）扬雄撰，张震泽笺注：《扬雄集校注》，上海古籍出版社 1993 年版，第417 页。

费直,经传开始合编。经传合编,不只《周易》如此,秦汉典籍中还有一些作品也采取了这种结构编排体例,大体有以下三种形式。

第一,一部书为另一部书作传,合编在一起。如,为《诗经》所作的传文,《毛传》和郑玄的《笺》流传最广。《汉书·艺文志》载:"《毛诗》二十九卷,《毛诗故训传》三十卷。"①据此,《毛传》是否和《诗经》编排在一起,还不太清楚。清人陈奂《诗毛氏传疏·叙录》推测其编排情况是"此盖以十五《国风》为十五卷,《小雅》七十四篇为七卷,《大雅》三十一篇为三卷,三《颂》为三卷,合为二十八卷,而序别为一卷,故为二十九卷。毛公作《故训传》,时以《周颂》三十一篇为三卷,而序分冠篇首,故合为三十卷。今分作三十卷者,仍《毛诗》旧也。"②由此看来,《毛诗》与《毛诗故训传》当为经传合编的方式。

第二,在同一部书中,部分篇章另外有传,传也编排在该书中。《管子》中有五篇这种经传式结构的作品。《牧民》(第一)有与其相对应的《牧民解》(第六十三,今亡)为它作传,《形势》(第二)有《形势解》(第六十四),《立政》(第四)有《立政九败解》(第六十五),《版法》(第七)有《版法解》(第六十六),《明法》(第四十六)有《明法解》(第六十七)。《墨子》中《经上》《经下》两篇分别有《经说上》《经说下》两篇为它们作传。

《管子》的《形势解》《版法解》《明法解》是对应《形势》《版法》和《明法》三篇经文依次逐句作传。《立政九败解》逐句解说《立政》中"右九败"一段。从这几篇作传的方式来推测,亡佚的

① (汉)班固撰,(唐)颜师古注:《汉书》第六册,中华书局1962年版,第1708页。
② 陈奂:《诗毛氏传疏》,中国书店1984年版,第2—3页。按:影印古籍无现代页码,所标为古籍版心页码。

《牧民解》也应该是这种作传方式。

《韩非子》中的《解老》篇是为《老子》部分语句所作的传，全部都是理论阐说，《喻老》篇是用具体事例解说《老子》部分语句，以发明其意。这两篇也是经传体结构。《淮南子·道应训》选用列举了五十个历史故事和寓言，对《老子》部分语句作了生动形象的阐发，也属于经传式结构的篇章。

第三，在同一篇文章中，采取了经传式结构，前经后传。《管子》的《宙合》《心术上》《韩非子》的《内储说》《外储说》等篇都采用了先列经义、再详加解说的经传式结构。

《宙合》和《心术上》两篇是在一文内明显分为两部分：前半部分是寓含哲理的格言式语句，后半部分是对前文的逐句解说和发挥。《内储说》和《外储说》两篇也是如此，文章前为经，后为传。前文着重阐明观点，后文则就前文提到的典故、事例详加叙述。而且在前文结束时，明确标有"右经"字样，它们是十分典型的经传体结构。

把一部书的经传结构编排方式以同样的结构方式平移、微缩在一篇文章之中，就成为上面这种经传式结构的文章。从结构方式角度考察，这种类型的文章与前面两种书的结构编排是相同的，都采用了经传式结构，而且都能够在《周易》经传形式中找到可以与之相对应、相比照的部分。虽然不能说上面三种类型的著作和文章都是借鉴了《周易》经传合编的结构方式，但是可以说，《周易》传文包含了在它之前、与它同时和稍后于它的其他各种著作、文章中出现的所有传文样式，是经传合编这种结构编排方式的代表。

研究以《周易》为代表的经传体结构方式，能够对论说文这种重要文体的起源、发展和演变给出新的解释。近来比较通行的观点是，论说文起源于战国策士和纵横家的论辩。但是，他们的论辩绝大多数还只是口头论辩，比较随意，没有经过精心的编排和加工，缺乏严谨的结构形式，没有形成统一的规范，更没有为后世论说文提供确切的、可供模仿的结构范型。我们认为，以《周易》为代表的经传式结构编排体例，对论说文的结构从深层思维方式角度起到了一定的启示和规范作用。① 虽然《周易》经传合编是在西汉时确立的，但在此之前，给经作传早已流行于世，把经和传联系起来已经成为人们习惯运用的一种思维方式。这种经传体结构编排方式与论说文规范形态的形成，即经的部分演化成论说文中的论点，而传则演变为论据和论证。规范的论说文结构于是成为这样一种范型：首先提出论点，进而对论点一一加以论证解说，先总说，后分说，文章组织严密，结构严谨。

在从经传体文章向规范论说文转变的过程中，众体兼备的《韩非子》中存在不同形态的论说文，其中既有原始形态的经传式结构，也有由此演化而来的典型、规范的论说文，即已经发展成熟的先总说、后分说的论说结构；既呈现出过渡形态，也标示着论说文结构的确立，其中保存着论说文这种文体自原初形态至结构定型的演变、成熟轨迹。

《内储说》和《外储说》的经传式结构已如上述，下面就《韩非子》中由经传式结构演化而来的论说文试举例说明。《十过》和《三守》两篇的结构都可视为论说文的典范。《十过》可以分为两

---

① 刘勰早就指出"故论、说、辞、序，则《易》统其首"（《文心雕龙·宗经》），"圣哲彝训曰经，述经叙理曰论。"（《文心雕龙·论说》）参见（南朝梁）刘勰著，詹锳义证：《文心雕龙义证》，上海古籍出版社1989年版，第78、665页。

部分，前一部分也就是文章的第一段，是论点部分，相当于经；后一部分是其后的十段，是文章的论据和论证部分，相当于传。第一段首先提出"十过"①这个概念，随即简要说明十过的内容，给十过分别下定义，仿佛一部书的目录。接着十个段落，都以"奚谓……"这样的问句开头，自问自答，用历史上的事例分别论述十过的含义和危害。全篇脉络非常清晰，结构十分严整。后代论说文大多都采用这种先总说、后分说的结构方式，自然而然地成为一种规范。

　　《史记·太史公自序》收录的司马谈《论六家要旨》一文就是先总说、后分说的论说结构，远承经传式作品，近承《韩非子》的论说文。文中司马谈论述了阴阳、儒、墨、名、法、道德等六家学说的主旨。文章明显分为两部分，首段概述六家要义，接下来便用六小节依次对前面所提出的六家要义详加阐述。

　　贾谊的《新书》中的《匈奴》和《陈政事书》两篇论文也是这种由经传式结构演化而来的文章。《匈奴》在总说部分提出"建三表、设五饵"②的总纲，随后的议论就围绕"三表"和"五饵"的具体含义、如何"建""设"它们而展开。《陈政事书》也是一篇先总说、后分说结构的论说文。开篇先声夺人，提出"臣窃惟事势，可为痛哭者一，可为流涕者二，可为长太息者六"③，这是文章的总说部分。分说部分就三个"可为"逐项解说、论证。这两篇文章都一气呵成，首尾相应，它们清晰的脉络、严整的结构使读者能够很容易地把握作者的思路，理解作者的见解。

　　以《周易》为代表的经传体结构编排方式，是后世论说文先总

---

① （清）王先慎撰，钟哲点校：《韩非子集解》，中华书局2016年版，第63页。
② （汉）贾谊撰，阎振益、钟夏校注：《新书校注》，中华书局2000年版，第135页。
③ （汉）贾谊撰，阎振益、钟夏校注：《新书校注》，中华书局2000年版，第29页。

说、后分说结构的始祖,二者之间存在隐约的、然而又是确实的关联。经传式结构在论说文文体结构的形成和确立过程中起到了不容忽视的作用。当然,论说文的起源不仅是本章论及的这一种,它还包括其他诸多方面的因素,具有多源性。

第三章 《周易》的典型意象与上古文学的艺术原型

第一节 《周易》马龙原型与上古文学的相关意象

马是《周易》中出现频率较高的一个意象。自从人类驯服野马之后，马就成为人类的亲密伙伴，与人类的生活息息相关。于是，马很早就进入人们的审美视野，成为文学表现的重要对象。《周易》虽然不是文学作品，但是，其卦爻辞对马的描述颇具文学色彩。因而，它们提供的就不只是历史生活镜头，还包括人类对马的某些基本认识和特殊的感情。考察马意象的内蕴演变，有助于认识文学发生与发展的某些规律。

一、《周易》马原型及相关事象

《周易》本经涉及马的卦爻辞共有十一条。马意象烙刻着原始抢婚习俗的印迹。《屯》六二云："屯如邅如，乘马班如，匪寇，婚媾。"六四云："乘马班如，求婚媾。往吉，无不利。"上六云："乘马班如，泣血涟如。"①乘马之人，成群结队地前来，乍一看，与前来抢

---

① （清）阮元校刻：《十三经注疏（清嘉庆刊本）》第一册，中华书局2009年版，第35、36、36页。

掠的敌人没有任何差别。仔细辨认,才知道原来不是敌寇而是前来求婚的。即将大婚的女子在马上涕泣不止,泪水涟涟。《贲》六四云:"贲如,皤如,白马翰如,匪寇,婚媾。"①白马经修饰,大放光彩,蹄轻行疾,英姿飒爽。同样,它承载的也不是意在掠夺的寇敌,而是迎娶新妇的男子。

马是阳刚力量的体现,意味着强悍、抢劫、攻击性与侵犯性行为。屯如、邅如、班如,都是指马成群结队的样子,这是对马进行动态的描写。《贲》卦还对马进行外在形貌的描写。对人而言,马本身不能为匪为寇,不能求婚,是乘马的人为匪寇,为婚媾。马给人以视觉冲击力,马既是人驾御的对象,又是驾御者本身力量的体现。爻辞叙述的是人事,但选择的描写对象是马,而不是乘马之人。观察马的角度,是被动的一方,而不是主动者。爻辞潜隐着的一条情感线索,人们看到高大雄壮的马前来,不由自主地产生恐惧,以为是敌人来了,最终明白是求婚的,这才放心,长舒一口气。人们经历了由紧张惊恐到放松释然的心理变化过程。《屯》卦和《贲》卦还不尽相同。《屯》卦把注意力落在马的行动上,更多恐慌的意味;《贲》卦的马意象多了层外在形貌色彩的描写,具有安闲、欣赏、喜庆的气息。

"匪寇,婚媾"的判断,表明乘马者经常是为寇的。马,往往是战争的象征。所以,人们一见到马才会首先联想到进犯的敌寇。《老子》第四十六章曰:"天下有道,却走马以粪;天下无道,戎马生于郊。"②这

---

① (清)阮元校刻:《十三经注疏(清嘉庆刊本)》第一册,中华书局 2009 年版,第76 页。

② (魏)王弼注,楼宇烈校释:《老子道德经注校释》,中华书局 2008 年版,第125 页。

里,马也是作为战争的象征而出现的。他人乘马意味着进犯,自己一方当然也要娴习车马技艺,一要应敌,二为进攻他人做准备。《周易·大畜》九三云:"良马逐,利艰贞。曰闲舆卫,利有攸往。"①古代作战,三人居车上,为一舆,七十二步卒在车下,为一卫。这条爻辞展示的是良马奔逐,武士演练熟习车马防卫与进攻技能的场面。对此,编撰者的价值判断是:这样能够度过艰难险厄,即能够保卫自身的生命财产安全;还有利于有所前往,即开疆拓土,增加财富。不仅是被动的防御,还可以主动地出击。《大畜》卦的宗旨是大作畜聚之事。战备,自是国家部落氏族的重要积蓄。马的数量的多少与质量的高低,是衡量一个部族基本实力的重要标尺。因而,大力蓄积良马,训练车马,是十分重要的事。马匹雄壮代表力量、安全和强盛,对此,编撰者所下断辞都是吉利的。在原始野蛮时代和蒙昧时代,这种认识当然是正确的,马所代表的武力是巩固国家或部落的重要手段。随着社会的发展,如果仍然把马匹的数量看作是国防安全的充分条件,就未免有失偏颇。春秋时代的晋平公就犯了这样的错误。《左传·昭公四年》记载,晋平公认为"晋有三不殆",其一是"国险而多马"。国家多产马匹,是晋平公安全感的重要凭恃。司马侯不以为然,提出反对意见。他说:"冀之北土,马之所生,无兴国焉。恃险与马,不可以为固也,从古以然。是以先王务修德音,以亨神人,不闻其务险与马也。"②晋平公只重客观外在的条件,看重武力,显得原始而片面。

---

① （清）阮元校刻:《十三经注疏（清嘉庆刊本）》第一册,中华书局2009年版,第81页。

② 杨伯峻编:《春秋左传注（修订本）》第四册,中华书局2009年版,第1246—1247页。

司马侯注重德治的力量，提出了巩固国家的新方法和新课题。

丧马在《周易》马意象群中显得比较重要。《睽》初九云："悔亡。丧马勿逐，自复。"①《睽》卦讲述一个人离家在外独自流浪的遭遇。丧马，是失阳之象。爻辞告诉占问者，丢失了马匹，不必去追逐寻找，它自己会回来的。这很可能是对人们实际生活经验的总结，后代的故事证明马确实有识路的本领，《韩非子·说林》记："（齐）桓公伐孤竹，春往冬反，迷惑失道。管仲曰：'老马之智可用也。'乃放老马而随之，遂得道。"②老马具有辨识旧途的本领，在战争中还起到一定的作用。《淮南子·人间训》的一则寓言，更好似《睽》初九爻辞的具体化、文学化。寓言称北塞上之人，其马亡入他界，居数月，其马将一骏马而归。这匹亡失的马，不仅识途而返，还给主人带回另一匹骏马。③ 由此看来，《睽》卦所言"丧马勿逐，自复"，简直可以视作这则寓言的情节原型。

《周易》中还有一条与丧马相关的爻辞，它是否来自实际生活经验，其渊源何自，令人难以索解。《中孚》六四云："月几望，马匹亡，无咎。"④月亮将要盈满的时候，马亡失了。对人而言，它没有什么灾害。朱骏声注云："月精为马，马十二月而生。"⑤不知他依据什么文献而作此判断。若依此说，则马成为阴柔的象征，这很难

① （清）阮元校刻：《十三经注疏（清嘉庆刊本）》第一册，中华书局 2009 年版，第104 页。
② （清）王先慎撰，钟哲点校：《韩非子集解》，中华书局 2016 年版，第 188—189 页。
③ （汉）刘安编，刘文典撰，冯逸、乔华点校：《淮南鸿烈集解》，中华书局 2013 年版，第 597—598 页。
④ （清）阮元校刻：《十三经注疏》第一册，中华书局 2009 年版，第 146—147 页。
⑤ 朱骏声：《六十四卦经解》，中华书局 1958 年版，第 268 页。

说通。他的解说给本来已经神秘莫测的"马匹亡"事象，又增加一层扑朔迷离的色彩。从阴阳象征角度考察，爻辞表现的是阴方盛未盈而阳刚失损的观念，马是阳刚的象征。除此，这条爻辞还包含什么文化意蕴？月盛与马亡两个事象之间是毫不相干，还是存在某种内在联系？编撰者是随意把它们联结在一起，还是有所凭依？后代匈奴民族的一个习俗为我们揭开解答上述问题提供了可贵的线索。《史记·匈奴传》载，匈奴人"举事而候星月，月盛壮则攻战，月亏则退兵"①。匈奴人生活在西北地区，周族亦发祥于西北，匈奴的习俗，与周族文化是血脉相连的。匈奴人在月盛壮的时候发动战争，攻袭他人。月亏缺的时候，他们就退兵。匈奴人是否出兵决定于月的盈亏。而攻战，离不开马。马，是战争的象征。《尚书·周书·武成》记，武王克殷以后，"乃偃武修文，归马于华山之阳"②。放马华山，表示不再征伐攻战，是停战的标志。结合匈奴习俗，我们完全有理由认为，"马匹亡"，不应当被拘泥地理解为马丢失，它连缀在"月几望"之后，是指马离开故地，出发到远方去，这是用兵之象，是发动战争的事象。从语义学上考察，马亡失，是离开旧主，离开原来的地方，到别的地方去。由此，可以引申出马出发，奔跑到外地去的意思。这样，《周易》"马匹亡"事象的文化内涵就比较清楚了，它来源于并表现了当时的一种习俗。至于为什么西北古族的攻战退兵以月亮的盈亏为基准，现在仍然没有找到答案，还有待于进一步的探索。

　　马，还是身份尊贵的象征。《晋》卦辞云："康侯用锡马蕃庶，

---

① （汉）司马迁：《史记》第九册，中华书局1982年版，第2892页。
② （清）阮元校刻：《十三经注疏》第一册，中华书局2009年版，第390页。

昼日三接。"①康侯即康叔,周武王之弟,封于卫。康侯对天子所赐的马特别重视,这马,一定不同寻常,必是难得的好马,所以他利用赐马进行繁殖,一白天之内,令马交接三次,表现出对多多繁育优等良马的热切之情。卦辞只是客观地记叙一件事实,我们却能从中看出另一层意蕴:只有天子才拥有世所罕有的宝马良驹,只有贵族才能得到天子赏赐的良马。马是身份地位的象征。

《周易》作者在编撰卦爻辞的时候,输入了和马相关的许多生活事象,有的还富有文学色彩。对于这些生活事象,前代学者已经陆续作过梳理,把它们作为研究周代社会的重要材料。《周易》是一部卦书,用于巫术,它的作者之所以选取众多和马相关的事象,主要不是向人们展示社会生活的丰富多彩,而是暗示某种意义,用以预测未来。和马相关的各种生活事象是作为意义的载体而出现的。但是,和马相关的生活事象及其所暗示的意义,二者的关系并非一目了然、明白易晓,而是若明若暗、隐晦不清,有的甚至隐藏很深,不易被人发现。比如,《明夷》六二和《涣》初六都有"用拯马壮,吉"②之语。这个爻辞究竟表达的是什么观念,历来有各种猜测,但均未能切中肯綮。拯,古代又写作"升"。《广雅》卷三:"升,收也。"王念孙疏证:"升者,取之收也,字亦作'拯'。《周官·职币》注云:'振,犹升也。'《中庸》注云:'振,犹收也。'是'升'与'收'同义。"③拯为收,这样一来,"用拯马壮"爻辞的意义就比较

---

① (清)阮元校刻:《十三经注疏》第一册,中华书局2009年版,第100页。

② (清)阮元校刻:《十三经注疏(清嘉庆刊本)》第一册,中华书局2009年版,第101、144页。

③ (清)王念孙撰,张靖伟等校点:《广雅疏证》,上海古籍出版社2016年版,第533—534页。

明确了，指的是去掉阳刚之性。马是阳刚的象征，故称其为壮。初六、六二都是阴爻，忌用阳刚，所以"用拯马壮"就成了去掉阳刚的暗示语，类似情况在爻辞中还有许多，如：《中孚》六四："月几望，马匹亡"是阴将盛而阳衰之象，《睽》初九"丧马勿逐，自复"则是阳刚虽暂离而终将自还之义。《周易》卦爻辞和马相关的事象都有它的象征意义，可是，挖掘这种象征意义却是颇费周折。哪种意义才是它的本来蕴含，需要反复辨析才能确定，需要靠联想、想象，需要进行细致的文字考辨，有时也要借助于直觉悟性。

马作为阳刚的象征，这种意义在《周易》卦爻辞中是一以贯之的，是程式化的。但是，具体到每卦每爻，选择什么样和马相关的事，《周易》的作者是颇具匠心，经过精心的设计。《屯》卦的宗旨是集合、聚集，因此，所选择的和马相关的事都突出它的群体性。《屯》六二："屯如邅如，乘马班如。"邅如、班如都是群行之象，是成群结队前往。班，或释为盘旋，误。《方言》卷三："班、彻，列也。北燕曰班，东齐曰彻。"①由此可见，班如，是北部方言，表示成群结队之义。《贲》六四："贲如皤如，白马翰如"，也是展示马队迎亲的场面，但在写法上和《屯》卦爻辞明显不同。《贲》卦专讲修饰，因此这条爻辞也就突出对马的修饰，皤如，修饰充分之貌。《左传·宣公二年》曰："皤其腹"②，皤，凸出的样子，爻辞指修饰得很到位。翰，本指鸟或鸟羽，"白马翰如"，翰，既指奔跑之态，又指修饰得很艳丽。由此看来，《周易》卦爻辞在选取与马相关事象时，既能把马象征阳刚的意义一以贯之，又能注意不同场合马的各异形

---

① 周祖谟校笺：《方言校笺（附释名校笺）》，中华书局 2022 年版，第 59 页。
② 杨伯峻编：《春秋左传注（修订本）》第二册，中华书局 2009 年版，第 653 页。

态,体现了统一性和变通性的结合。后一方面是对具体特征的关注,而这正是文学创作的重要原则。和马相关的爻辞之所以具有文学色彩,这是原因之一。

二、《诗经》中的马意象

《诗经》中描写马的形体神态的篇章非常多,马的形象更加鲜明生动,引人注目。

《周易》中的马意象与抢婚习俗联系在一起,《诗经》中的马也关联着婚恋事象。马,是牵联男女恋情的中介,载着男子去晤会其意中佳丽。《鄘风·干旄》云:"素丝纰之,良马四之。彼姝者子,何以畀之?"①诗共三章,反复咏叹此事。马,是迎娶新娘的重要交通工具。《周南·汉广》云"之子于归,言秣其马","之子于归,言秣其驹"。② 女子要出嫁了,男子喂马,做迎亲的准备。《豳风·东山》写归家途中的士兵,回忆当初结婚时的景象是:"之子于归,皇驳其马。"③《小雅·车辖》云:"高山仰止,景行行止。四牡騑騑,六辔如琴。觏尔新昏,以慰我心。"④男子迎娶到新妇,满心欢畅。四匹马奔行在大路上,轻快如飞,六条马缰绳也协调得好像琴弦一样。

同样是把马与婚恋事象联系在一起,《周易》与《诗经》在描写

---

① (清)阮元校刻:《十三经注疏(清嘉庆刊本)》第一册,中华书局2009年版,第673页。
② (清)阮元校刻:《十三经注疏(清嘉庆刊本)》第一册,中华书局2009年版,第592—593页。
③ (清)阮元校刻:《十三经注疏(清嘉庆刊本)》第一册,中华书局2009年版,第846页。
④ (清)阮元校刻:《十三经注疏(清嘉庆刊本)》第一册,中华书局2009年版,第1035页。

的视角、口吻及表达的情感倾向上，存在着细微差异。《周易》是以第三人称叙事的口吻描写事件的发生发展。《诗经》多是第一人称的口吻，以抒情的语调来描述事件。《周易·屯》爻辞所写，保留着人们对原始野蛮习俗的记忆，带有恐惧。相比之下，《诗经》有关章句，则显得温情脉脉，情深意长。《屯》爻辞中的马给人带来紧张之感；《诗经》中的马与人的心境协调一致，是明快的意象。

马是国防实力的象征。《诗经》对此有所表现。《鄘风·定之方中》云："秉心塞渊，騋牝三千。"①赞美卫文公富有政治远见，训练良马三千以备战。《鲁颂·駉》四章，咏叹鲁国养马之多，品种的丰富。仅举首章为例："駉駉牡马，在坰之野。薄言駉者，有骃有皇，有骊有黄，以车彭彭。思无疆，思马斯臧。"②马匹健硕，放牧在原野。有黑马白胯的，有黄白色的，有纯黑的，有黄赤色的。其余三章也是以马的颜色区分种类，分类很细。诗作犹如一幅原野牧马图，诗人描写的语调中，带着欣赏得意，还带点炫耀。

马是战争与狩猎的重要参与者。《诗经》这方面的描写非常多，也非常充分。诗句大多着重于对马外在形体的描写，突出马的高大壮健，整齐，进退有度。如《秦风·小戎》云："四牡孔阜，六辔在手。骐駵是中，騧骊是骖。"③四匹马很高大，青马红马在中间，黄马黑马在两边。《小雅·采薇》云："戎车既驾，四牡业业。岂敢

---

① （清）阮元校刻：《十三经注疏（清嘉庆刊本）》第一册，中华书局 2009 年版，第667 页。

② （清）阮元校刻：《十三经注疏（清嘉庆刊本）》第一册，中华书局 2009 年版，第1313 页。

③ （清）阮元校刻：《十三经注疏（清嘉庆刊本）》第一册，中华书局 2009 年版，第787 页。

定居,一月三捷。驾彼四牡,四牡骙骙。君子所依,小人所腓。"
"四牡翼翼,象弭鱼服。岂不日戒,猃狁孔棘。"①诗人描写周宣王
派兵出征猃狁,将领乘上战车,驾车的四匹马雄骏强壮,行止整齐。
《小雅·六月》云:"戎马既饬,四牡骙骙","比物四骊,闲之维
则","四牡修广,其大有颙"。②《大雅·抑》云:"修尔车马,弓矢
戎兵,用戒戎作,用遏蛮方。"③它们都写到对战车战马的训练,使
之进退协调,整齐如一,目的是戒备少数民族。这些诗句不单纯是
对马的描写,在描写马的雄壮时也透露出人的自信心与勇武。将
领和士兵们的气势靠这些雄赳赳、气昂昂的战马体现出来,在这些
战马身上寄托着胜利的希望。《大畜》九三"良马逐,利艰贞。曰
闲舆卫,利有攸往"的价值取向,在《诗经》上述作品当中得到充分
的展现和发扬。

　　《诗经》有的作品直接用马的壮健和装饰的华贵来衬托人的
雄姿英发,马与人相映生辉。《小雅·采芑》云:"方叔涖止,其车
三千。""方叔率止,乘其四骐。四骐翼翼,路车有奭,簟茀鱼服,钩
膺鞗革。"④方叔南征荆蛮,亲自检阅三千战车。他率领车马大部
队,乘上战车,四匹青马并肩前行,大车赫然鲜红,马鞅有青铜装
饰,马勒是皮制的,也有铜饰。人与马浑然一体,威风凛凛,精神焕

①　(清)阮元校刻:《十三经注疏(清嘉庆刊本)》第一册,中华书局 2009 年版,第
　　883—884 页。
②　(清)阮元校刻:《十三经注疏(清嘉庆刊本)》第一册,中华书局 2009 年版,第
　　907 页。
③　(清)阮元校刻:《十三经注疏(清嘉庆刊本)》第一册,中华书局 2009 年版,第
　　1196 页。
④　(清)阮元校刻:《十三经注疏(清嘉庆刊本)》第一册,中华书局 2009 年版,第
　　910—911 页。

发。它们不仅给人以生命安全的保证和必胜的信心，还包含着美的因子。《大雅·烝民》也是如此。诗云："仲山甫出祖，四牡业业。""四牡彭彭，八鸾锵锵。""四牡骙骙，八鸾喈喈。"①仲山甫将要筑城于齐，四马奔驰，马蹄声声，八个车铃叮叮当当地发出和谐的声响，由马的轻快可以想见人的神采。这是诗的特质，属于文学意象，与用于占卜的《周易》是有差别的。

马在狩猎中也与猎手共同构成独特的壮美风景。《郑风·大叔于田》云："叔于田，乘乘马。执辔如组，两骖如舞。""叔于田，乘乘黄。两服上襄，两骖雁行。""叔于田，乘乘鸨。两服齐首，两骖如手。"②马是阳刚的象征，能够熟练地制服驾御马匹的男子是勇武之士。驾御马匹显示出男性力量。大叔在田猎时，表现出超人的御马本领，马在他的驾御下，周旋进退，如雁如舞。大叔御技圆熟自如，达到出神入化之境，令人激赏。

《小雅·车攻》是描写天子狩猎的作品。诗云："我车既攻，我马既同。四牡庞庞，驾言徂东。田车既好，四牡孔阜。""驾彼四牡，四牡奕奕。""萧萧马鸣，悠悠旆旌。"③天子车马既备，四匹驾车的牡马高大刚壮，精神抖擞。马鸣萧萧，旌旗猎猎，意境肃穆而阔大。

在表现马的阳刚之性阳刚之美方面，与《周易》相比，《诗经》的视野更开阔，形象更鲜明，人的力量与马意象相得益彰，共同构

---

① （清）阮元校刻：《十三经注疏（清嘉庆刊本）》第一册，中华书局 2009 年版，第 1226—1227 页。

② （清）阮元校刻：《十三经注疏（清嘉庆刊本）》第一册，中华书局 2009 年版，第 713—714 页。

③ （清）阮元校刻：《十三经注疏（清嘉庆刊本）》第一册，中华书局 2009 年版，第 916—918 页。

成壮美宏大的意境。

马是身份尊贵的象征,在《诗经》中表现得很突出。《秦风·渭阳》云:"我送舅氏,曰至渭阳。何以赠之? 路车乘黄。"①《大雅·韩奕》写韩侯宿在屠城时,显父设宴为他饯行,"其赠维何?乘马路车"②。这是贵族之间以车马相赠,礼物的豪华贵重,显示出人物的特殊身份。《诗经》多处涉及天子赏赐诸侯路车乘马。《小雅·采菽》云:"君子来朝,何锡予之? 虽无予之,路车乘马。"③《大雅·崧高》:"王锡申伯,四牡蹻蹻,钩膺濯濯。王遣申伯,路车乘马。"④天子把大车骏马看作是对臣下的恩赐,表明对臣下的信任与奖赏,还含有鼓励。臣子则把得到天子赏赐的车马视作一种殊荣。在宗法制社会中,这种恩赏还带有以亲情巩固统治的意味,这是封建等级制度下特有的事象。

《周易》中马原型所具有的文化意蕴,《诗经》中都有所表现。除此之外,《诗经》所写的马意象还包蕴其他一些内容,是《周易》不曾涉及的。

马是人们赖以征行致远的家畜,其功用就在于把人送向远方,因而与马相关必然会出现人在旅途的事象。《诗经》描写的人在旅途事象,马是主要的构成因素,马的意象往往是劳累、疲乏、病态

① (清)阮元校刻:《十三经注疏(清嘉庆刊本)》第一册,中华书局 2009 年版,第796 页。
② (清)阮元校刻:《十三经注疏(清嘉庆刊本)》第一册,中华书局 2009 年版,第1231 页。
③ (清)阮元校刻:《十三经注疏(清嘉庆刊本)》第一册,中华书局 2009 年版,第1050 页。
④ (清)阮元校刻:《十三经注疏(清嘉庆刊本)》第一册,中华书局 2009 年版,第1222 页。

且奔行不止的。这与人在外思归的悲伤情怀协调统一。《周南·卷耳》云："陟彼崔嵬，我马虺隤"，"陟彼高岗，我马玄黄"，"陟彼砠矣，我马瘏矣"①。《小雅·四牡》云："四牡騑騑，周道倭迟。岂不怀归？王事靡盬，我心伤悲。四牡騑騑，啴啴骆马。岂不怀归？王事靡盬，不遑启处……驾彼四骆，载骤载骎。岂不怀归？是用作歌，将母来谂。"②《小雅·杕杜》云："檀车幝幝，四牡痯痯，征夫不远。"③这几首诗都是征夫之歌，抒情主人公在外为王事而奔波，怀念亲人而不得归家，在征行途中抒发心中的伤悲。马的意象是生病的、没有生气的，奔驰于路，不得喘息。

系马留客也是《诗经》马意象群中较为新人耳目的一个事象。主人通过拴系客人所乘的马匹而达到挽留的目的，情意深挚而曲折有致。《小雅·白驹》云：

> 皎皎白驹，食我场苗。絷之维之，以永今朝。所谓伊人，于焉逍遥。
>
> 皎皎白驹，食我场藿。絷之维之，以永今夕。所谓伊人，于焉嘉客。
>
> 皎皎白驹，贲然来思。尔公尔侯？逸豫无期。慎尔优游，勉尔遁思！
>
> 皎皎白驹，在彼空谷。生刍一束，其人如玉。毋金玉尔

① （清）阮元校刻：《十三经注疏（清嘉庆刊本）》第一册，中华书局2009年版，第583页。

② （清）阮元校刻：《十三经注疏（清嘉庆刊本）》第一册，中华书局2009年版，第867—868页。

③ （清）阮元校刻：《十三经注疏（清嘉庆刊本）》第一册，中华书局2009年版，第890页。

音,而有退心。①

诗作首先出现的是一匹毛色皎洁的白马,意象洁净清新,颇有几分飘逸空灵。诗人要拴系住它,为的是期待它的主人能在此多停留一些时候。其人如玉,其马皎洁,人的内在品德与其所乘之马表里如一,整个事象多么明洁鲜亮!《周颂·有客》云:"有客有客,亦白其马","言授之絷,以絷其马"②,表达的也是对客人的挽留之情。

《诗经》中还有一个与马相关的意象很打动人心。《小雅·节南山》云:"驾彼四牡,四牡项领。我瞻四方,蹙蹙靡所骋。"③这几句诗塑造出慷慨悲凉的意象。一位有志之士驾御着四匹骏马,苍然四顾,无处可以驰骋。马无处可骋,潜隐着英雄无用武之地的悲哀。马意象在深层底蕴上与人有了某种隐微的联系。

与《周易》相比,《诗经》出现的和马相关的生活事象不但更加繁复,而且在表现的力度和深度上有了进一步的发展。

马在《周易》中是作为阳刚的象征出现的,但是,马的阳刚之性在《周易》卦爻辞中没有得到充分的表现。远不如牛羊意象那样有动物本身的鲜明特征。为什么会出现这种情况呢? 这与它们在卦爻辞中的位置密切相关。《周易》和马相关的卦爻辞共十余条,其中相当一部分是编排在阴爻。如《屯》六二、六四、上六,

---

① (清)阮元校刻:《十三经注疏(清嘉庆刊本)》第一册,中华书局 2009 年版,第929 页。
② (清)阮元校刻:《十三经注疏(清嘉庆刊本)》第一册,中华书局 2009 年版,第1286—1287 页。
③ (清)阮元校刻:《十三经注疏(清嘉庆刊本)》第一册,中华书局 2009 年版,第946 页。

《贲》六四,《明夷》六二,《涣》初六,《中孚》六四,阴爻总的倾向是宜柔不宜刚。因此,马意象在这些爻辞中都受制于阴,无法充分展示自身的阳刚之性。有时还受到抑制,减损。"用拯马壮""月几望,马匹亡",都是削弱、限制马的阳刚之性。

《诗经》改变了《周易》的上述状况,它从不同侧面把马的阳刚之性展示出来,赋予它多方面的象征意义。马是力量、勇敢的象征,这在狩猎诗和战争诗中体现得很明显,构成的是阳刚之美。马是封建等级制的标志,它表示尊贵、有权势,是威仪排场的重要构成因素。和马相关的朝政礼仪展现的是威仪之美,给人以崇高感。在这些和马相关的生活事象中,既融入马本身的自然属性,又渗透了社会的、政治的因素,实现了自然美和社会美的融会。可见,《诗经》对于马所赋予的上述象征意义,虽然在总体上继承了《周易》中马意象的内涵,是作为阳刚之物出现的,但所涉及社会生活的广阔性,是《周易》无法比拟的。

《周易》和马相关的生活事象,虽然马是在人的驾御下行动,或是受人的饲养,但是,所出现的事象往往是只见马不见人。人的作用、人和马的联系在爻辞中隐没了。《诗经》不同,它很少单独描写马,而是把人和马放在一起加以表现。通过马展示人的风度、神采,表现人的精神状态。也就是说,《周易》中人和马往往是脱离的,或者是马居于明处,人居于暗处,人的作用没有凸现出来。《诗经》克服了人马隔离、割裂的状态,把二者作为一个有机体加以刻画。不仅如此,《诗经》还写出了人和马的气息相通,具有生命一体化的倾向。人威武则马雄壮,人精神焕发则马斗志昂扬。人喜庆则马欢悦,人憔悴劳顿则马疲惫多病。无论朝廷会同、狩猎出征,还是迎亲游乐、行役思亲,处处都体现出人和马在精神面貌、身体状况和秉性素质等方面的相通。正因为如此,《诗经》中和马相关的事象饱含情感,洋溢着生命的活力,这和《周易》中只见马不见人,马作为观念载体而出现的情况是不同的。在《诗经》中,通过审视和马相关的事象,可以看到人和马生命价值的实现与毁坏,生命力的旺盛与衰落,这在《周易》卦爻辞中是难以看到的。

三、战国秦汉作品中人与马龙的生命一体化

原型不是一成不变的,随着历史时空的转换,它也发生嬗变。骏马无处驰骋,志士无法展才事象,在《诗经》中还不太醒目,是个别人的感慨,不具有普遍性。这一事象在《楚辞》中则表现得鲜明而突出。骐骥意象经常出现,它成为有志之士用以自喻的典型意象,诗人们用它表达对遇不遇问题的思考。屈原可谓是这类意象的创始者。《离骚》曰:"乘骐骥以驰骋兮,来吾道夫先路。"①王逸注云:"骐骥,骏马也,以喻贤智。言乘骏马,一日可致千里。以言任贤智,则可成于治也。路,道也。言己如得任用,将驱先行,愿来随我,遂为君导入圣王之道也。"②很明显,骐骥是屈原用以自喻的意象。宋玉《九辩》云:"却骐骥而不乘兮,策驽骀而取路。当世岂无骐骥兮,诚莫之能善御。见执辔者非其人兮,故骈跳而远去。"③宋玉也以骐骥自喻,但诗中的骐骥,已经是失意之骐骥,没有遇到善于御使它的明主,因而远去。诗中流露出对现实的不满和愤慨,这与屈原的昂扬奋发,对未来有所憧憬的态度是截然不同的。东

---

① (宋)洪兴祖撰,黄灵庚点校:《楚辞补注》,上海古籍出版社 2015 年版,第 4 页。

② (宋)洪兴祖撰,黄灵庚点校:《楚辞补注》,上海古籍出版社 2015 年版,第 10 页。

③ (宋)洪兴祖撰,黄灵庚点校:《楚辞补注》,上海古籍出版社 2015 年版,第 305 页。

方朔的《七谏·谬谏》中也有极其类似的辞句，所运用的意象，表达的思想感情与宋玉殊无二致。

诗歌作品中骐骥意象是贤人的化身，寓言中也有同类意象。《战国策·楚策》载，汗明见春申君，曰："君亦闻骥乎？夫骥之齿至矣，服盐车而上太行。蹄申膝折，尾湛胕溃，漉汁洒地，白汗交流，中阪迁延，负辕不能上。伯乐遭之，下车，攀而哭之，解纻衣以幂之。骥于是俯而喷，仰而鸣，声达于天，若出金石声者，何也？彼见伯乐之知己也。"①千里马不遇伯乐而服盐车，遇伯乐而高鸣，这是汗明创造的寓言故事，他用以表达被春申君发现的愿望。后世谋篇用意与此一脉相承的作品颇多，应场作有《悯骥赋》，韩愈的《马说》也是此类题材的发展。

《诗经》作品所写的惫马意象，是现实生活中征旅途中的真实情况，在《楚辞》作品中，马疲惫的意象，被诗人用以表达在人生道路上对进退、去留的困惑和犹疑。屈原感叹："陟升皇之赫戏兮，忽临睨夫旧乡。仆夫悲余马怀兮，蜷局顾而不行。"②庄忌《哀时命》云："车既弊而马罢兮，塞邅徊而不能行。身既不容于浊世兮，不知进退之宜当。"③

马意象在汉武帝时代染上浓厚的时代色彩，被寄予长生的愿望。《史记·乐书》曰："尝得神马渥洼水中。复次以为《太一之歌》。"歌云："太一贡兮天马下，沾赤汗兮沫流赭。骋容与兮跇万

---

① 何建章注释：《战国策注释》，中华书局 1990 年版，第 590 页。
② （宋）洪兴祖撰，黄灵庚点校：《楚辞补注》，上海古籍出版社 2015 年版，第 63 页。
③ （宋）洪兴祖撰，黄灵庚点校：《楚辞补注》，上海古籍出版社 2015 年版，第 428 页。

里。今安匹兮龙为友。"①又记曰："后伐大宛得千里马，马名蒲梢，次作以为歌。"歌云："天马来兮从西极，经万里兮归有德。承灵威兮降外国，涉流沙兮四夷服。"②

《汉书·武帝纪》记载，元鼎四年(前113)六月秋，"马生渥洼水中。作《宝鼎》《天马之歌》"③。歌见于《汉书·礼乐志》，辞云："太一况，天马下，沾赤汗，沫流赭。志俶傥，精权奇。笯浮云，晻上驰。体容与，迣万里。今安匹，龙为友。"④

《汉书·武帝纪》记载，太初四年(前101)，"斩大宛王首，获汗血马来。作《西极天马之歌》"⑤。歌见于《汉书·礼乐志》，辞云："天马徕，从西极，涉流沙，九夷服。天马徕，出泉水，虎脊两，化若鬼。天马徕，历无草，径千里，循东道。天马徕，执徐时，将摇举，谁与期。天马徕，开远门，竦予身，逝昆仑。天马徕，龙之媒，游阊阖，观玉台。"⑥

马在武帝时代成为长生的象征，还有更深远的神话渊源。《山海经·海外西经》曰："白民之国……有乘黄，其状如狐，其背上有角，乘之寿二千岁。"《山海经·海内北经》曰："犬封国……有文马，缟身朱鬣，目若黄金，名曰吉量，乘之寿千岁。"⑦《汉书·礼乐志》曰："訾黄其何不徕下！"颜师古注引应劭曰："訾黄一名乘

①　(汉)司马迁:《史记》第四册,中华书局1982年版,第1178页。
②　(汉)司马迁:《史记》第四册,中华书局1982年版,第1178页。
③　(汉)班固撰,(唐)颜师古注:《汉书》第一册,中华书局1962年版,第184页。
④　(汉)班固撰,(唐)颜师古注:《汉书》第四册,中华书局1962年版,第1060页。
⑤　(汉)班固撰,(唐)颜师古注:《汉书》第一册,中华书局1962年版,第202页。
⑥　(汉)班固撰,(唐)颜师古注:《汉书》第四册,中华书局1962年版,第1060—
　　1061页。
⑦　袁珂校注:《山海经校注》,巴蜀书社1993年版,第270、362页。

黄，龙翼而马身，黄帝乘之而仙。"①

　　《诗经》中的白马佳客，其人如玉，是一个具有儒雅风范的形象。后代诗作中，同是乘白马，但马上的人不再是偏于文雅的形象，而是刚勇矫捷的壮士，别有一番动人风采。曹植《白马篇》云："白马饰金羁，连翩西北驰。借问谁家子？幽并游侠儿。少小去乡邑，扬声沙漠垂。宿昔秉良弓，楛矢何参差。控弦破左的，右发摧月支。仰手接飞猱，俯身散马蹄。狡捷过猴猿，勇剽若豹螭。边城多警急，胡虏数迁移。羽檄从北来，厉马登高隄。长驱蹈匈奴，左顾陵鲜卑。弃身锋刃端，性命安可怀！父母且不顾，何言子与妻！名编壮士籍，不得中顾私。捐躯赴国难，视死忽如归。"②白马壮士马上技艺十分精湛。作者描述其一连串的动作，刻画出一个马上飞驰的武士形象。诗作既表现了白马壮士外在的阳刚之美，也展示出他内在的崇高精神。

　　白马意象的文化蕴含有一个演变的过程。《周易·贲》六四云："白马翰如"，乘白马的婚姻使者透露了部族文化特征，这是殷商的使者向周族人求婚，是部族间的通婚。《礼记·檀弓上》曰："殷人尚白，大事敛用日中，戎事乘翰，牲用白。"③殷商属东夷部族，崇尚白色，战争乘白马，祭祀用白色牲畜。殷商与周族的通婚，《周易》中有佐证。《泰》六五云："帝乙归妹，以祉，元吉。"《归妹》

---

①　（汉）班固撰，（唐）颜师古注：《汉书》第四册，中华书局1962年版，第1059—1060页。

②　（三国魏）曹植著，赵幼文校注：《曹植集校注》，中华书局2016年版，第613页。

③　（清）孙希旦撰，沈啸寰、王星贤点校：《礼记集解》上册，中华书局1989年版，第173页。

六五云:"帝乙归妹,其君之袂不如其娣之袂良。月几望,吉。"①帝乙归妹,这个女子具体是谁,她所嫁何人? 顾颉刚在《周易卦爻辞中的故事》一文中,把它与《诗经·大雅》中的《大明》和《思齐》两篇联系起来,详细考证了帝乙归妹的本事。《大雅·大明》云:"挚仲氏任,自彼殷商,来嫁于周,曰嫔于京。乃及王季,维德之行。太任有身,生此文王。"②这章描写的事实非常明确,殷商的挚仲氏嫁给周族的王季,生下文王。顾颉刚得出结论:"《周易》中的'帝乙归妹'一件事就是《诗经》中的'文王亲迎'一件事。"③至于帝乙归妹是否就是文王亲迎一事,我们暂且不去辨析,需要注意的是,顾颉刚的考证提示我们,《周易》中的帝乙归妹是殷商族与周人的通婚,这应当是确切无疑的。这就可以进一步证明,《周易》中的白马是殷商与周人的通婚使者。《诗经》中的《小雅·白驹》和《周颂·有客》两首诗,也带有部族文化特征。骑白马的使者,是殷商后裔,他们来到周朝,觐见周王。

《周易》和《诗经》中的白马意象都是比较友好的,它们都产生于不同部族之间消弭了战争与敌意的文化背景之下。曹植《白马篇》塑造的白马壮士,则是在汉代与周边少数民族发生激烈的战争冲突背景下产生的。白马壮士"长驱蹈匈奴,左顾陵鲜卑"。他乘马长驱直入,蹈陵匈奴和鲜卑人的军队,为了国家的安全,甘愿

---

① (清)阮元校刻:《十三经注疏(清嘉庆刊本)》第一册,中华书局 2009 年版,第56、132 页。
② (清)阮元校刻:《十三经注疏(清嘉庆刊本)》第一册,中华书局 2009 年版,第1090—1091 页。
③ 王煦华编选:《古史辨伪与现代史学——顾颉刚集》,上海文艺出版社 1998 年版,第 186—190 页。

献出生命。据史书记载，西北少数民族仍保留白色崇拜，其将士多乘白马，且与汉民族发生边境冲突①。《汉书·李广传》记李广与匈奴对敌："（匈奴）有白马将出护兵。广上马，与十余骑奔射杀白马将，而复还至其百骑中。"②《后汉书·南蛮西南夷列传》载，"白马氏者，武帝元鼎六年开，分广汉西部，合以为武都"，"数为边寇，郡县讨之"。③《后汉书·西羌传》载，羌人一支畏秦人之威，"出赐支河曲西数千里"，其后代子孙各自为种，"或为白马种，广汉羌是也"④，"桓帝建和二年，白马羌寇广汉属国，杀长吏"⑤。《晋书》卷一一四记载，鲜卑族也是东夷后裔，崇尚白色，因而"呼鲜卑为白虏"⑥。

　　《周易》与《诗经》中的乘白马者是东夷族人，在周人统治时是弱势民族，曹植笔下的白马壮士是幽并人，地处西北，但他是汉族人的白马英雄，并不是西北少数民族的白马将士。骑白马者民族属性的转变，体现了民族文化的融合。

　　传说《周易》的产生与龙马有着特殊的神秘联系。八卦的产生是龙马负图所昭示。《论语·子罕》记："子曰：'凤鸟不至，河不出图，吾已矣夫。'"⑦这里所说的河出图，是指龙马负图出于黄河。伏羲氏就是取法这个河图而创制了八卦。《礼记·礼运》亦云：

① 李炳海：《汉代文学的情理世界》，东北师范大学出版社 2000 年版，第 396—398 页。

② （汉）班固撰，（唐）颜师古注：《汉书》第八册，中华书局 1962 年版，第 2440 页。

③ （南朝宋）范晔撰：《后汉书》第十册，中华书局 1965 年版，第 2859 页。

④ （南朝宋）范晔撰：《后汉书》第十册，中华书局 1965 年版，第 2876 页。

⑤ （南朝宋）范晔撰：《后汉书》第十册，中华书局 1965 年版，第 2897 页。

⑥ （唐）房玄龄等撰：《晋书》，中华书局 1974 年版，第 2928 页。

⑦ （清）刘宝楠撰，高流水点校：《论语正义》，中华书局 1990 年版，第 333 页。

"河出马图。"郑注："马图,龙马负图而出也。"《正义》引《中候握河纪》:"伏羲氏有天下,龙马负图出于河。遂法之画八卦。"①

《周易》首卦《乾》取象龙,描述了龙的一系列动作变化,次卦《坤》虽然没有描述马,但卦辞云:"元亨,利牝马之贞。"②龙为阳刚的象征,马也是阳刚的象征,因而当用马来象征纯阴坤的时候,卦辞便特别标明"牝马"。《乾》九五:"飞龙在天",《乾·象》:"时乘六龙以御天",《乾·文言》:"云从龙。"③龙是天上云中的神物。李鼎祚引干宝曰:"行天者莫若龙,行地者莫若马。故《乾》以龙繇,《坤》以马象也。"④龙与马都具有善于奔行的特点,只不过龙飞行于天,马奔驰于地,二者活动的区域不同,因而初始两卦《乾》《坤》便分别以龙马取象。龙与马在编撰者眼中是同类事象。《乾》全部以龙设象,《说卦》又云:"乾为马","乾为天……为良马,为老马,为瘠马,为驳马"⑤。如此,便积淀了把龙与马相沟通的可能。马与龙被赋予相似的内蕴。二者都是生命与力量的象征。马壮健善行,行地无疆,龙更是象征着强大而永不衰竭的生命力。

在神话传说中,龙与马也有相似性。神话中有马而有鸟翼的形象,于是马便具有了与龙相同的能飞于天的特征。《山海经·

---

① (清)阮元校刻:《十三经注疏(清嘉庆刊本)》第三册,第 3090—3091 页。
② (清)阮元校刻:《十三经注疏(清嘉庆刊本)》第一册,中华书局 2009 年版,第31 页。
③ (清)阮元校刻:《十三经注疏(清嘉庆刊本)》第一册,中华书局 2009 年版,第23、28 页。
④ (唐)李鼎祚撰,王丰先点校:《周易集解》,中华书局 2016 年版,第 30 页。
⑤ (清)阮元校刻:《十三经注疏(清嘉庆刊本)》第一册,中华书局 2009 年版,第198 页。

西次四经》曰："崦嵫之山……有兽焉，其状马身而鸟翼，人面蛇尾，是好举人，名曰孰湖。"《山海经·西次三经》曰："槐江之山……神英招司之，其状马身而人面，虎文而鸟翼，徇于四海，其音如榴。"①

传说中龙与马都有神异的性质，都是善于奔行的灵物，因而出现二者形体组合的神灵。《山海经·中次九经》："凡岷山之首，自女几山至于贾超之山，凡十六山，三千五百里。其神状皆马身而龙首。"②《文选·海赋》："则有海童邀路，马衔当蹊。"李善注引《陆绥海赋图》云："马衔，其状马首一角而龙形。"③

在文学作品当中，也出现龙与马以车为中心组合在一起的意象。高马龙旗，是《诗经》中比较常见的意象。旂，是画着龙的旗帜。《诗经》中有不少涉及战争的篇章都描写高壮的马匹载着龙旗。例如《商颂·玄鸟》云："龙旂十乘。"《鲁颂·閟宫》云："龙旂承祀，六辔耳耳。"④龙旗与高头大马都是威武与力量的象征，在战争中起到鼓舞斗志，增强自身力量以及威慑敌方的作用。

马与龙二者功用相似。马是驾御的对象，龙也可以驾御。《山海经》中的神灵句芒、祝融、蓐收、河伯等都"乘两龙"，以龙为车。《左传·昭公二十九年》记，龙见于绛郊，蔡墨论曰："古者畜龙，故国有豢龙氏，有御龙氏。"⑤《汉铙歌》云："芝为车，龙为马，

---

① 袁珂校注：《山海经校注》，巴蜀书社 1993 年版，第 77、53 页。

② 袁珂校注：《山海经校注》，巴蜀书社 1993 年版，第 195 页。

③ （梁）萧统编，（唐）李善注：《文选》第二册，上海古籍出版社 2019 年版，第 557 页。

④ （清）阮元校刻：《十三经注疏（清嘉庆刊本）》，中华书局 2009 年版，第 1344、1328 页。

⑤ 杨伯峻编：《春秋左传注（修订本）》第五册，中华书局 2009 年版，第 1500 页。

览遨游,四海外。"①

　　毕竟马与龙的主要活动区域有陆地与天空的差异。因而,在文学中,以龙御车的事象往往是一种神话境界,而以马驾车则大多是现实境界。这在《楚辞》作品中表现得最为突出。屈原《九章·涉江》云:"世混浊而莫余知兮,吾方高驰而不顾。驾青虬兮骖白螭,吾与重华游兮瑶之圃。登昆仑兮食玉英,与天地兮同寿,与日月兮同光。"②诗人悲愤世无知己,因而要远走高飞。他想象驾着龙车,遨游于天上的神话境界,得到长生。回到现实中来,诗人的驾乘有所改变。辞云:"哀南夷之莫吾知兮,旦余济乎江湘。乘鄂渚而反顾兮,欸秋冬之绪风。步余马兮山皋,邸余车兮方林。"③江湘、鄂渚,都是现实中的地名。现实境界中,诗人驾马在山中行走。

　　与龙飞腾的特征一致,描写御龙时人的精神状态往往是昂扬高蹈的,与马行于地的特点相呼应,写到驾马时人的精神状态往往是抑郁的。《离骚》云:"驾八龙之婉婉兮,载云旗之委蛇。抑志而弭节兮,神高驰而邈邈。""仆夫悲余马怀兮,蜷局顾而不行。"④这种文学表现不一定出自理性的思考,更可能是出于无意识。龙行于天,很自然会与高昂的情绪联结起来。而且,龙为神物,能够驾御神物,也意味着人的主体力量得到证实。

　　马意象在战国秦汉时的发展,其意蕴的进一步丰富,使得人和

---

① (宋)郭茂倩编:《乐府诗集》,中华书局 1979 年版,第 229 页。
② (宋)洪兴祖撰,黄灵庚点校:《楚辞补注》,上海古籍出版社 2015 年版,第 192 页。
③ (宋)洪兴祖撰,黄灵庚点校:《楚辞补注》,上海古籍出版社 2015 年版,第 192—194 页。
④ (宋)洪兴祖撰,黄灵庚点校:《楚辞补注》,上海古籍出版社 2015 年版,第 63 页。

马的沟通愈加全面。尤其是在人生哲学和生命哲学层面，马成了人确证自身的重要对象。

古人以立德、立功、立言作为人生不朽的三项目标，立德、立言很大程度上可以由自己掌握，通过自身的努力可以做到；立功则必须依赖于客观形势，取决于社会给他提供的时机、条件。战国秦汉文人对骐骥的关注，表现的正是他们立功的愿望，骐骥是骏马，可以负重致远，纵横驰骋，是人们建功立业的得力帮手。战国及秦汉文人在吟咏骐骥时，主要是哀叹它的被埋没、受压抑，实际是感慨自身的不遇，这与对骐骥的同情密切相关。汉代产生了以士不遇为主题的系列作品，董仲舒有《士不遇赋》，司马迁有《悲士不遇赋》。除此之外，汉代那些设辞类作品也大多抒发士不遇的失落感。

马意象在战国秦汉时期和人的长生不老愿望联系在一起。天马成为人们能够长生久视的依赖对象，这种现象的出现固然和那个时期仙道方术盛行有关，同时也是人的生命意识进一步觉醒的标志。《诗经》中有少量感慨人生有限的诗篇，但见不到追求长生的作品，从楚辞产生的时期开始，作家的人生短促感日益深切，同时，追求长生不老的愿望也日益强烈。正是在这种情况下，马被人们神化，赋予它超自然的属性，不但神马自身长生不老，而且还可以把它的这种神性传导给和它相接触的人。这样一来，在长生久视方面，人和马的生命就又呈现一体化的趋势。

《周易》用于巫术，虽然通过马意象来指示吉凶，但还没有把马神秘化，卦爻辞对于马所作的描写都是真实的，合乎生活实际。《诗经》中出现众多的马意象，也都是用现实的笔法加以描绘，没有虚妄的成分。战国秦汉时期的马意象则不同。它已经不再局限于现实的层面,而是往往置于神国仙乡,从战国时期开始,马意象经历了由现实到浪漫的转变。这种转变于人于马都是一种提升,既是对《周易》《诗经》马意象的一种超越,又是向原始神话传统的回归,人和马的生命一体化境界也在更为广阔的时空中展开,并得到拓延。

第二节 《周易》羊牛意象与上古神话及文学表现

羊和牛是我国古代两种重要家畜,人们在驾御、利用这两种动物的同时,也赋予它们以神异的色彩、威慑的力量以及相对固定的象征意义。《周易》中羊牛这两种物象出现的次数比较多,它们负载着大体相近的哲理内容。《周易》中的羊牛意象与图腾时代的羊牛意象存在哪些关联,二者对上古文学作品有哪些影响? 本节拟从这个角度做些探讨。

一、作为神灵和图腾的羊牛形象

动物崇拜是距今年代久远的文化现象。羊和牛在远古蛮荒时代,曾作为神灵而受到人们特别的崇拜。《山海经》记载了许多与此有关的神灵。先看《西山经》《东山经》和《中山经》中半人半羊的神灵形象:

> 凡《西次三经》之首,崇吾之山至于翼望之山,凡二十三山,六千七百四十四里,其神状皆羊身人面。
> 凡《东次三经》之首,自尸胡之山至于无皋之山,凡九山,六千九百里。其神状皆人身而羊角……是神也,见则风雨水为败。

> 骄山……神蛊围处之，其状如人面，羊角虎爪，恒游于雎、
> 漳之渊，出入有光。①

在广阔的地域里，在一座座高山上，很多"羊身人面"或"人身而羊角"的神灵出没其间，有的还能驱除风雨及洪水灾害。不仅山上，水中也有人面、羊角的神，伴随着神光而出入。

山上除了有人面羊角神灵，还有半人半牛及牛状的神。《西山经》和《大荒东经》记曰：

> 凡《西次二经》之首，自钤山至于莱山，凡十七山……其七神皆人面牛身，四足而一臂，操杖以行：是为飞兽之神。
>
> 东海中有流波山，入海七千里，其上有兽，状如牛，苍身而无角，一足，出入水则必风雨。其光如日月，其声如雷，其名曰夔。黄帝得之，以其皮为鼓，橛以雷兽之骨，声闻五百里，以威天下。②

西部地带的七座山上各有一个人面牛身的飞兽之神。东海流波山山神夔，牛形，没有角，只有一足，出入水中必带来风雨。它能发光如日月，吼鸣如打雷。用它的皮蒙鼓，也有不同凡响的声势，响声远传，威震天下。夔牛入水的神话，后来还演绎出江水水神为牛形的一段传说。《艺文类聚》卷九十四载录《风俗通》曰："秦昭王使李冰为蜀守，开成都两江，溉田万顷。江神岁取童女二人为妇，冰自以其女与神为婚。往至神祠，劝神酒，杯但淡水，冰厉声责之。因忽不见，良久，有两苍牛斗于岸旁，有间，冰还，流汗，谓官属曰：'吾斗大极，不当相助，南向腰中正白者，我绶也。'主簿乃刺杀北

---

① 袁珂校注：《山海经校注》，巴蜀书社1993年版，第68、135、182—183页。
② 袁珂校注：《山海经校注》，巴蜀书社1993年版，第44、416页。

面者。江神遂死。蜀人慕其气决,凡壮健者,因名冰儿。"①李冰厉声责怪江神,二人化为牛激斗一场,在惊心动魄的搏杀场面当中,江神现出原形,原来是头苍牛。

人们把羊和牛看成是神圣的灵异之物,也把自己的祖先描绘成半人半兽的形象。在我国上古几大部族中,少昊氏族曾以六畜作为图腾对象,其中包括羊和牛。《帝王世纪》记曰:"炎帝神农氏,姜姓也,人身牛首。"②姜,羊为声旁。以姜为姓,意味着羊是其氏族的重要标志,是其图腾对象。"人身牛首",表明牛也是其图腾,所以炎帝才是半人半牛的形象。直到后代,据《三国志》卷三〇记载,属于少昊系统的夫余国还"以六畜名官,有马加、牛加、猪加、狗加"③。

在少昊氏系统那里,不仅祖先神被描绘成具有牛图腾的状貌,其后裔也被赋予牛的特征。《太白阴经·遁甲·总序》曰:"蚩尤者,炎帝之后,与少昊治西方之金。"④《路史·后纪四》曰:"蚩尤,姜姓,炎帝之裔也。"⑤蚩尤是炎帝的后裔,据《述异记》卷上,传说中蚩尤"人身牛蹄","太原村落间祭蚩尤神不用牛头"。⑥ 人们敬畏蚩尤,又认为他是牛神,所以祭祀时才禁忌用神灵的同类,以示对神的尊重。

蚩尤与黄帝大战于阪泉之野,由于他是牛图腾氏族的神灵,而

① (唐)欧阳询撰,汪绍楹校:《艺文类聚》,上海古籍出版社1999年版,第1626—1627页。
② (晋)皇甫谧撰,徐宗元辑:《帝王世纪辑存》,中华书局1964年版,第11页。
③ (晋)陈寿撰,(南朝宋)裴松之注,陈乃乾校点:《三国志》,中华书局1982年版,第841页。
④ (唐)李筌著,张文才、王陇译注:《太白阴经全解》,岳麓书社2002年版,第502页。
⑤ 周明:《路史笺注》,巴蜀书社2021年版,第194页。
⑥ (南朝梁)任昉著,(明)商濬校:《述异记》,转引自张丽:《述异记汇笺及情节单元分类研究》,商务印书馆2024年版,第70、73页。

牛善角斗,所以在后代东夷族的故地,出现了蚩尤以角与黄帝激斗的神话传说,还产生模仿他们作战的角抵戏。《述异记》卷上记曰:"秦汉间说:'蚩尤氏耳鬓如剑戟,头有角,与轩辕斗,以角觚人,人不能相向。今冀州有乐,名蚩尤戏。其民两两三三,头戴牛角而相抵。'"①表演者头戴牛角是原始图腾的艺术再现。

羊牛作为图腾,都具有勇猛好斗的特殊神性及威力,这来源于动物本身的特点。

二、《周易》中阳刚的象征

《周易》是用来占卜的巫术著作,运用具体物象或事象来进行吉凶预测,其中也不乏牛与羊。《周易》中的羊牛已经失去旧有的灵异光环,它们作为客观的观照对象,而不是被崇拜的对象进入编撰者的视野,被纳入阳刚与阴柔的象征系统,并成为阳刚的象征。《大壮》卦描写了一只羝羊的行动。

　　　　䷡(乾下震上)大壮　利贞。

初九　壮于趾,征凶。有孚。

九二　贞吉。

九三　小人用壮,君子用罔。贞厉。羝羊触藩,羸其角。

九四　贞吉,悔亡。藩决不羸,壮于大舆之輹。

六五　丧羊于易,无悔。

上六　羝羊触藩,不能退,不能遂。无攸利,艰则吉。②

---

① (南朝梁)任昉著,(明)商濬校:《述异记》,转引自张丽:《述异记汇笺及情节单元分类研究》,商务印书馆2024年版,第70页。

② (清)阮元校刻:《十三经注疏(清嘉庆刊本)》第一册,中华书局2009年版,第99页。

羝羊即公羊,有角,性喜抵触,故而象征阳刚。藩是篱笆,象征阴。公羊顶触篱笆,角被卡住。继续向前冲,冲开了篱笆,撞到了大车的辐条上。九三、九四及上六爻辞,都是以公羊用角顶撞篱笆的事象,说明阳刚过盛必然遇挫的道理。

六五爻辞所云"丧羊于易",本为一则传说时代的历史故事。《山海经·大荒东经》记曰:"王亥托于有易、河伯仆牛。有易杀王亥,取仆牛。"①王亥是殷先王,他在有易的地盘上放牧,被有易杀死,失去了牛群。这里,《周易》的编撰者把历史故事抽象化、哲理化了,正如朱熹解释说:"虽失其壮,然亦无所悔矣。"②羊是阳刚的象征,"丧羊于易"在这里是失阳之象,《旅》卦上九所云"丧牛于易"③,运用的是同一个故事原型,同样也不是对史事的叙述,而是成为失阳的象征。

《夬》九四:"牵羊,悔亡。"王弼注云:"羊者,抵狠难移之物。"④羊,也是阳刚的象征。李光地引方应祥论曰:"羊性善触,不至羸角不已。圣人教以自牵其羊,抑其很性,则可以亡悔矣。"⑤李氏自己加案语云:"所以然者,不能自制其刚壮故也。苟能制其刚壮,如'牵羊'然,则可'亡'其'悔'。"⑥方氏与李氏所言甚当,牵羊

---

① 袁珂校注:《山海经校注》,巴蜀书社 1993 年版,第 404 页。
② (宋)朱熹撰,廖名春点校:《周易本义》,中华书局 2009 年版,第 139 页。
③ (清)阮元校刻:《十三经注疏(清嘉庆刊本)》第一册,中华书局 2009 年版,第 141 页。
④ (清)阮元校刻:《十三经注疏(清嘉庆刊本)》第一册,中华书局 2009 年版,第 117 页。
⑤ (清)李光地撰,刘大钧整理:《康熙御纂周易折中》,巴蜀书社 2013 年版,第 212 页。
⑥ (清)李光地撰,刘大钧整理:《康熙御纂周易折中》,巴蜀书社 2013 年版,第 212 页。

事象,的确意在教人抑制阳刚。只有"抑其很性","制其刚壮",才不会遭遇挫败,可以无悔。牛也是同样如此。《大畜》六四云:"童牛之牿,元吉。"①初生牛犊的角上系一横木。这个事象也是阳刚受到抑制的象征。

三、牵羊事象与神羊断狱

羊性"抵很难移",牵羊事象表示阳刚被制,这个意蕴的揭示,可以帮助我们更好地理解上古相关事象的礼俗内涵。《史记·项羽本纪》记,宋义下令军中曰:"猛如虎,很如羊,贪如狼,强不可使者,皆斩之。"②其中的"很",如果解释为凶狠,显然不能令人满意,羊怎么能称得上凶狠呢? 其实,所谓"很",指的就是羊性倔强,"抵很难移",难以牵制,难以使它不再顶着角向前猛冲蛮撞。人如果这样,当然不易受差遣,这才是宋义要斩杀"很如羊"之人的原因。还有,《左传·宣公十二年》记载,楚人围郑,"郑伯肉袒牵羊以逆"③。《史记·宋微子世家》载:"周武王伐纣克殷,微子乃持其祭器造于军门,肉袒面缚,左牵羊,右把茅,膝行而前以告。"④为什么被征服的国家要牵羊迎接征服者呢? 羊肉味道鲜美,是犒劳军队的佳肴,但是如果把牵羊仅仅理解为对征服者的犒劳,就不够全面。《史记·楚世家》也记有郑伯牵羊之事,《集解》引贾逵云:"肉袒牵羊,示服为臣隶也。"⑤联系郑伯所说的话,"敢不唯命是听",并两次重复"亦唯命",这个注解倒是得其本义。牵羊,既有

---

① （清）阮元校刻:《十三经注疏（清嘉庆刊本）》第一册,中华书局 2009 年版,第81 页。

② （汉）司马迁:《史记》第一册,中华书局 1982 年版,第 305 页。

③ 杨伯峻编:《春秋左传注（修订本）》第二册,中华书局 2009 年版,第 719 页。

④ （汉）司马迁:《史记》第五册,中华书局 1982 年版,第 1610 页。

⑤ （汉）司马迁:《史记》第五册,中华书局 1982 年版,第 1702 页。

犒劳之意,更有深层的含义,那就是表示臣服,接受征服者的统治。不过,为什么用牵羊来表示臣服,贾逵却没有作进一步的说明。联系《周易》牵羊事象,这个问题就很好回答了。牵羊,表示自己将会抑制倔强之性,不捣乱闹事,俯首称臣,服从对方的一切命令。

羊牛意象在《周易》中是作为阳刚的象征出现的,羊牛作为图腾,也具有特殊的威慑力量,使人敬畏。二者的深层底蕴虽然不同,但其来源却基本一致,都是由羊牛有角、善于触撞的特点引申而来。这就使一个意象同时包含两种内涵成为可能。一角神羊断狱的传说就潜隐着图腾与阳刚象征双重文化底蕴。《墨子·明鬼下》记曰:

> 昔者,齐庄君之臣,有所谓王里国、中里徼者。此二子者,讼三年而狱不断。齐君由谦杀之,恐不辜,犹谦释之,恐失有罪。乃使之人共一羊,盟齐之神社,二子许诺。于是泏洫,揃羊而漉其血,读王里国之辞既已终矣,读中里徼之辞未半也,羊起而触之,折其脚,祧神之而槁之,殪之盟所。①

齐君姜姓,是炎帝后裔,以羊为图腾。先民认为图腾对象具有公正无私,明察善恶的美好品德和特异功能,所以在断狱时把羊作为最终的裁判者。还有所谓觟𧣱,獬豸,都是如此。《论衡·是应》云:

> 觟𧣱者,一角之羊也,性知有罪。皋陶治狱,其罪疑者,令羊触之。有罪则触,无罪则不触。斯盖天生一角圣兽,助狱为验,故皋陶敬羊,起坐事之。②

---

① (清)孙诒让撰,孙启治点校:《墨子间诂》,中华书局2001年版,第230—231页。
② (汉)王充著,黄晖撰:《论衡校释》,中华书局1990年版,第760页。

《述异记》卷上曰:"獬豸者,一角之羊也。性知人有罪,皋陶治狱,其罪疑者,令羊触之。"①皋陶是东夷族首领,出自少昊系统,羊是其图腾之一。皋陶曾经借助图腾的威慑力进行断狱,带有巫术的性质。羊图腾被神化,成为执法者的象征。后来,汉代法官所戴的帽子称为獬豸冠,制成独角形。《后汉书·舆服志》曰:"法冠……执法者服之……或谓之獬豸冠。獬豸神羊,能别曲直,楚王尝获之,故以为冠。"②

羊能断狱,与图腾崇拜有密切关联。断狱神羊只有一角,这是突出角的作用,把羊角神圣化。断狱是威严肃穆的事情,具有阳刚性质。神羊能起而以角顶触有罪者,则是阳刚力量的表现。在神羊断狱传说中,羊角具有一定的象征意义。这些特点与《周易》不谋而合。

四、文学作品中羊牛意象的象征意蕴

《周易》羊牛意象的阳刚象征意蕴,在文学作品中得到多角度、多层次的艺术显现。

(一)服饰与名字的象征意义

羊是阳刚的象征,在封建等级制度下,官员的服饰有着特定的含义。羔裘是贵族的服装,是等级制的标志之一,作为服饰,它本是十分柔软的,但又与人的刚壮之力和正直品质联系在一起,成为人内在力量的外在表征。《诗经·郑风·羔裘》云:

> 羔裘如濡,洵直且侯。彼其之子,舍命不渝。
> 羔裘豹饰,孔武有力。彼其之子,邦之司直。

---

① (南朝梁)任昉著,(明)商濬校:《述异记》,转引自《述异记汇笺及情节单元分类研究》,商务印书馆 2024 年版,第 145 页。
② (南朝宋)范晔撰:《后汉书》第十二册,中华书局 1965 年版,第 3667 页。

羔裘晏兮，三英粲兮。彼其之子，邦之彦兮。①

这位官员身穿羔羊皮袍，袖口用豹皮作装饰，服饰华贵而威猛。他力量非凡，品性正直，是国家的栋梁。此人对正义"舍命不渝"的执着，与羊"抵狠难移"之性也很吻合。诗人不自觉地把外在的羔裘服饰与羊的特性及人的内在品格联系在一起，加以描述和赞美。

牛也是阳刚力量的象征，《左传》中的竖牛，是一个具有破坏性力量的人物。《左传·昭公四年》记载，叔孙穆子与庚宗妇人私生一子，名为牛，他"黑而上偻，深目而豭喙"②。这个相貌丑怪的家伙，用心险恶，野心勃勃，"欲乱其室而有之"，阴谋夺取叔孙氏的财产。他陷害穆子另外两个儿子，假传命令，欺上瞒下，挑拨离间，大进谗言，结果孟丙被他陷害致死，仲壬被迫逃亡。其手段极其卑鄙恶劣。最后，病中的叔孙穆子也被竖牛活活饿死。昭公五年（前537），竖牛被孟丙和仲壬的两个儿子杀死，脑袋扔在宁风的荆棘上。随后，作者补叙道：

> 初，穆子之生也，庄叔以《周易》筮之，遇《明夷》䷣之《谦》䷎，以示卜楚丘。楚丘曰："是将行，而归为子祀。以谗人入，其名曰牛，卒以馁死……纯《离》为牛。世乱谗胜，胜将适《离》，故曰'其名曰牛'。"③

叔孙穆子出生时，庄叔用《周易》卜筮，得到《明夷》之《谦》的卦

---

① （清）阮元校刻：《十三经注疏（清嘉庆刊本）》第一册，中华书局2009年版，第718页。
② 杨伯峻编：《春秋左传注（修订本）》第四册，中华书局2009年版，第1256页。
③ 杨伯峻编：《春秋左传注（修订本）》第四册，中华书局2009年版，第1263—1265页。

象。《明夷》的卦象是离下坤上，《谦》的卦象是艮下坤上。卜楚丘解释说，穆子将会把谗口小人名叫牛带回家里，最后被饿死。从卦象上看，纯《离》为牛，世道混乱而谗言得胜，由此推断毁室败家之人名叫牛。《离》还象征火，火更是阳性力量的体现。楚丘把卦象的象征与人的名字统一起来进行预测。纯《离》象征牛，因而人也叫牛。这个名叫牛的恶人，虽然其表现令人憎恶，具有火一样的破坏性力量，但也属于阳刚范畴，只不过他是反面的、否定性的力量。

（二）特别的描写视角

羊牛意象在《周易》中是阳刚的象征，羊角尤其是阳刚的集中表现。文学作品当中，与羊角有关的意象也充满力量。《庄子·逍遥游》一开篇就出现无比巨大的鹏鸟意象，它"抟扶摇羊角而上者九万里"①，羊角，指旋风。飞上九万里云天的大鹏，借助的是打着旋儿的磅礴大风。羊角大风，蕴蓄着沛然勃然的能量，是生命力的源泉，是力量的象征。王褒《九怀·昭世》云："登羊角兮扶舆，浮云漠兮自娱。"②抒情主人公同样也驾着羊角状的旋风，高登云际，自由地娱游。

角有时还脱离了羊牛，成为独立的意象，象征阳刚。《晋》上九曰："晋其角，维用伐邑。"③兽角的重要作用是触犯、顶撞外物，这里用"晋其角"象征攻城略地。《姤》上九曰："姤其角"④，象征

---

① （清）郭庆藩撰，王孝鱼点校：《庄子集释》上册，中华书局2012年版，第17页。
② （宋）洪兴祖撰，黄灵庚点校：《楚辞补注》，上海古籍出版社2015年版，第451页。
③ （清）阮元校刻：《十三经注疏（清嘉庆刊本）》第一册，中华书局2009年版，第101页。
④ （清）阮元校刻：《十三经注疏（清嘉庆刊本）》第一册，中华书局2009年版，第118页。

柔遇刚。在文学作品当中,角,成为特别关注的对象。人们在描写羊牛时,不自觉地把视线投向角,把角作为主要的描写对象。《诗经·小雅·无羊》首章云:"谁谓尔无羊,三百维群……尔羊来思,其角濈濈。"①谁说你没有羊,你的羊那么多,众多的角一个挨着一个,聚在一起。诗人用羊角的众多表现羊的数量十分可观,角在诗人眼中是羊最鲜明的标志。《诗经·周颂·良耜》云:"杀时犉牡,有捄其角。"②人们在祭祀土地神和谷神的时候,写到用于祭祀的公牛,也是特别地描写了它弯曲的角。

《楚辞》中出现一个牛身的凶神形象。《招魂》曰:"魂兮归来,君无下此幽都些。土伯九约,其角觺觺些。敦脄血拇,逐人驱驱些。参目虎首,其身若牛些。此皆甘人,归来,恐自遗灾些。"③土伯和后土之伯都是幽都的守护神,三只眼睛,虎头,牛身。对于它的描写,首先便突出它的角,"其角觺觺些",紧接着写其厚背血趾,追逐生人。让人仿佛看到了土伯顶着角,飞行逐人的恶状。这个形象着实令人不寒而栗,而最恐怖的莫过于其角了。

《诗经·小雅·宾之初筵》云:"由醉之言,俾出童羖。"④酒席上,让酒醉之人拿出一只未生角的黑色公羊。牛羊未生角叫童,人们在没成年以前的阶段,也称为儿童。这一称呼的来源大概与牛

---

① (清)阮元校刻:《十三经注疏(清嘉庆刊本)》第一册,中华书局2009年版,第938页。

② (清)阮元校刻:《十三经注疏(清嘉庆刊本)》第一册,中华书局2009年版,第1300页。

③ (宋)洪兴祖撰,黄灵庚点校:《楚辞补注》,上海古籍出版社2015年版,第325页。

④ (清)阮元校刻:《十三经注疏(清嘉庆刊本)》第一册,中华书局2009年版,第1046页。

羊不无关系。周代有一种风俗，人们把儿童的头发梳成兽角形。《诗经》中所描写的"总角"，就是这种发式。《卫风·氓》云："总角之宴，言笑晏晏。"①一个弃妇回忆童年时代的生活情景，那时，她的丈夫头上还扎着犄角形的发式，两人说说笑笑，无忧无虑。《齐风·甫田》云："婉兮娈兮，总角丱兮。未几见兮，突而弁兮。"②总角是儿童的特有发式，成年人则把头发全部梳到头顶上，加以固定，男子还要加冠。诗人的视线落在发型和冠式，通过描写头发的样式，形象地展现出一位男子由儿童成长为青年的变化。

把头发梳理成兽角的形状，当是人们崇尚阳刚精神的表现。此外，角状发式还被寄予避邪的功能和期望。《礼记·内则》记载："男角女羁，否则男左女右。"③"总角"仪式在婴儿出生三个月之后举行，男女还有区别。男孩聚发而成的双角靠在头囟两侧，女孩梳十字交叉形的"总角"之发，这两种总角发式都具有保护头囟的作用。人们希望这种发式能够使孩子勇武有力，并得到保护。当然，这带有巫术性质。

第三节　《周易》鸿鸟原型及相关 意象与上古文学

《周易·渐》卦富有文学色彩，众多研究者已从多个角度，对

---

① （清）阮元校刻：《十三经注疏（清嘉庆刊本）》第一册，中华书局 2009 年版，第 686 页。

② （清）阮元校刻：《十三经注疏（清嘉庆刊本）》第一册，中华书局 2009 年版，第 747—748 页。

③ （清）孙希旦撰，沈啸寰、王星贤点校：《礼记集解》中册，中华书局 1989 年版，第 763 页。

其内在意蕴及艺术形式做了深入挖掘。《诗经》及后代诗文中反复出现鸿鸟意象及相关原型,《渐》卦与它们有没有联系,它们之间究竟存在何样的联系? 本节拟从这个角度进行探讨。

一、《渐》卦及诗文中鸿鸟意象的象征意蕴

《渐》卦曰:

☶☴(艮下巽上)渐　女归吉。利贞。

初六　鸿渐于干,小子厉,有言,无咎。

六二　鸿渐于磐,饮食衎衎。吉。

九三　鸿渐于陆,夫征不复,妇孕不育。凶,利御寇。

六四　鸿渐于木,或得其桷,无咎。

九五　鸿渐于陵,妇三岁不孕,终莫之胜。吉。

上九　鸿渐于陆①,其羽可用为仪。吉。②

这是一个用象征方式写成的寓言卦。爻辞描写鸿鸟一连串的行动

---

① "陆",十三经注疏本《周易正义》、李鼎祚《周易集解》、马王堆出土帛书《周易》等皆作"陆"。李镜池《周易通义》、周振甫《周易译注》作"阿"。"陆"应作"阿",前人已有论证。朱骏声曰:"陆当作阿,大陵也,与'仪'叶。"(朱骏声:《六十四卦经解》,中华书局 1958 年版,第 234 页)高亨曰:"此上五爻,文皆有韵,而本爻陆、仪独非韵,且鸿渐于陆与九三重,可知陆为讹字。江永曰,'以韵读之,陆当作阿,大陵曰阿,九五为陵,则上九宜为阿,阿仪相叶,菁菁者莪是也。'"[高亨:《周易古经今注》(重订本),中华书局 1984 年版,第 316—317 页]李镜池曰:"'陆'是阿之讹,陆和上文犯复,又不协韵。宋范谔昌已知其讹,改为迁。胡瑗、朱熹采其说。顾炎武《日知录》谓迁字不合古韵。江永、王引之、俞樾等都说陆是阿之讹,阿、仪为韵。李光地编《周易折中》改为阿。《诗·皇矣》'我陵我阿',陵阿相次,可作旁证。"[李镜池著,李铭建整理:《周易通义(1970)》,中华书局 2019 年版,第 641 页]

② (清)阮元校刻:《十三经注疏(清嘉庆刊本)》第一册,中华书局 2009 年版,第 130—131 页。

及命运遭遇。鸿是水鸟，它开始来到水边，在石头附近饮水觅食，怡然自得。鸿鸟一步步地离开了它赖以栖身的环境，命运随即发生巨大的转折。它来到陆地上，树林中，鸿足为蹼，是不能栖息在树枝上的，偶尔找到可以栖身的一种方形木头桷，处境已经十分艰难。最终它行进到更高的山丘上，成为捕获的目标，羽毛可以用来做舞具。这样的一个鸿鸟故事昭示了什么样的人生哲理？这个鸿鸟意象具有哪些象征意蕴？

第一，女子之喻与离别情境。卦辞明确点出此卦的宗旨是"女归吉"，即此卦意在昭示女子宜回返家园，不宜外出的道理。编撰者通过什么意象来揭示这个道理？爻辞展现的是鸿鸟离开水边最终遭遇不幸的故事。在叙述鸿的行动与遭际的同时，编撰者把妇女的命运与鸿鸟的命运对照起来，妇女的命运与鸿鸟的命运紧密联系在一起，呈平行发展状态。当鸿鸟来到陆地上时，妇女的命运是丈夫离开家，外出不归，她有孕而不育或三岁而不孕。鸿鸟离开水边越来越远，最终成为捕猎的对象，面临性命之忧，意味着女子不应离开家园。也就是说，编撰者通过鸿鸟这个意象来寓示"女归吉"的道理，鸿鸟是一个独立的行动主体，象征着妇女。

鸿鸟为什么能够成为妇女的象征呢？二者是以水为中介的。水以其至柔之特性，成为阴柔的象征。在人们观念当中，男子为阳刚的象征，而女子具有水一般的性情，象征着阴柔。鸿是水鸟，生活在水边，其名称来源也与水密切相关。由鸿联想到它的生活环境，联想到水，鸿就成为阴柔的象征。就这样，鸿与妇女以水为中介而联系在一起。

鸿与妇女象征关系的形成离不开水，因而后代诗文作者用鸿来比喻女子之时，都不自觉地与水产生某种关联，水作为鸿鸟活动的背景或场所出现。曹植《洛神赋》用惊鸿比喻美丽的洛神"其形也,翩若惊鸿"[1],洛神是洛水女神,是一位水中神灵,而且是女性神灵。苏轼的《卜算子·黄州定惠院寓居作》,表层意象是以鸿喻女子,幽人指的是一位女子;深层意蕴是作者托物言志,幽人指的是幽独失意的文士。词曰:"缺月挂疏桐,漏断人初静。谁见幽人独往来,缥缈孤鸿影。惊起却回头,有恨无人省。拣尽寒枝不肯栖,寂寞沙洲冷。"[2]这是一首完全用象征手法写成的词。惊起而回头的缥缈孤鸿,与有恨而无人知省的幽独佳人,写鸿便是写人。这寂寞的鸿与人活动的背景是沙洲,也是在水边。陆游《沈园》(二首之一)云:"城上斜阳画角哀,沈园非复旧池台。伤心桥下春波绿,曾是惊鸿照影来。"[3]陆游忆念曾与他情深爱笃、琴瑟和谐的前妻唐琬,写下此诗。引起诗人伤心之情的,是那绿色的春波,因为这里曾是唐琬照影的地方。诗人用"惊鸿"比喻唐琬。鸿与女子,鸿与水又一次巧妙而完美地结合在一起。

《渐》卦以鸿鸟象喻妇女,已无疑义。九三与九五两条爻辞,叙述鸿鸟的行动之后,分别以"夫征不复,妇孕不育"和"妇三岁不孕,终莫之胜"编缀其后,这样,在以鸿象喻妇女的同时,就有夫妇离别情境闪烁其间。换句话说,《渐》卦在表层明显地以鸿象征妇女譬喻之下,隐蔽着一个夫妇离别的情境。鸿鸟意象从而与离别情境结下不解之缘,在后世诗文中屡见不鲜。

---

① (三国魏)曹植著,赵幼文校注:《曹植集校注》,中华书局 2016 年版,第 420 页。

② (宋)苏轼著,邹同庆、王宗堂校注:《苏轼词编年校注》,中华书局 2007 年版,第 275 页。

③ (宋)陆游著,钱仲联、马亚中主编:《陆游全集校注》,浙江古籍出版社 2015 年版,第 106 页。

　　《洛神赋》以惊鸿比喻洛神，虽然作者与洛神并非夫妇关系，但作者与洛神相互爱慕，他们最后因人神路殊而不能缘结，以离别告终。鲍照《绍古辞》（七首之四）以鸿鸟起兴的诗，辞云："孤鸿散江屿，连翩遵渚飞。含嘶衡桂浦，驰顾河朔畿。攒攒劲秋木，昭昭净冬晖。窗前涤欢爵，帐里缝舞衣。芳岁犹自可，日夜望君归。"①孤鸿在江边低飞，吞声于南方衡桂之浦，顾望其北地故土河朔之畿。女子在室内洗濯酒杯，缝制舞衣，日夜怀思，盼望夫君早日归来。诗作以夫妇离别为背景，是在夫妇离别的情境下而产生的。陆游因母亲不喜唐琬而被迫休妻，《沈园》惊鸿之喻也是以夫妇分离为前提的。

　　鸿之外，鹄也是离别的象征。鸿是大雁，鹄为天鹅，二者似乎有很大差别，但在古代诗文中，鸿与鹄经常连用，不分彼此。如，《古诗十九首·西北有高楼》："愿为双鸿鹄，奋翅起高飞"②；《史记·陈涉世家》记陈涉太息曰："嗟乎，燕雀安知鸿鹄之志哉！"③曹植《虾鳝篇》有诗句云："燕雀戏藩柴，安识鸿鹄游"④等，不胜枚举。还有一件趣闻，也说明人们把鸿与鹄看作同类，不加分别。《韩诗外传》卷十载："齐使使献鸿于楚，鸿渴，使者道饮，鸿攫笿溃失。"⑤《史记·滑稽列传》也记载了类似的事："齐王使淳于髡献

<hr/>

① （南朝宋）鲍照著，钱仲联增补集说校：《鲍参军集注》，上海古籍出版社 2021年版，第 357 页。
② （南朝陈）徐陵编，（清）吴兆宜注，程琰删补，穆克宏点校：《玉台新咏笺注》，中华书局 1985 年版，第 17 页。
③ （汉）司马迁：《史记》第六册，中华书局 1982 年版，第 1949 页。
④ （三国魏）曹植著，赵幼文校注：《曹植集校注》，中华书局 2016 年版，第570 页。
⑤ （汉）韩婴撰，许维遹校释：《韩诗外传集释》，中华书局 1980 年版，第 344 页。

鹄于楚。出邑门，道飞其鹄，徒揭空笼，造诈成辞，往见楚王。"①两书所记当为同一故事，一曰"鸿"，一曰"鹄"，这说明人们对鸿与鹄并不特别加以区分。

汉代乐府歌辞《艳歌何尝行》(一曰《飞鹄行》)两首歌咏的是白鹄，以白鹄譬喻夫妇中道离别，词句悲伤哀痛，情感真挚，十分感人。第二首既出现了作为象征意象的白鹄，又出现了作为象征本体的人。既有白鹄的形象，又有人的心声。诗云："飞来双白鹄，乃从西北来。十十五五，罗列成行。妻卒被病，行不能相随。五里一返顾，六里一徘徊。吾欲衔汝去，口噤不能开。吾欲负汝去，毛羽何摧颓。乐哉新相知，忧来生别离，踌躇顾群侣，泪下不自知。念与君离别，气结不能言。各各重自爱，道远归还难。妾当守空房，闭门下重关。若生当相见，亡者会重泉。今日乐相乐，延年万岁期。"②白鹄以雌雄分，"妻""妾"则是人的称呼。"双白鹄"在此诗中是比兴意象，引出一对夫妻的中途分离。这首诗的写法与《渐》卦十分相近。

第二，流浪的意象与回归的寓意。如果脱离卦辞所提示的卦旨"女归吉"，那么充当象征物的鸿鸟，看不出有雌雄两性的分别，它是一个独立的行动主体。而且，正如黑格尔所说："象征在本质上是双关的或模棱两可的"③。就鸿鸟的外在行动而言，这是一个流浪在外的意象，因而它就不仅象征着妇女，同时还成为征人与游子的象征。《诗经》中就有这样的例子。《小雅·鸿雁》曰：

① (汉)司马迁：《史记》第十册，中华书局1982年版，第3209页。

② (宋)郭茂倩编：《乐府诗集》，中华书局1979年版，第576—577页。

③ [德]黑格尔：《美学》第二卷，朱光潜译，商务印书馆1979年版，第12页。

　　　　鸿雁于飞,肃肃其羽,之子于征,劬劳于野。爰及矜人,哀
此鳏寡。

　　　　鸿雁于飞,集于中泽,之子于垣,百堵皆作。虽则劬劳,其
究安宅。

　　　　鸿雁于飞,哀鸣嗷嗷。维此哲人,谓我劬劳。维彼愚人,
谓我宣骄。①

诗作以飞翔哀鸣的鸿雁比喻离家服徭役的征夫。《豳风·九罭》
第二、三章曰:

　　　　鸿飞遵渚,公归无所,于女信处。
　　　　鸿飞遵陆,公归不复,于女信宿。②

《毛传》曰:"鸿不宜循渚也","陆非鸿所宜止"③,这一笺释颇得本
义。鸿是水鸟,不宜在渚陆之地飞行。可是诗中的鸿却偏偏遵渚、
遵陆而飞,这就意味着鸿飞不得其所,鸿是一个流浪的意象。诗中
以此起兴,紧接着就说"公归无所","公归不复",显而易见,诗人
是以鸿的不得其所象征人的无处可归,四处漂游。这里的"公"是
一个游子式的人物。

　　　　王粲《赠文叔良》一诗有句云:"翩翩者鸿,率彼江滨。君子于

①　(清)阮元校刻:《十三经注疏(清嘉庆刊本)》第一册,中华书局 2009 年版,第
　　923—924 页。
②　(清)阮元校刻:《十三经注疏(清嘉庆刊本)》第一册,中华书局 2009 年版,第
　　852—853 页。
③　(清)阮元校刻:《十三经注疏(清嘉庆刊本)》第一册,中华书局 2009 年版,第
　　852、853 页。

征,爰聘西邻。"①他把将要远行的人比喻成在江边翩翩而飞的鸿鸟,鸿鸟意象也是作为游子的象征出现在诗中。

《渐》卦表面叙述的是鸿鸟离开家园的故事,鸿鸟是一个流浪的意象,但是编撰者的深层用意却不是教人像鸿鸟那样远离家园,在外流浪,而是恰恰相反,流浪的鸿鸟意象蕴含着呼唤回归的意念,因此,它奠定了一个同时寓有流浪与回归双重意蕴的艺术原型。

曹操《却东西门行》开篇曰:"鸿雁出塞北,乃在无人乡。举翅万里余,行止自成行。冬节食南稻,春日复北翔。"②这几句诗描写了鸿雁于冬春季节南北往来。在诗的后半部分,诗人哀叹:"奈何此征夫,安得去四方","冉冉老将至,何时反故乡",结尾再次慨叹"故乡安可忘"。鸿雁意象与诗人的怀乡思归之心紧密地联系在一起。一方面,这与《渐》卦艺术原型的流浪意蕴一脉相承;另一方面,流浪的意象却又成为诗人寄托回归意绪的载体,这种情形的出现与鸿雁特殊的生活习性有关。鸿雁是候鸟,冬季离开北方到南方觅食求生,在北方人看来,这时它是一个流浪的意象;春天,鸿雁又从南方飞回北方,于是它又成为一个回归的意象。征人游子在外,常有漂泊无依之感,这时他们就像避冬寒而南迁的鸿鸟;征人游子思归故乡而不能如愿,这时春天飞归北方的鸿鸟,自然就容易使游子兴起归乡之思。鸿鸟意象是回归的象征,寄寓着人的归思。鸿还是一个反衬的意象,鸿归而人不能归,于是征人游子的思归情怀就更加值得悲悯。

---

① (汉)孔融等著,俞绍初辑校:《建安七子集》,中华书局 2005 年版,第 82 页。
② (宋)郭茂倩编:《乐府诗集》,中华书局 1979 年版,第 552 页。

　　曹操诗中的鸿鸟意象还有真实生活的影子，后世的一些诗作则完全从鸿鸟意象这个艺术原型所具有的流浪与回归意蕴出发，虚设鸿鸟意象，把思归之情寄托在鸿鸟身上。陆机《为顾彦先赠妇诗》云："辞家远行游，悠悠三千里……隆思乱心曲，沉欢滞不起。欢沉难剋兴，心乱谁为理。愿假归鸿翼，翻飞游江汜。"①张载《拟四愁诗》云："我所思兮在朔湄，欲往从之白雪霏。登崖永眺涕泗颓，我之怀矣心伤悲。佳人遗我云中翮，何以赠之连城璧。愿因归鸿超遐隔，终然莫致增永积。"②这两首诗中的鸿鸟意象是虚象，诗人假之以寄托思念之情。陆机诗表现的是向现实家园的回归，张载诗中主人公则是向精神家园的回归，是对现实家园的超越。尽管寻求的归宿性质不同，但都寄希望于鸿鸟，期望借助鸿鸟的飞翔本领超越空间的阻隔。

　　第三，射猎的对象与自由的象征。《渐》上九曰："鸿渐于阿，其羽可用为仪。"这意味着鸿鸟首先是人们射猎的对象，而后才可能用它的羽毛做舞具；也可以反过来理解，因为人们要利用鸿的羽毛，所以它便成为射猎的对象。更有趣的是，鸿与鹄在人们的观念中不分彼此，而鹄与射猎还有着更为特殊的关系。古人把箭靶心称为鹄。鹄既是水鸟，又是箭靶心，从这个语言现象当中，可以窥见鸿鹄作为重要射猎对象的客观情形。鸿是重要的射猎对象，这在其他典籍中也能看到。《左传·襄公十四年》记载："卫献公戒

①　（晋）陆机著，刘运好校注：《陆士衡文集校注》，凤凰出版社2007年版，第421—422页。
②　逯钦立辑校：《先秦汉魏晋南北朝诗》，中华书局1983年版，第742页。

孙文子、宁惠子食,皆服而朝,日旰不召,而射鸿于囿。"①《孟子·告子》讲述有二人学弈,其一人"一心以为有鸿鹄将至,思援弓缴而射之"②。卫献公射鸿而乐,竟然忘记了朝见臣下。学弈的人对于棋艺心不在焉,却一心幻望将有鸿鹄飞来他好射猎。这些都说明人们喜欢射猎鸿鸟。

鸿鹄是射猎的对象,但是,在后代诗歌之中,鸿鸟却往往被诗人塑造为逃脱了缯缴射猎,自由飞翔的意象,成为自由的象征。《史记·留侯世家》载,汉高祖曾为宠姬戚夫人歌曰:

> 鸿鹄高飞,一举千里。羽翮已就,横绝四海。横绝四海,当可奈何! 虽有缯缴,尚安所施!③

刘邦所歌咏的鸿鹄,一举千里,横绝四海,飞得极为高远,缯缴也对它无可奈何。它象征太子刘盈得商山四皓辅佐,羽翼丰满,其地位无法动摇,难以更换。这里,鸿是一个逃脱了射猎所及,拥有自由的意象。《法言·问明》曰:"治则见,乱则隐。鸿飞冥冥,弋人何慕焉?"④鸿鸟飞行于苍天之上,令猎者无所施为。扬雄用这样的鸿鸟意象来表达他的人生态度,身处乱世应当做个隐士,才能如鸿鸟一样避祸而全生,做个自由人。

以飞翔的鸿鹄象征自由,历来绵延不绝。阮籍的《咏怀诗》

---

① 杨伯峻编:《春秋左传注(修订本)》第四册,中华书局 2009 年版,第 1010—1011 页。

② (清)焦循撰,沈文倬点校:《孟子正义》,中华书局 1987 年版,第 781 页。

③ (汉)司马迁:《史记》第六册,中华书局 1982 年版,第 2047 页。

④ (汉)扬雄撰,汪荣宝注疏,陈仲夫点校:《法言义疏》,中华书局 1987 年版,第194 页。

（八十二首之四十三）是典型之作。诗云："鸿鹄相随飞，飞飞适荒裔。双翮凌长风，须臾万里逝。朝餐琅玕实，夕宿丹山际。抗身青云中，网罗孰能制？岂与乡曲士，携手共言誓。"①此诗歌咏高飞于青云之间、餐宿于神话境界的鸿鹄，赞叹鸿鹄不受任何网罗限制。鸿鹄意象是从诗人心灵里飞出的生灵，是诗人生命的化身，是诗人高情亢志、渴求自由的象征。

　　张九龄的《感遇》（十二首之四）诗也塑造了一个鸿鸟意象。诗云："孤鸿海上来，池潢不敢顾……今我游冥冥，弋者何所慕。"②诗中的鸿鸟开始是一个充满忧惧的形象，它从海上来，连护城河也不敢回头看一眼。但是在诗的结尾，它却摇身一变，成为一个游于高空，逃离了射猎者目标的自由形象。

　　我们还看到另外一种情形，同样也是用鸿鹄来象征自由意志，但不是通过高飞的形象来表达，而是选择了水中浮游的形象。何晏《言志诗》曰："鸿鹄比翼游，群飞戏太清。常恐天网罗，忧祸一旦并。岂若集五湖，顺流唼浮萍。逍遥放志意，何为怵惕惊。"③鸿鹄本为水鸟，高翔于天空则会成为射猎的对象，招致忧患与灾祸，只有在水中才能够逍遥自由地生活。这首诗的主旨与《渐》卦的思想寓意惊人地一致，只是稍有变异，并表达得更加明晰而已。何晏与《易》学家王弼交游甚密，或许他曾受到《渐》卦的影响。

　　鸿鸟意象由一个射猎的对象，最终转变为自由的象征，这中间

---

①　（三国魏）阮籍著，陈伯君校注：《阮籍集校注》，中华书局 2012 年版，第332 页。

②　（唐）张九龄撰，熊飞校注：《张九龄集校注》，中华书局 2008 年版，第 174 页。

③　（唐）欧阳询撰，汪绍楹校：《艺文类聚》，上海古籍出版社 1999 年版，第1566 页。

曲折地反映出创作主体从忧惧之情中超脱出来,终于达到精神逍遥的心路历程。鸿鸟意象内涵的这一转变,既是后世诗人对《渐》卦鸿鸟原型的发展和超越,更是诗人战胜了外界生之困扰,提升了自己的结果,从而显示出人的主体性的力量,展现了人的主观精神境界的高远与宏阔。

总体看来,后世诗文中鸿鸟意象的象征意蕴,与《渐》卦设定的作为艺术原型的鸿所具有的诸多意蕴,以及作为生活原型的鸿鸟本身所具有的特点息息相通;而且,其中还有艺术原型对生活原型进行的改造与美化,二者之间有似与不似的关系。鸿形体很大,举止并不轻盈,但在诗歌作者的笔下,它被美化了,行止翩翩,被赋予女性特征。至于创作主体赋予作品中的鸿鸟意象以何种象征意蕴,则因人而异,各有其视角,各有其怀抱,不可一概而论。

二、鸿鸟意象及相关原型的情感特征

荣格说:"每一个意象中都凝聚着一些人类心理和命运的因素,渗透着我们祖先历史中大致按照同样的方式无数次重复产生的欢乐与悲伤的残留物。"①鸿鸟意象及相关原型正是这样。人类最基本的两种情感——欢乐与悲伤,在鸿鸟意象及其他水鸟身上得到具体的展现。而且,原型意象的情感特征不同,诗歌的意境也因而不同。运用悲伤情感意象的诗歌作品,意境阴郁晦暗,哀婉凄恻,悲怆苍凉。运用欢快情感原型的诗歌作品,意境舒展明亮,飞扬昂奋。

《周易·渐》卦选择了鸿鸟并赋予它一种悲惨的命运,后人承

---

① [瑞士]荣格:《分析心理学与诗的关系》,朱国屏、叶舒宪译,载叶舒宪选编:《神话——原型批评》,陕西师范大学出版社1987年版,第100页。

继了鸿鸟意象具有的"悲伤"特质,运用鸿鸟意象表达了孤独悲伤的情感。鸿鸟意象逐渐成为一个悲伤的情感原型,对后世影响甚大,积淀成为一个固定的文化心理,诗文作者自觉或不自觉地选择鸿鸟以抒发伤痛。鲍照《绍古辞》以孤鸿起兴,诗中出现的是一个孤独的形象,诗作弥漫着感伤的情思。《艳歌何尝行》两首诗更是辞句凄婉,以白鹄譬喻夫妇离别的悲伤。张衡作有《鸿赋》,可惜今天仅存其《序》。从中不难体会作者在正文里所寄寓的悲慨。《太平御览》卷九一六载录其《序》云:"南寓衡阳,避祁寒也。若其雅步清音,远心高韵,鹓鸾已降,罕见其俦。而铩翮墙阴,偶影独立。嗥喋粃稗,鸡鹜为伍,不亦伤乎! 余五十之年,忽焉已至,永言身事,慨然其多绪。乃为之赋,聊以自慰。"①鸿鸟具有可与鸾凤匹俦的美好资质,然而却"偶影独立","鸡鹜为伍",张衡为之感伤,也是为自己感伤。他创作《鸿赋》意在借鸿鸟以抒写一己之悲,鸿的命运是他自身命运的象征。鸿鸟意象寄寓着创作主体孤独哀伤的情感。苏轼和陆游笔下的孤鸿都是作者的心灵图景,是作者孤独情感的具象化。

那些以鸿鸟意象比兴征人漂泊之愁,游子思归之情的作品,也都是抒发无奈而悲伤的情感。那些赋予本为射猎对象的鸿鸟以自由象征意义的作品,也分明是以生之忧惧的阴影为底色的。《史记·留侯世家》记载汉高祖作《鸿鹄歌》,背景是:"戚夫人泣,上曰:'为我楚舞,吾为若楚歌。'"②诗作抒发的是英雄年迈、无力回天之悲。阮籍和何晏生活的时代让人朝不保夕,怵惕惊恐。正是

---

① （宋）李昉等:《太平御览》,中华书局 1960 年版,第 4063 页。
② （汉）司马迁:《史记》第六册,中华书局 1982 年版,第 2047 页。

出于对网罗的深深恐惧,才会产生要挣脱网罗的强烈愿望,才会塑造出网罗不能制的自由的鸿鸟意象。

人们赋予鸿鸟以孤独、悲伤的情感,把欢乐的情感给了鹤、凫鹥与鹭这几种水鸟。在水鸟这个群体当中,鸿是悲伤的情感原型,而鹤与鹭,则成为欢快的情感原型。这恰恰与《周易》中的鹤意象所蕴含的情感具有一致性。

《周易·中孚》九二曰:"鸣鹤在阴,其子和之。我有好爵,吾与尔靡之。"①老鹤在阴而鸣,幼鹤应和。我有好酒,要与你共享。这情境多么俊爽明亮,温馨而美好!鸣鹤与其子之间,自我与他人之间的关系是多么安宁和谐!这条爻辞的字句之间跳动着欢快的音符。

《诗经》中的鹤也与和乐之情有关。《小雅·鹤鸣》曰:"鹤鸣于九皋,声闻于野。鱼潜在渊,或在于渚。乐彼之园,爰有树檀,其下维萚。它山之石,可以为错。鹤鸣于九皋,声闻于天。鱼在于渚,或潜在渊。乐彼之园,爰有树檀,其下维榖。它山之石,可以攻玉。"②这首诗也是以鹤鸣起兴,洋溢着乐观开朗的情调。鸣鹤和游鱼,都生活在自由的天地之中,诗中出现的是人间乐园的画面,见不到感情的阴影。

《诗·大雅·凫鹥》也是以水鸟起兴的作品,诗云:

> 凫鹥在泾,公尸来燕来宁。尔酒既清,尔肴既馨。公尸燕

---

① (清)阮元校刻:《十三经注疏(清嘉庆刊本)》第一册,中华书局 2009 年版,第 146 页。

② (清)阮元校刻:《十三经注疏(清嘉庆刊本)》第一册,中华书局 2009 年版,第 926—927 页。

饮，福禄来成。

　　凫鹥在沙，公尸来燕来宜。尔酒既多，尔肴既嘉。公尸燕
饮，福禄来为。

　　凫鹥在渚，公尸来燕来处。尔酒既湑，尔肴伊脯。公尸燕
饮，福禄来下。

　　凫鹥在潨，公尸来燕来宗。既燕于宗，福禄攸降。公尸燕
饮，福禄来崇。

　　凫鹥在亹，公尸来止熏熏。旨酒欣欣，燔炙芬芬。公尸燕
饮，无有后艰。①

诗写的是贵族在祭祀祖先的次日，备下酒宴以酬劳扮演祭主的人。
诗分五章，每章都以野鸭与鸥鸟这两种水鸟起兴，与之相对应的是
贵族的宴饮之乐。从语言形式上看，这首诗每章的首句与《渐》卦
极为相似，但是传达出来的情调却大相径庭。《渐》卦中的鸿是悲
惨命运的象征，使人兴起悲伤之情；《凫鹥》兴起的则是欢欣愉悦
之情。进一步考察，会发现《渐》卦和《凫鹥》的构思有一致的地
方。《渐》卦中的鸿鸟离开了水边，最终有生命的危险，但是它在
水边的时候却是饮食衎衎，《凫鹥》一诗表达的是欢快之情，诗中
凫鹥活动的地点是在泾，在沙，在潨，在渚，在亹，都是水的附近，一
直没有离开水边。它们可以互为佐证，有意揭示或无意遵循了一
个现实规律。

　　《诗经》中的鹭，也是一个表达欢乐的情感原型。《周颂·振
鹭》曰："振鹭于飞，于彼西雍。我客戾止，亦有斯容。在彼无恶，

---

① （清）阮元校刻：《十三经注疏（清嘉庆刊本）》第一册，中华书局 2009 年版，第
　　1157—1159 页。

在此无斁。庶几夙夜,以永终誉。"①这首诗是周王设宴招待前来朝见的诸侯的乐歌。诗里把客人比喻成群飞的白鹭。全诗传达出昂扬的声调。《鲁颂·有駜》写的是贵族官员办公与宴饮之乐。诗的第一、二章曰:"有駜有駜,駜彼乘黄。夙夜在公,在公明明。振振鹭,鹭于下,鼓咽咽,醉言舞,于胥乐兮。有駜有駜,駜彼乘牡。夙夜在公,在公饮酒。振振鹭,鹭于飞,鼓咽咽,醉言归,于胥乐兮。"②他们在富于节奏感的鼓声当中带着醉意蹁跹起舞,乐不可支。在言及宴饮娱乐时,这里还是用群飞的白鹭起兴,用白鹭的翩然飞翔比喻它们的舞姿轻盈,表达了群体娱乐的欢快之情。

后代诗作中的白鹭也多为明朗清新的意象。如王维《积雨辋川庄作》有句云"漠漠水田飞白鹭,阴阴夏木啭黄鹂"③,杜甫《绝句》有句云"一行白鹭上青天"④,它们都给人以轻盈欢快的感觉。

诗人选择用来表达情感的意象,有时是继承了这个意象在生成期所积淀的情感,如《渐》卦塑造了鸿的悲惨命运,后代诗文中的鸿鸟意象就与悲伤孤独的情感一直形影相随,鸿成为一个悲伤的情感原型。但是,还应该看到,诗人选择用来表达情感的意象,有的时候也与原型发生悖离,呈现出向相反方向发展的趋势。

鹤在《周易》与《诗经》中是一个欢乐的情感原型,但在后代作品中鹤也常常成为孤独悲伤情感的象征,与鸿鸟意象的情感特征

---

① (清)阮元校刻:《十三经注疏(清嘉庆刊本)》第一册,中华书局 2009 年版,第1280 页。

② (清)阮元校刻:《十三经注疏(清嘉庆刊本)》第一册,中华书局 2009 年版,第1316 页。

③ (唐)王维撰,陈铁民校注:《王维集校注》,中华书局 1997 年版,第 444 页。

④ (唐)杜甫撰,谢思炜校注:《杜甫集校注》,上海古籍出版社 2015 年版,第2104 页。

近似。曹植《白鹤赋》就是这样的典型。赋云："嗟皓丽之素鸟兮，含奇气之淑祥……承邂逅之侥倖兮，得接翼于鸾皇。同毛衣之气类兮，信休息之同行。痛美会之中绝兮，遭严灾而逢殃。共太息而只惧兮，抑吞声而不扬。伤本规之违连，怅离群而独处。恒窜伏以穷栖，独哀鸣而戢羽……"①诗人笔下的白鹤是一个具有外在皓羽之美与内在奇气之质的美好意象，但其命运遭遇却与《渐》卦中的鸿鸟有相似之处。白鹤本来幸运地与鸟中之王相遇相得，然而好景不长，最终却不幸地"遭严灾而逢殃"，只能离群独处，窜伏穷栖，哀哀而鸣。曹植借白鹤以自喻，以鸾皇喻指曹丕，表达其君臣遇合的理想遭遇挫伤的境况。阮籍《咏怀诗》（八十二首之二十一）曰："云间有玄鹤，抗志扬哀声。一飞冲青天，旷世不再鸣。岂与鹑鷃游，连翩戏中庭。"②玄鹤"抗志扬声哀"，在云间发出悲哀的鸣声，这是发自作者内心深处的惨怛之音。玄鹤意象寄寓着作者愤懑抑郁及无可奈何的伤痛。

陆云《鸣鹤》四章表达的是"嗟我怀人，惟用伤情"的情感。鲍照的《代别鹤操》，取象鹤以喻写夫妻别离的哀伤，在其他作品中还有"宁作野中之双凫，不愿云间之别鹤"③的诗句。选择鹤作为别离的象征，用以表达悲伤的情感在后代诗作中十分常见，以鹤表达欢乐愉悦之情的作品反而罕见了。

总之，鸿蕴含悲伤的内核，鹤等水鸟传达的是欢快之音，它们

---

① （三国魏）曹植著，赵幼文校注：《曹植集校注》，中华书局 2016 年版，第 354—355 页。

② （三国魏）阮籍著，陈伯君校注：《阮籍集校注》，中华书局 2012 年版，第 285 页。

③ （南朝宋）鲍照著，钱仲联增补集说校：《鲍参军集注》，上海古籍出版社 2021 年版，第 231 页。

之所以在诗文中具有不同的情感特征,可以说,与《周易》有着很大的关系。《周易》奠定了鸿与鹤这两个意象的情感内涵,左右着后人赋予它们以何种情感。

三、《周易》与诗歌表现方式的同异之辨

《周易》是一部用于占卜的巫术著作,最突出的特点正如《系辞上》所说:"圣人立象以尽意","圣人有以见天下之赜,而拟诸其形容,象其物宜,是故谓之象"①,创制者先有了某种观念,而后运用具体的形象表达出来,在这些象中,寄托着创制者的思想。也就是说,《周易》的创制者完全运用象征的表现方式构建六十四卦,这就与诗歌有了相通之处。

诗歌讲究形象性,作者运用可以诉诸感官的具体形象来表达思想,抒发情感,诗歌的创作过程离不开形象。《诗经》中大量运用了比兴手法,就广义而言,比兴手法也属于象征。正如黑格尔所说:"象征一般是直接呈现于感性观照的一种现成的外在事物,对这种外在事物并不直接就它本身来看,而是就它所暗示的一种较广泛较普遍的意义来看。"②从鸿鸟意象及相关原型上也能够清楚地看出来《周易》与诗歌的这种相通之处。

《渐》卦是用象征方式写成的寓言卦,爻辞写了鸿鸟的遭遇,但是创制者的目的并不是要写鸿鸟,而是用它作为一个象征,它象征着阴柔,又象征着女性,它的遭遇象征着女性的命运。鸿鸟意象蕴含着"女归吉"的道理。《诗经》中的鸿雁意象,是兴中有比的意象,鸿雁或譬喻没有归所者,或譬喻服徭役的人,都与作者所要抒

---

① （清）阮元校刻:《十三经注疏（清嘉庆刊本）》第一册,中华书局 2009 年版,第 171 页。
② ［德］黑格尔:《美学》第二卷,朱光潜译,商务印书馆 1979 年版,第 10 页。

发的情感紧密相连。后代诗人的作品有的是触景而生情，如曹操《却东西门行》诗；有的是为情而拟象，化抽象的情思为具体的意象，如刘邦的《鸿鹄歌》、阮籍的《咏怀》（八十二首之四十三）等。无论哪种情况，他们都运用了象征的表现方式来表意抒情。运用象征的表现方式，是《周易》与《诗经》及后代诗歌的共同特点。

　　然而，尽管《周易》作为象占的爻辞语言相当精炼而押韵，有的还很精彩，可与《诗经》媲美，可《周易》毕竟是一部巫卜之书，它的象征与纯粹的文学作品的象征有着很大的差别。具体说来，有以下三点。

　　第一，哲理意象与情感原型的分野。《渐》是寓言卦，目的在于说明哲理，鸿鸟是一个哲理意象。而《诗经》及后世诗文中的鸿鸟及相关意象则是情感原型，人们在它们身上寄寓了自己的情感。抒情是诗歌创作的原动力，诗歌中的意象是一种情感符号，蕴藏着丰富的情感内容。《周易》通过鸿鸟的危险境遇暗示人们应当回返以保存生命。它对人生命的关注表现为吉凶判断，落脚点是在安全层面上。后世诗文则不尽然，同是悲伤，有的流露出对险象环生的现实社会的恐惧，有的是因在追求生命价值的实现过程当中所出现的因理想落空，生命价值无从实现而产生的孤独悲伤之慨叹。同样是悲伤的内核，其间仍有许多差别。

　　第二，物我平行式比兴与物我交融式象征的区别。《渐》卦以鸿的遭遇象征女性的遭遇，《诗经》以鸿雁比兴；《中孚》卦以鹤鸣象征人的和乐，《诗经》以鹤鸣、凫鹥、鹭群比兴宴饮的欢畅；它们都把鸟的行动与人的行动或情感并列，客观物象是用来比兴的，客观物象与主体行动或情感呈现平行状态，是物我平行式比兴。《诗经》中多数是即景而生情，因物而成象。后代的诗文作品当然也有这样的象征,如王粲的《赠王叔良》,但更多的则是主体并不出现,出现的只是用来象征主体心志的意象,这个意象是客观的外在物象与主观的内在情意的交融,客体物象成为某种情怀,某种品格的象征。创作主体不是感于物而动,而是先有感于心,而后寻找适当的物象来加以表现。即为情而造文,为情而拟象,诗中的意象实为诗人的心象,是一种心灵意象。刘邦《鸿鹄歌》,张衡《鸿赋》,何晏《言志诗》,阮籍《咏怀》之二十一及四十三,张九龄《感遇》诗,苏轼《卜算子》等,都是这类作品。这类作品表现为咏物题材,但并非纯粹吟咏客观之物,而是在所咏之物上寄寓了作者的感情,物与我融通为一,表现为物我交融式象征。

第三,从结构方式角度考察,《周易》与《诗经》也同中有异。从单条爻辞或单个章节上看,《周易》与《诗经》结构大体相近。《渐》卦把鸿鸟与妇女平行而列,鹤鸣与人饮平行;《诗经》在以鸿雁等水鸟物象起兴之后,也是把人的行为平列在后面。但是从全部六条爻辞或整首诗篇上看,《周易》与《诗经》结构又迥乎不同。《诗经》表现为重章叠唱的结构方式,《九罭》《鸿雁》《凫鹥》《有駜》等作品都是这样,反复咏叹,情节单一。《周易》则不然。《渐》卦中的鸿鸟从初爻到终爻,随着爻位的逐渐升高,鸿鸟所渐之地也随之变化,从水边一直进到高高的山丘上,空间位置呈现从低到高的顺序。而且,从时间序列上看,情节也随之发生变化。鸿鸟在水边时还能饮食自得,离开水边到了山丘上,则成为人们射猎的对象,羽毛要被用来做舞具。《渐》卦有完整的故事情节,行动主体鸿有一连串前后相续的动态行为。《诗经》作品的鸿雁及其他相关水鸟意象,虽然也有或"飞"或"鸣"的动作,但基本呈现为静态的单一画面,动作时间上没有序列性的发展变化,没有完整的情节,空间上也没有发生由高到低或由低到高的位移,它们只是作为兴象出现在作品当中,不像《渐》卦中的鸿鸟是一个独立行动的主体。

此外,《周易》与后代为情而拟象的象征是自觉性的象征,创作主体有意识地为理或为情而拟象,《诗经》的感兴多有随意性,是即景而成象。而且,如《庄子·天下》所说:"易以道阴阳"①,《渐》卦中的鸿鸟除了象征女性,还象征阴柔,《诗经》与其他诗歌作品中的鸿鸟并不一定象征阴阳观念。

四、隐曲深婉的美学特征与秘响旁通的审美效果

象征性的表现方式具有富于暗示的特点。作者并没有把要表达的思想感情直接表现出来,而是把对生活的深刻认识,把内在的心灵图景变成可以感性观照的对象,主观的情思是通过某种比兴象征意象来加以表现,是被隔了一层以后才表现出来。这样,就在有所隐与有所现之间形成一种张力,使象征型的作品具有隐曲深婉的美学特征。《周易·系辞下》曰:"其称名也小,其取类也大,其旨远,其辞文,其言曲而中,其事肆而隐。"②《渐》卦正是这样。作者用具体的事物作比喻来言说人生道理,鸿只不过是一种水鸟而已,但作者在它身上寄寓的思想观念却颇为深远,耐人寻味。爻辞的语言很有文采,委曲含蓄而不失中正,事象明朗而旨意深隐。我们不妨再来回顾一下《渐》卦那富于韵律,朗朗上口的爻辞:鸿渐于干,鸿渐于磐,饮食衎衎。鸿渐于陆,夫征不复,妇孕不育。鸿

---

① (清)郭庆藩撰,王孝鱼点校:《庄子集释》下册,中华书局2012年版,第1062页。

② (清)阮元校刻:《十三经注疏(清嘉庆刊本)》第一册,中华书局2009年版,第185页。

渐于木,或得其桷。鸿渐于陵,妇三岁不孕,终莫之胜。鸿渐于陆,其羽可用为仪。去掉爻位和断辞,这宛然就是一首以四言为主,四次换韵的诗歌。《诗经》及其他诗作也是因为运用物我平行式比兴或物我交融式象征而使作品富于暗示的意味,多了层表意的曲折与隐微。

《文心雕龙·隐秀》曰:"隐也者,文外之重旨者也……隐以复意为工。"①在那些以鸿鹄、白鹭等水鸟起兴以及以歌咏它们为主要内容的作品中,水鸟意象都不只是单纯的水鸟,表层意义上的水鸟负载着深层意蕴,负载着作者内心深处的情志与感悟。这些作品都具有一重或多重言外之意,文外之旨。从那些或悲伤或欢快的水鸟形象上,读者当不难领悟源自作者心灵深处的声音,而那些没有直接说出的话,才是作者真正想要表达的内容。而且,正是因为这意象还隐曲深藏着另一层更深的含义,才会如此打动我们的心灵。那些单纯歌咏水鸟本身特征的作品,则很容易被人们遗忘。

象征性的表现方式,造成作品隐曲深婉的美学特质,作品的这种美学特质对读者而言则形成一种秘响旁通的审美效果。《文心雕龙·隐秀》曰:"义生文外,秘响傍通,伏采潜发,譬爻象之变互体,川渎之韫珠玉也。"②用现代西方文论来阐述则是:

> 原型是一些联想群(associative clusters),与符号不同,它们是复杂可变的,在既定的语境之中,它们常常有大量特别的

---

① (南朝梁)刘勰著,詹锳义证:《文心雕龙义证》,上海古籍出版社1989年版,第1483页。
② (南朝梁)刘勰著,詹锳义证:《文心雕龙义证》,上海古籍出版社1989年版,第1487页。

已知联想物,这些都是可交际传播的,因为特定文化中的大多
数人都很熟悉它们。

　　某些原型深深地植根于传统的联想之中,几乎无法使它
们与那些联想分开。①

因为原型是反复出现的意象或情节,一个原型一旦形成,人们在阅
读含有原型的作品时,就会由此及彼,展开丰富的联想。鸿鹄是悲
伤孤独的情感原型,阅读《渐》卦会联想到《诗经》和后代的诗文,
阅读后代某一涉及鸿雁的作品,人们也会很自然地联想到其他前
前后后的作品。鸿鸟已经在人们心中烙上了悲伤的印迹,在文学
作品中见到鸿鸟意象,读者的心理自然会倾向悲伤孤独,会对作品
所要表达的情感有一种特定的期待,因而也更容易理解作者的内
心情感。那些成为欢乐象征的水鸟原型也是如此。这样,人们阅
读一篇作品,就会相继有其他大量的作品浮现在脑海当中,会有其
他人的声音在心中响起,作品的情感力量因为某一个原型的运用
而被极大地强化了。作品不再是孤立的,而是与其他作品有了联
系,共同道出了人类的某种情思。

第四节　《周易》棘石坎等刑狱
意象与上古文学

　　《周易》中有十一卦近三十条爻辞都涉及讼诉、监狱及刑罚,
其中《坎》和《困》两卦比较有代表性。这两卦包含的坎、丛棘、石

---

① ［加］弗莱:《作为原型的象征》,叶舒宪译,载《神话——原型批评》,陕西师范
　　大学出版社 1987 年版,第 155 页。

等意象在上古文学作品中也能够看到。探讨它们的内在意蕴及上古文学作品中的相关意象，可以帮助我们认识人类自身的某些文化心理特点。

一、《周易》的刑狱意象

《周易》坎、棘、石等刑狱意象，集中在《坎》和《困》两卦。这几个意象是如何与刑狱发生关系的？有哪些旁证？了解它们可以解决什么问题？

（一）《坎》《困》两卦

《坎》卦：

> ䷜（坎下坎上）习坎，有孚维心，亨，行有尚。
>
> 初六　习坎，入于坎窞，凶。
>
> 九二　坎有险，求小得。
>
> 六三　来之坎，坎险且枕，入于坎窞。勿用。
>
> 六四　樽酒，簋贰，用缶，纳约自牖。终无咎。
>
> 九五　坎不盈，祗既平。无咎。
>
> 上六　系用徽缰，置于丛棘，三岁不得。凶。①

《坎》讲述的是犯人在土牢中的生活。大体意思是，犯人被关押进深坑里，有凶险。他们的要求只能得到一小部分的满足。这个土牢又深又险，落到深坑里，不要有所行动。一樽酒，两簋饭食，用瓦器盛东西，用绳子把酒饭从天窗送到土牢里。庆幸的是土牢里人没关满，看管人员处事尚属公平。犯人被绳索捆绑着，置于丛棘之

―――――――――――

① （清）阮元校刻：《十三经注疏（清嘉庆刊本）》第一册，中华书局2009年版，第85—86页。

中听受审判，最后被关押进监狱，监狱的墙上以及监狱的周围都种植着生刺的棘木，犯人三年没有得到释放。

坎的本义是土坑，《坎》再三强调有人"入于坎窞"，"坎有险"，"坎险且枕"，描述的是犯人被关置于重重深坑的事象，而这重重深坑则是地牢。地牢是我国上古时期一种主要的监狱形式，直到后代还在沿用。①

《困》卦有两条爻辞涉及监狱及刑罚。

> 初六　臀困于株木，入于幽谷，三岁不觌。
> 六三　困于石，据于蒺藜。入于其宫，不见其妻。凶。②

犯人被杖，遭受毒打，关进幽暗的深谷里，三年看不见外面的人。犯人坐在石上，在荆棘丛中受到审讯，关入墙上插满蒺藜的监狱里。后来刑满释放，回到家中，没有看见妻子。这是一幅家破人亡的惨象。

（二）丛棘与刑狱

《坎》《困》两卦揭示出丛棘和蒺藜与刑罚和监狱有关系。丛棘和蒺藜与法官听狱断案有关。礼书中有明确的记载。李鼎祚即引述曰："《周礼》：王之外朝，左九棘，右九棘，面三槐，司寇公卿议

---

① 《魏书》卷五十八《杨津传》："津苦战不敌，遂见拘执。洛周脱津衣服，置地牢下，数日，欲将烹之。"[（北齐）魏收：《魏书》，中华书局1974年版，第1299页] 杨津被关在地牢里。（唐）张鷟《朝野佥载》卷一："武后中，契丹李尽忠、孙万荣之破营府也，以地牢囚汉俘数百人。"[（唐）张鷟撰，赵守俨点校：《朝野佥载》，中华书局1979年版，第7页]契丹人也把汉人俘虏囚禁在地牢里。

② （清）阮元校刻：《十三经注疏（清嘉庆刊本）》第一册，中华书局2009年版，第121、122页。

狱于其下。"①《礼记·王制》:"史以狱成告于正,正听之。正以狱成告于大司寇,大司寇听之棘木之下。"②

丛棘与断狱有关。棘是有刺的植物,监狱的围墙上插着丛棘,能够起到围困犯人的作用。对此,历史典籍有确切的实例可供参证。《左传·哀公八年》记:"邾子又无道,吴子使大宰子余讨之,囚诸楼台,栫之以棘。"③邾子被吴人囚禁在楼台,周围插上荆棘,目的很明确,就是为了防止、阻止他逃走。

后来产生的一些文化现象,也显示出丛棘与狱断之间存在割不断的联系。《汉书·王尊传》:"今一旦无辜制于仇人之手……下不得蒙棘木之听。"④《后汉书·寇荣传》:"尚书背绳墨,案空劾,不复质确其过,竟于严棘之下。"⑤所谓"棘木之听""严棘之下",都是断狱的代称。《后汉书·仲长统传》:"清絜之士,徒自苦于茨棘之间,无所益损于风俗也。"⑥这里的"茨棘之间",指的是监狱。后代的大理寺是执掌刑狱的官署,或称棘寺、棘署,大理寺丞,称棘丞、棘卿。这些词汇都源于古老的棘木听狱事象。

① (唐)李鼎祚撰,王丰先点校:《周易集解》,中华书局2016年版,第192页。《周礼·秋官·司寇》曰:"朝士,掌建邦外朝之法,左九棘,孤卿大夫位焉,群士在其后;右九棘,公侯伯子男位焉,群吏在其后;面三槐,三公位焉,州长众庶在其后。"[(汉)郑玄注,(唐)贾公彦疏:《周礼注疏》,(清)阮元校刻:《十三经注疏(清嘉庆刊本)》第一册,中华书局2009年版,第1895页]

② (清)孙希旦撰,沈啸寰、王星贤点校:《礼记集解》上册,中华书局1989年版,第372页。

③ 杨伯峻编:《春秋左传注(修订本)》第五册,中华书局2009年版,第1650页。

④ (汉)班固撰,(唐)颜师古注:《汉书》第十册,中华书局1962年版,第3235页。

⑤ (南朝宋)范晔撰:《后汉书》,中华书局1965年版,第628页。

⑥ (南朝宋)范晔撰:《后汉书》,中华书局1965年版,第1648页。

（三）石与刑狱

《困》六三云"困于石"，对此，虞翻、王弼等古注都没有把它与监狱或刑罚联系起来。① 其实，"困于石"事象，讲述的是犯人被捆缚，坐在石上示众。这在《周礼》中有详明的阐述。《地官·司救》云："凡民之有邪恶者，三让三罚，而士加明刑。耻诸嘉石，役诸司空。"郑玄注："罚，谓挞击之也。加明刑者，去其冠饰，而书其邪恶之状，著之背也。嘉石，朝士所掌，在外朝之门左，使坐焉以耻辱之；既而役诸司空，使事官之作也。"《秋官·大司寇》云：

> 以嘉石平罢民，凡万民之有罪过而未丽于法，而害于州里者，桎梏而坐诸嘉石，役诸司空。重罪，旬有三日坐，朞役；其次九日坐，九月役；其次七日坐，七月役；其次五日坐，五月役；其下罪三日坐，三月役；使州里任之，则宥而舍之。

郑注："嘉石，文石也。树之外朝门左，平成也。成之使善。"②从上面这两段引文及郑玄的注释中，我们可以明了当时的嘉石明刑制度。行为不端的百姓，虽未触犯法律，却有害于他人，要在官府受到三次斥责，三次鞭打，而后去掉头冠装饰，将其恶劣行迹书写在

---

① 虞翻云："二变正时，三在艮山下，故困于石。"［（唐）李鼎祚撰，王丰先点校：《周易集解》，中华书局 2016 年版，第 290 页］王弼云："石之为物，坚而不纳者也，谓四也。三以阴居阳，志武者也。四自纳初，不受己者；二非所据，刚非所乘；上比困石，下据蒺藜。无应而人，焉得配偶？ 在困处斯，凶其宜也。"［（清）阮元校刻：《十三经注疏（清嘉庆刊本）》第一册，中华书局 2009 年版，第 122 页］他们分别从象数角度或从爻辞给人的启迪方面解说，对于"困于石"事象的现实社会生活来源，对于它具体所指之事，却没有做任何说明。

② （汉）郑玄注，（唐）贾公彦疏：《周礼注疏》，（清）阮元校刻：《十三经注疏（清嘉庆刊本）》第二册，第 1577、1880、1880 页。

木板上,挂在背后,手脚都戴上枷锁,坐在官府门外左侧示众,让他感觉耻辱,从而生出悔过之心。示众之后,再去参加建筑劳动,受役于司空。他们示众与劳动改造的时间由罪行的轻重决定。最轻的要在嘉石上坐三天,劳动三个月,最重的要在嘉石上坐十三天,劳动一年。

这种刑罚意图激起人的羞耻心,以个体的尊严感作为教化的基础。《孟子·公孙丑》云:"羞恶之心,义之端也。"①《朱子语类》卷十三载录朱熹之语:"耻便是羞恶之心。人有耻,则能有所不为。"②以恶行为耻,是产生义的母体,是人能够在行为上自我约束的心理基础。摩尔根说:"在低级野蛮时代社会中,人类的较高的属性便已开始表现出来了。个人的尊严、语言的流利、宗教的感情以及正直、刚毅和勇敢已开始成为其性格的共同特点,但是,残忍、诡诈和狂热也同样是共同的特性。"③《周易》创制时代处于蒙昧时代与野蛮时代交替之际④,这时个人的尊严已经发展起来,人们已经有确切的耻辱意识。因而以此作为教训犯人的手段是可能的。

(四)"介于石"的含义

弄清楚"困于石"事象的基本来源与法制的关系,《周易》中另一条爻辞就很好理解了。《豫》六二:"介于石,不终日。贞吉。"⑤

---

① (清)焦循撰,沈文倬点校:《孟子正义》,中华书局1987年版,第234页。
② (宋)黎靖德编,王星贤点校:《朱子语类》,中华书局1986年版,第241页。
③ [美]路易斯·亨利·摩尔根:《古代社会》(新译本),杨东莼、马雍距译,商务印书馆1977年版,第538页。
④ 详见李炳海:《先秦诗歌史论》第三章,吉林教育出版社1995年版。
⑤ (唐)陆德明:《经典释文·周易音义》,(清)阮元校刻:《十三经注疏(清嘉庆刊本)》第一册,中华书局2009年版,第62页。

《周易音义》曰:"介,古文作砎。郑:古八反。云:谓磨砎也。马作
扴,云:触小石声。"①郑玄和马融所说不够准确,但都包含接触这
层意思。王弼注云:"顺不苟从,豫不违中,是以上交不谄,下交不
渎,明祸福之所生。故不苟说,辨必然之理;故不改其操,介如石
焉。不终日明矣。"②他把"于"解说成"如",把石头的物理属性与
人的品格节操联系起来加以阐释,有违原意。尚秉和引马说和郑
说,并引《庄子·马蹄》篇"加之以衡扼,齐之以月题,而马知介倪。
陆云……介者,触",最后得出结论:"介于石即触于石。"③这个解释
是正确的。然而,他接下来的解释却没能沿着这条线索继续进行,
他说:"易之道,异性为类,同性相敌。二五无应,承乘皆阴,如触于
石之不相入。触石不入,故君子见几而作,不俟终日也。旧解诂砎
字是,而义则不详。须知砎于石,乃危辞,以形容二之失类,故《系》
云:'介如石焉。'宁用终日,断可识矣。"④这就远离了事实真相。

　　从上面关于"困于石"的论述中,可以推断,"介于石"事象的
基本含义与"困于石"大致相同,描述的也是犯人被迫坐在官府门
外的石头上,示众受辱。所言"不终日",是指还不到一天,这个惩
罚就解除了。参照《周礼·秋官·大司寇》所云量刑标准,不到一
天的惩治是非常轻的。所以《豫》六二下断辞云"贞吉"。贞问得
到这个卦象,吉利。"介于石""困于石"表述的是同类事象,只是
用词不同罢了。一用"介",是因为所受刑罚很轻,不到一天,断辞

---

① （清）阮元校刻:《十三经注疏（清嘉庆刊本）》第一册,中华书局2009年版,第
　210页。
② （清）阮元校刻:《十三经注疏（清嘉庆刊本）》第一册,中华书局2009年版,第
　62页。
③ 尚秉和:《周易尚氏学》,中华书局1980年版,第95页。
④ 尚秉和:《周易尚氏学》,中华书局1980年版,第95页。

吉。一用"困",大概坐于石上的时间较长,受刑较重,断辞凶。

坎、棘、石三个意象都与监狱和刑罚有关,它们都是围困的象征。如果进一步辨析,就会发现它们的蕴含有差别,并不完全相同。丛棘,侧重防范;石则重在耻辱惩罚,"困于石"事象主要是人格遭受耻辱和惩罚的象征。坎突出空间位置的低下幽深、光线的昏暗以及与外界正常生活的隔绝,显得格外困苦。

二、相关《诗经》作品解读

《周易》中出现的丛棘、石、坎等意象与听讼及监狱有关,清楚了这一点,我们在解读文学作品时遇到的某些疑难就迎刃而解了。

(一)"蔽芾甘棠"与听讼

《诗经·召南·甘棠》诗云:

> 蔽芾甘棠,勿翦勿伐,召伯所茇。
> 蔽芾甘棠,勿翦勿败,召伯所憩。
> 蔽芾甘棠,勿翦勿拜,召伯所说。①

召伯是周宣王的母舅,到召南巡视,深得百姓的拥戴。他曾在甘棠树下休息,人们爱屋及乌,在召伯离开之后,保护这棵树不被砍伐,以此表达对他的敬意和怀念。表面上看,这首诗与听案断狱没有什么关系,但汉人已经把它与听讼之事联系起来。《毛传》曰:"茇,草舍也。召伯听男女之讼,不重烦劳,百姓止舍小棠之下,而听断焉。国人被其德,说其化,思其人,敬其树。"②这个结论有无

---

① (清)阮元校刻:《十三经注疏(清嘉庆刊本)》第一册,中华书局 2009 年版,第604—605 页。
② (清)阮元校刻:《十三经注疏(清嘉庆刊本)》第一册,中华书局 2009 年版,第604 页。

依据，《毛传》没有提及。朱熹的解释与《毛传》不同，《诗集传》云："召伯循行南国以布文王之政，或舍甘棠之下。其后人思其德，故爱其树，而不忍伤也。"①他根本就没提听讼这回事，只是含糊地说在甘棠之下休息。那么，这首诗咏叹的事情究竟与断狱有没有关系？联系《周易》中的《坎》《困》等卦及相关记载，我们说，《甘棠》一诗的确与断狱有关，可是由于诗中它只是作为背景而出现，没有正面描述，因而不易为人察觉。

　　为什么这么说呢？这要看甘棠树的特征。《毛传》和朱传都认为甘棠就是杜梨，棠梨，这点上二人没有分歧。棠梨，蔷薇科。是落叶乔木，枝有针刺。叶片有粗锐锯齿。就是说，甘棠是一种棘树。召伯在棘下休息，隐含着《周易》时代就已经产生的棘下断狱原型事象，因而，《毛传》的解释是有道理的，也更准确。骆宾王《在狱咏蝉》序云："余禁所，禁垣西，是法曹厅事也。有古槐数株焉。虽生意可知，同殷仲文之枯树；而听讼斯在，即周邵伯之甘棠。"②《王子安集》卷十一载《乾元殿颂》云："黄沙鞫草，划丛棘而迁讹；丹石滋苔，仰甘棠而息讼。"③他们都把甘棠与听讼相联系，骆宾王还特别提到召伯在其下休憩的甘棠，与《毛传》的理解相同。

　　（二）"据于蒺藜"的寓意

　　《困》六三有"据于蒺藜"事象。这一事象除了与监狱有关系，

---

① （宋）朱熹集撰，赵长征点校：《诗集传》，中华书局2017年版，第15页。
② （唐）骆宾王著，陈熙晋笺注：《骆临海集笺注》，上海古籍出版社1985年版，第157页。
③ （唐）王勃著，（清）蒋清翊注，汪贤度校点：《王子安集注》，上海古籍出版社1995年版，第402页。

还有另一层含义,即《系辞下》所云:"非所据而据焉,身必危。"①
蒺藜多刺,不是可以据靠的处所,所以,据于蒺藜是生命有危险的
征兆。

　　非所据而据,《诗经》中有这类事象。《唐风·鸨羽》第二章以
"肃肃鸨翼,集于苞棘"②咏叹征夫在外长期服役,父母在家没有依
靠的悲伤。棘是带刺的树木,不是鸟儿可以栖止的地方,诗歌作者
以此来喻指自己处非其所。《秦风·黄鸟》一诗是国人为悼念子
车氏三兄弟而作的。首章云:"交交黄鸟,止于棘。谁从穆公,子
车奄息,维此奄息,百夫之特。临其穴,惴惴其栗。彼苍者天,歼我
良人!如可赎兮,人百其身。"③诗以黄鸟止于棘起兴,抒发人们对
子车氏三子的哀悼和痛惜。《左传·文公六年》:"秦伯任好卒,以
子车氏之三子奄息、仲行、𫔎虎为殉,皆秦之良也。国人哀之,为之
赋《黄鸟》。"④这首诗用鸟儿所居非宜,喻指人的归宿不合理。与
《周易》"据于蒺藜"事象相比,它们不像《周易》表述得那么理性,
而是注入了真挚、深沉的情感。

　　(三)《青蝇》产生的情境

　　《周易》的棘木意象,可以帮助我们重新认识某些文学作品产
生的情境。关于《诗经·小雅·青蝇》一诗的主旨,《毛传》云:

---

① 　(清)阮元校刻:《十三经注疏(清嘉庆刊本)》第一册,中华书局2009年版,第
　　183页。
② 　(清)阮元校刻:《十三经注疏(清嘉庆刊本)》第三册,中华书局2009年版,第
　　775页。
③ 　(清)阮元校刻:《十三经注疏(清嘉庆刊本)》第三册,中华书局2009年版,第
　　793页。
④ 　杨伯峻编:《春秋左传注(修订本)》第二册,中华书局2009年版,第546—
　　547页。

"《青蝇》,大夫刺幽王也。"郑玄笺注也顺着同一思路。有没有其他可能? 先看一下全诗。诗云:

> 营营青蝇,止于樊。岂弟君子,无信谗言。
> 营营青蝇,止于棘。谗人罔极,交乱四国。
> 营营青蝇,止于榛。谗人罔极,构我二人。

郑玄笺云:"兴者。蝇之为虫,污白使黑,污黑使白,喻佞人变乱善恶也。言止于藩,欲外之令远物也。"①青蝇乱哄哄地飞来飞去,营营作声。作者为什么咏叹它们止于由棘木围成的樊篱呢? 郑玄的理解确切吗? 是否另有原因?

从《周易》棘木意象的意蕴这一角度思考,这首诗的产生很可能另有其现实背景。《毛传》云:"榛,所以为藩也。"②朱熹云:"棘,所以为藩也。"③棘和榛都是丛生的灌木。丛棘有时与狱讼有联系。顺着这个思路,这首诗当是两位与人打官司的人,在官府听讼之时,即景即情而作。官员于棘下听讼判案,因而此诗的场景是棘樊之所。当时有青蝇往来不止,所以很自然地产生联想,用它们来比喻没有事实依据、随便说人坏话的谗人。他们面对听讼的官员,发出不要听信谗言的呼告,并述说谗人没有准则,只会扰乱四方的国家,陷害他们二人。当然,被谗毁之人很可能是有一定身份地位的官员。如此解释,全诗的思想感情脉

---

① (清)阮元校刻:《十三经注疏(清嘉庆刊本)》第四册,中华书局 2009 年版,第 1039 页。
② (清)阮元校刻:《十三经注疏(清嘉庆刊本)》第四册,中华书局 2009 年版,第 1039 页。
③ (宋)朱熹撰,赵长征点校:《诗集传》,中华书局 2017 年版,第 251 页。

络便比较清晰。

三、楚辞与"困于幽谷"事象

《周易·困》卦有"困于幽谷"的事象,属客观叙述,这一事象在《楚辞》及后代赋作中有集中的艺术体现。

(一)幽谷岩石——流放意象

在《楚辞》作品当中,困于幽谷事象多与流放有关,人物活动的背景主要是山中。《楚辞·天问》云:"鸱龟曳衔,鲧何听焉? 顺欲成功,帝何刑焉? 永遏在羽山,夫何三年不施?"王逸注:"言尧长放鲧于羽山,绝在不毛之地,三年不舍其罪也。"①孙诒让《尚书骈枝》"费誓"条论曰:"古者圜土系罪人,以三年为极限,过三年不舍,则永不舍矣。"②鲧没有告知天帝,擅自行动,被处以终身流放,永远地困遏在羽山。屈原对鲧被处以终身流放感到困惑并发出疑问,带有浓烈的感情色彩。他自己因政治上的原因而遭到流放,在叙写流放地的环境时,着重突出山中幽杳冥暗、阴湿而多雨的特征,给人以压迫感。例如《九章·涉江》云:"入溆浦余儃佪兮,迷不知吾所如。深林杳以冥冥兮,猨狖之所居。山峻高以蔽日兮,下幽晦以多雨。霰雪纷其无垠兮,云霏霏而承宇。哀吾生之无乐兮,幽独处乎山中。"③屈原笔下的山中令人窒息,使人困苦,与《周易·困》卦所写的监狱意象很相近。

山中多岩石,多树木,汉代《楚辞》类作品对山中石、木、穴的

---

① (宋)洪兴祖撰,黄灵庚点校:《楚辞补注》,上海古籍出版社 2015 年版,第134—136 页。

② (清)孙诒让撰,雪克点校:《尚书骈枝》,《大戴礼记斠补(外四种)》,中华书局2010 年版,第 171 页。

③ (宋)洪兴祖撰,黄灵庚点校:《楚辞补注》,上海古籍出版社 2015 年版,第196 页。

描写也比较多，如东方朔《七谏·哀命》："何君臣之相失兮，上沅湘而分离……处玄舍之幽门兮，穴岩石而窟伏……何山石之嶙岩兮，灵魂屈而偃蹇。"刘向《九叹·远逝》："陵魁堆以蔽视兮，云冥冥而闇前。山峻高以无垠兮，遂曾闳而迫身。雪雰雰而薄木兮，云霏霏而陨集。阜隘狭而幽险兮，石嵾嵯以翳日。悲故乡而发忿兮，去余邦之弥久。"《忧苦》："巡陆夷之曲衍兮，幽空虚以寂寞。倚石岩以流涕兮，忧憔悴而无乐。"《悯命》："庆忌囚于阱室兮。"①屈原有被流放于山中的切身经历和体验，因而，他对山中的描写固然透着浓烈的感情色彩，但也不乏现实的依据。东方朔和刘向本人没有流放的经历，他们所写完全是出于想象，是继承屈原的写法，把山中描写得阴暗幽险，令人联想起《困》卦所云的"困于株木，入于幽谷"事象。

　　山中被视为幽囚之地，把罪行严重的人流放在山中，这在史书中也有记载。《尚书·舜典》："（舜）流共工于幽州，放驩兜于崇山，窜三苗于三危，殛鲧于羽山，四罪而天下咸服。"②共工被流放之地名为幽州，顾名思义，是黑暗之所，其他三处流放地都在山中。

　　《周易》的幽谷、石、坎等意象，只是表明对人外在形体有所拘困，并没有涉及人内在心灵世界的感受。《楚辞》作品则不同，不只是人外在形体在山石树林中遭受困苦，而且，人的心灵也备受折磨和煎熬，人处山中，形神俱疲。此外，汉人的生命意识更加显豁、

①　（宋）洪兴祖撰，黄灵庚点校：《楚辞补注》，上海古籍出版社2015年版，第413、491、500、508页。

②　（清）阮元校刻：《十三经注疏（清嘉庆刊本）》第一册，中华书局2009年版，第270页。

强烈。王逸《九思·悯上》:"庇荫兮枯树,匍匐兮岩石。蜷跼兮寒局数,独处兮志不申,年齿尽兮命迫促,魁垒挤摧兮常困辱,含忧强老兮愁不乐。"①他哀叹独处山岩之中,形体不得舒展,生命的价值亦无从实现,在有限的人生中常受困辱。

(二)丛棘坎险——山狱意象

《楚辞》作品所写的山中境况酷似监狱,但还不是十分明确,后代则产生了明确地把山作为监狱来描写的作品。《全唐文》卷五百六十九载录柳宗元的《囚山赋》,文曰:

> 楚越之郊环万山兮,势腾涌夫波涛。纷对回合仰伏以离迤兮,若重墉之相襄。争生角逐上轶旁出兮,其下坼裂而为壕。欣下颓以就顺兮,曾不亩平而又高。杳云雨而渍厚土兮,蒸郁勃其腥臊。阳不舒以拥隔兮,群阴沍而为曹。侧耕危获苟以食兮,哀斯民之增劳。积林麓以为丛棘兮,虎豹咆啸代狴牢之吠噪。予胡井眢以管视兮,穷坎险其焉逃。顾幽昧之罪加兮,虽圣犹病夫嗷嗷。匪兕吾为柙兮,匪豕吾为牢。积十年莫吾省者兮,增蔽吾以蓬蒿。圣日以理兮贤日以进,谁使吾山之囚吾兮滔滔?②

柳宗元把自己的贬所作为一个大监狱加以描写,处处突出它的监狱特征,其中特别提到荆棘和坎险。文中所说的"穷坎险其焉逃",指的是无法从监狱脱身。这些语词都是从《周易》脱胎而来,和《周易》所描写的监狱景象一脉相承。作品不仅重现《楚辞》作

---

① (宋)洪兴祖撰,黄灵庚点校:《楚辞补注》,上海古籍出版社 2015 年版,第537—538 页。

② (唐)董诰:《全唐文》,中华书局 1983 年版,第 5757—5758 页。

品的幽暗阴湿之境，还直接继承《周易》的坎、丛棘意象，创造的意境更加阴森恐怖。

元代郝经有过和苏武相似的经历，他作为蒙古方面的外交官前往南宋谈判，被拘留长达十六年。他在监禁期间曾作《幽愁赋》，其中写道："滑溟滓以造艰兮，胡构台以愆辰，习坎而入于坎窞兮，遂蒙羃乎穹旻。"①郝经把自己所处的牢房比作陷阱深坑，是不见天日的幽暗之处。赋中用大量篇幅描写牢房的低洼、潮湿和狭窄，那里是生命的禁区，让人难以生存。其中提到"习坎"和"入坎"，语句就出自《周易·坎》卦。

从文字学角度考察，我们也可以发现山岳与监狱的特殊关联。高山为岳，岳的繁体字形为"嶽"，即山下一个监狱的"狱"字，这是一个形声字，狱为声旁，山为形旁。而且，《周易》的《坎》卦，本身不仅是土坑的意思，也还含有险的意思。《坎·彖》云："地险，山川丘陵也。"②可见，在上古人们的心目中，山中是充满不可知的危险之地，是类似监狱的地方。所以，把个体的人流放到山中是一种严厉的惩罚。

（三）山石意蕴的转化——隐居意象

与被迫流放于山中的意象相反，还有主动隐居于山石之中、隔绝于人世的意象。东方朔《七谏·谬谏》："经浊世而不得志兮，愿侧身岩穴而自托。"③庄忌《哀时命》："执魁摧之可久兮，愿退身而

---

① （元）郝经著，吴广隆编审、马甫平点校：《陵川集》，山西古籍出版社 2006 年版，第 73 页。

② （清）阮元校刻：《十三经注疏（清嘉庆刊本）》第一册，中华书局 2009 年版，第 85 页。

③ （宋）洪兴祖撰，黄灵庚点校：《楚辞补注》，上海古籍出版社 2015 年版，第 422 页。

穷处。凿山楹而为室兮,下被衣于水渚。"①楹是山中石柱。《哀时命》:"宁幽隐以远祸兮,孰侵辱之可为?"②在东方朔和庄忌的笔下,抒情主人公表达了对幽居于山中的向往,他们主动选择这种生存方式,出发点和归宿是为了躲避乱世,远离侵辱。山岩不再是围困的意象,反而具有保护的意义,保护个体生命不受侵害,尊严不受践踏。

　　《周易》中的石是遭受侮辱的象征,在隐于山中意象里,石反而成了避免侵辱的象征,其内在意蕴向相反方向转化,但这种转化仍是从其基本蕴含中产生出来的,有迹可寻。而且,由于《周易》爻辞具有多义性,这也为后人产生不同的联想提供了可能。在王弼看来,《困》初六爻辞便是主动隐遁之象。他说:"最处底下,沉滞卑困,居无所安,故曰'臀困于株木'也⋯⋯进不获拯,必隐遁者也。故曰'入于幽谷'也。"③这与《楚辞》某些作品赋予山岩的意蕴是一致的。

四、坎狱意象与文化心理

　　《周易》棘石坎等刑狱意象,尤其是坎狱原型,体现了人类共同的心理特征和中华民族特定的文化心理。

　　空间位置的高低给人的心理感受及联想是不同的:

　　　　"上"和"下"并不是孤立存在的,而是同其他一些相关的
　　　观念或意象相联系着的。尤为显著的是,同神的智慧的强烈

---

① (宋)洪兴祖撰,黄灵庚点校:《楚辞补注》,上海古籍出版社 2015 年版,第434 页。
② (宋)洪兴祖撰,黄灵庚点校:《楚辞补注》,上海古籍出版社 2015 年版,第438 页。
③ (清)阮元校刻:《十三经注疏》第一册,中华书局 2009 年版,第 121 页。

光辉以及同痛苦、损失、惩罚的可怕的混沌般黑暗相联系。①

《坎》卦向人们昭示了触犯法律的人被关押在地下监狱中的情景，《困》卦初六爻辞表明犯人处于幽谷，失去妻子，它们正说明"下"与"痛苦、损失、惩罚的可怕的混沌般黑暗相联系"。

《周易》这两卦只是把现实生活场景做了如实的再现，没有赋予它们以宗教意义。在其他民族的宗教里，则把人受到最终审判与惩罚的处所安置在地面之下的监狱里，那里是无边黑暗，充满可怕的刑罚和痛苦的世界，而这就是"地狱"观念。在东方，古印度传说人在生前做了坏事，死后要堕入地狱经受苦难，佛教采用此说。我国把梵文 Naraka 意译为地狱，意即苦的世界。地狱是佛教六道之一，处于地下，天在其中所受的苦难有"八寒""八热""无间"等种种名目。在宗教中，则把空间位置与德行善恶赏罚相联系，并夸张了地狱的凶险黑暗，以此劝诫人们一心向善。

"上"则与神的强烈光辉相联系。《周易》经文对光明的表述处于隐蔽状态，但传文则表达得十分清晰。《噬嗑·彖》："噬嗑而亨，刚柔分，动而明，雷电合而章。柔得中而上行，虽不当位，利用狱也。"《噬嗑·象》曰："雷电噬嗑。先王以明罚敕法。"《贲·象》："山下有火，贲。君子以明庶政，无敢折狱。"《丰·象》："雷电皆至，丰。君子以折狱致刑。"②这些阐述都表明雷电既是威慑力量的象征，也是光明之象。《周易》取象雷电作为明罚折狱的象

---

① 　［美］P.E.威尔赖特：《原型性的象征》，载叶舒宪选编：《神话——原型批评》，陕西师范大学 1987 年版，第 218 页。

② 　（清）阮元校刻：《十三经注疏（清嘉庆刊本）》第一册，中华书局 2009 年版，第 74、74、75、139 页。

征,是以人们对雷电这种自然现象的恐惧心理为基础的,同时,还包含对神的敬畏之心。在先民观念中,雷电具有神异的属性,是惩罚邪恶的正义力量,史书中有例证。《左传·僖公十五年》记:"震夷伯之庙,罪之也,于是展氏有隐慝焉。"①作者解释雷击展氏宗庙的目的是对展氏施加惩罚,表示他们家族有隐藏的罪行。

《周易·系辞上》开篇即曰:"天尊地卑,乾坤定矣。卑高以陈,贵贱位矣。"②作者把自然物理空间位置的高低与人间身份地位的尊卑对应起来,高者尊贵,低者卑贱。犯人卑贱,法官高贵,犯人身处幽暗低沉之地下,法官高高在上如天空雷电成章之象,充满光明。这些刑狱意象,也说明《系辞》是对《易》经文的哲学概括和升华,具有重要价值。

此外,无论是困于石,置于地牢且树以丛棘,还是流放于幽谷,它们有一个相同的作用,就是把罪犯与人群隔绝开来。这种惩罚手段,是利用了人们惧怕黑暗,惧怕失群的心理。重视群体的力量,重视类的归属,是我国重要的民族文化心理。《论语·微子》记载,孔子所说"鸟兽不可与同群,吾非斯人之徒与而谁与"③,就是这种心理的明确表述。

---

① 杨伯峻编:《春秋左传注(修订本)》第二册,中华书局2009年版,第366页。
② (清)阮元校刻:《十三经注疏(清嘉庆刊本)》第一册,中华书局2009年版,第156页。
③ (清)刘宝楠撰,高流水点校:《论语正义》,中华书局1990年版,第723页。

附录一 《易》"孚"释义

《周易》中,"孚"字共出现 42 次,频率甚高,其意义则一以贯之,都指专注于一事,心怀诚信。从《周易》对"孚"的广泛运用及高度推崇中,可以看出我国主体民族文化心理的一个重要特征——以诚信为本。以专注、诚信为核心,"孚"具有多重内涵,在具体语境中含义不完全相同,但基本意义则是一致的。无论是人与神的交流,人与人的交往,还是个体的自处之道,有孚在心都被视为一种良好的心理状态,而且是吉祥的征象。

人在宇宙中的处境决定了人的意识。人的能力是有限的,先民总觉得冥冥之中有一些至善至美超脱于一切束缚之上的神灵,虔敬地相信宇宙中存在着高于人类的神灵,这便是孚的一层基本含义。由此而来,孚又具有这样的意思:确信上天肯定会福佑地上的居民。以坚定不移的信仰为前提,人开始了一系列对神的喃喃祝祷。祝祷之中,"孚"贯穿始终。

《观》卦辞云:"盥而不荐,有孚颙若。"[1]盥就是洗手。在祭礼开始之前,洗手表示以清洁事神。"有孚颙若",孙星衍引东汉马

---

[1] (清)阮元校刻:《十三经注疏(清嘉庆刊本)》第一册,中华书局 2009 年版,第72 页。

融注:"孚,信;颙,敬也。"又引唐代陆希声注:"荐进熟祭未灌鬯之时,诚敬内克,齐庄之容,颙颙外见,则与祭者皆观感而化矣。"①《观》卦辞描述了祭祀前的场景,祭者面容庄严而神圣,他从容不迫地洗手,做着祭前的准备工作。更重要的是,他的行为举止无一不充盈诚敬之气,他确信神灵会保佑他,降福于民,他以行为的虔诚表达内心的虔诚,由内及外,由心及行,统摄祭者形神的正是"孚"。"有孚颙若"才可以告祭神灵,而这精诚不贰之心也是对祭者的要求。《国语·楚语下》载观射父对楚昭王问,曰:"民之精爽不携贰者……则明神降之。"②对太祝也要求有"威仪之则","忠信之质"③,只有精诚纯正的人才能充任沟通人神的使者。

将身心毫无保留地投入所行之事,以孚祭神才有可能取信于神,获福于神。如果能够诚心一志地祭祀神明,那么祭品的多少就无关紧要了。至善的神灵不为物役,但受心旨,这是初民给神明绘饰的大德之光。因为有孚于心,因为孚是最重要也是最丰厚的祭品,所以《周易》中每次叙述祭祀,都先言孚而后言及祭品,而且祭品并不丰盛,以此突出强调孚的重要。《损》卦辞云:"有孚。元吉。无咎,可贞。利有攸往。曷之用? 二簋可用亨。"④《损》卦卦旨为减损,正当减损之时,仍然需要孚盈于心,不可有丝毫懈怠。有孚,随之而来的便是大吉,利有所往有所行动,用两篮饭就可以

---

① (清)孙星衍:《周易集解》,上海书店出版社1988年版,第186页。
② 徐元诰撰,王树民、沈长云点校:《国语集解(修订本)》,中华书局2002年版,第512—513页。
③ 徐元诰撰,王树民、沈长云点校:《国语集解(修订本)》,中华书局2002年版,第513页。
④ (清)阮元校刻:《十三经注疏(清嘉庆刊本)》第一册,中华书局2009年版,第107页。

享祭诸神。二簋是非常菲薄的祭品。《诗经·小雅·伐木》描述宴请长辈曰:"于粲洒扫,陈馈八簋;既有肥牡,以速诸舅。"①宴享长辈尚用八簋食物,享祭诸神只用二簋,这祭祀品实在太过减省。这么少量的祭品怎么能用于祭祀神灵这么重大的事情上呢?原因正如《礼记·礼器》所说:"礼之以少为贵者,以其内心者也。"②内心含孚,心诚志敬,故而仅两簋饭已足以祭告神灵。有孚则薄祭致福,无孚则厚祭无用,孚才是祭祀的核心要素,是祭礼的灵魂。综观人神之交,心祭胜于物祭,有孚在心,有孚于行可以弥补物品的不足,获得神明的信任与庇佑,孚的作用不容忽视。

　　人神之交也是一个相互取信的过程。人只有全心事神,才会得到与神沟通的可能,神明也需要公正无私地福佑下民才能获得芸芸众生的信赖,人神交往的基础是双方都内怀孚诚。因为神明的存在可感而不可见,有迹而无形,因此,《周易》卦爻辞强调了人对神的孚信,其中潜隐的另一层意蕴是,神也以孚信待人。

　　孚还是立国治民之本。"有孚颙若"是诚敬之象,在这诚敬庄肃之象的背后隐含驭民之术。祭者的仪容、行动,需要让观者确信神明是真实存在的,下民需要恭敬地事奉他们。只要孚以敬神,就能获得福祉,否则就可能招致祸患。祭祀的目的和效果是主祭者的所作所为给民众树立榜样,处于下位的人应当竭忠尽力地事奉尊上,民众应当听命于君主。君王以孚祭神,威慑民众是借力于神,仅此还不足以安邦治国。君王还必须取得民众的信任,才能令

---

①　(清)阮元校刻:《十三经注疏(清嘉庆刊本)》第一册,中华书局 2009 年版,第878 页。

②　(汉)郑玄注,(唐)孔颖达疏:《礼记正义》,(清)阮元校刻:《十三经注疏(清嘉庆刊本)》第三册,第 3105 页。

行禁止,上下如一。《解》六五云:"君子维有解,吉。有孚于小人。"①君子当取信于愚氓大众,这讲的是治国之道。《诗经》中也有类似的例子。《大雅·文王》赞颂周文王曰:"仪刑文王,万邦作孚。"②《大雅·下武》赞颂周成王曰:"永言配命,成王之孚","成王之孚,下土之式"③。这两首诗都是说君王要取得民众的信任才能长治久安。

治国很难因循旧法,一成不变。时移势易,变革必不可少。变革之道,尤其是变革之始更需要取信于民,深孚众望才有可能成功。《革》卦辞云:"巳日乃孚,元亨,利贞,悔亡。"朱熹解曰:"变革之初,人未之信,故必巳日而后信。"④变革的初始阶段,民众对新政多有疑虑,等到新政逐步推行,效果逐渐显著,他们才开始安于新法,不再心怀忐忑,顾虑重重。变革取信于民需要时间,是一个相当艰难的过程。"巳日乃孚"四字含蕴丰富,凝结了许多变法的艰辛与最终卓有成效的欣慰。《革》卦卦旨在于陈说变革之道,孚在此卦多次出现,占据重要地位。

孚是治国的基本大计,治家也不可或缺。《家人》上九云:"有孚威如,终吉。"王弼注曰:"处家人之终,居家道之成,刑于寡妻,以著放外者也,故曰有孚。""家道可终,唯信与威。"⑤上九为一卦之终,在一卦终结处曰有孚威如,可见有孚是治理家庭内政的妙旨

---

① (清)阮元校刻:《十三经注疏》第一册,中华书局 2009 年版,第 107 页。
② (清)阮元校刻:《十三经注疏》,第一册,中华书局 2009 年版,第 1087 页。
③ (清)阮元校刻:《十三经注疏》第一册,中华书局 2009 年版,第 1131 页。
④ (宋)朱熹撰,廖名春点校:《周易本义》,中华书局 2009 年版,第 177 页。
⑤ (清)阮元校刻:《十三经注疏(清嘉庆刊本)》第一册,中华书局 2009 年版,第 103 页。

要道,王弼注深得其中三昧。仅有诚信尚不足以安家,还需要辅以威严,内孚与外威缺一不可。此卦九三爻辞亦云:"家人嗃嗃,悔,厉,吉。妇子嘻嘻,终吝。"①严于治家,虽然可能显得刻薄寡恩,然而一旦面临困厄危险,就会显出平常严于家道的益处,治家有道必临危不乱,临危不乱则危险可以得到化解,结果自然是吉利的。如果治家有孚无威,妇子嬉笑,家教无方,那么就将出现艰难。待家人以诚,处事以信,树家长之威,家必大治。

与家人以外的朋友甚至是陌生人交往,孚更是必须具备的品质。寻求与他人合作共事,这是《比》卦的宗旨。《比》卦初爻开宗明义:"有孚,比之无咎。"②良好的人际关系建立在双方都有诚信的基础上,有诚信,相互合作就没有灾害,诚信是人际往来的首要准则。一般往来尚需诚信,朋友之间的交往更不可少。《解》九四云:"解而拇,朋至斯孚。"③预知朋友要来造访,故而不再外出,专心候于家中,朋友守信而至,彼此坦诚相向。朋友之间以守诚信为交往要道,能以诚心待友便是最大的德惠,有这样的诚心就足够了,其他的条件都不在考虑的范围内。《益》九五说得好:"有孚,惠心,勿问,元吉。有孚,惠我德。"④朋友期待对方以诚信惠己,不必猜疑也不需询问,自己以诚信待友,即使有误会也会涣然冰释,印刻在朋友心上的正是一个大大的"孚"字。

---

① （清）阮元校刻:《十三经注疏(清嘉庆刊本)》第一册,中华书局 2009 年版,第 103 页。
② （清）阮元校刻:《十三经注疏(清嘉庆刊本)》第一册,中华书局 2009 年版,第 50 页。
③ （清）阮元校刻:《十三经注疏(清嘉庆刊本)》第一册,中华书局 2009 年版,第 107 页。
④ （清）阮元校刻:《十三经注疏》第一册,中华书局 2009 年版,第 110 页。

　　交往不是无声的,言语和宴饮之中可以观察彼此心志。观
《周易》所言,言谈之间、饮宴之际,孚如影随形不离于人。《兑》九
二:"孚兑,吉,悔亡。"①诚信地言说,吉利。《未济》上九:"有孚于
饮酒,无咎。"②饮酒时心内怀诚,宾主不疑,对酌畅饮,不亦快哉!
天子赐宴,公侯诚敬威严,这是吉象。《大有》六五云:"厥孚交如,
威如,吉。"③《诗经》中多有宴饮诗章,可以和《周易》互相印证。
《小雅·湛露》云"厌厌夜饮,不醉无归","厌厌夜饮,在宗载考",
"显允君子,莫不令德","岂弟君子,莫不令仪"。④ 周天子在宗庙
大宴诸侯,首先申明宴饮宗旨,不醉莫回,列位尽管纵情痛饮。天
子面前饮酒怎能果真如此,众诸侯彬彬有礼,举止中规中矩,表现
出身份的尊贵及与之相符的美德,显示出对天子的忠诚之心。
"显允君子"中"允",意思是诚信。《尔雅·释诂》云:"允、孚、亶、
展、谌、诚、亮、询,信也。"⑤《周易·大有》六五所云:"厥孚交如,
威如",可与《诗经》"显允君子"相印证。

　　与熟识的人交往,有孚在心能增进了解,深化友谊,孤身在外
又当如何?《睽》卦就写了一个身在旅途之人的遭遇。九四爻辞
云:"睽孤,遇元夫,交孚,厉,无咎。"⑥浪迹天涯的独行者偶然遇见
一位高大的男子,此人状貌魁伟,似有凶相,流浪者不禁心生畏惧,

① (清)阮元校刻:《十三经注疏》第一册,中华书局 2009 年版,第 143 页。
② (清)阮元校刻:《十三经注疏》第一册,中华书局 2009 年版,第 151 页。
③ (清)阮元校刻:《十三经注疏》第一册,中华书局 2009 年版,第 59 页。
④ (清)阮元校刻:《十三经注疏》第一册,中华书局 2009 年版,第 900—901 页。
⑤ (清)阮元校刻:《十三经注疏(清嘉庆刊本)》第五册,中华书局 2009 年版,第
　 5586 页。
⑥ (清)阮元校刻:《十三经注疏(清嘉庆刊本)》第一册,中华书局 2009 年版,第
　 104 页。

然而一搭话，彼此以诚相交，结果是有惊而无险。之所以能脱离"险情"，依靠的就是"交孚"。看来，孤身游历的人也要奉"孚"为护身法宝。《随》九四与《益》六三说的则是独行时的心理状态。《随》九四："有孚在道，以明，何咎。"《益》六三："有孚中行，告公用圭。"①一人踽踽独行，心中盛满诚信，外在的表现则是其步恭谨，其容庄敬，如此，则不会有什么灾害啦。不仅没有灾祸，而且有可能得到意外的帮助。《坎》卦辞云："有孚维心，亨。行有尚。"②心系诚信之念，行事亨通无阻，出行于道还获得不期而至的帮助，想必是其诚信感动了他人。孚，表现在言谈举止和声容外貌上，则可以帮助人们出门在外，畅行无阻。

　　人心各异，正如其貌，彼此都能以诚相待当然最好，然而情况不总是如此，有时单方面的孚诚竟至于招来祸患。《泰》六四就记叙了这样一件事，文曰："翩翩，不富以其邻，不戒以孚。"③一个人到处游荡好像失巢的鸟儿，他不能富足是因为自己以诚信对待邻居，不加戒备防范，可是邻居并没有报以诚信，而是报以抢劫，此人遭到洗劫，无家可归，只好四处流浪。这条爻辞记载的事很耐人寻味，它提示人们，孚以交人也要看看对方的心态。

　　孚除诚信外，还有一个重要的意思，专注于一事。应该专注于什么性质的事情？《周易》做了明确的回答。《随》九五云："孚于

---

①　（清）阮元校刻：《十三经注疏（清嘉庆刊本）》第一册，中华书局2009年版，第70、110页。

②　（清）阮元校刻：《十三经注疏（清嘉庆刊本）》第一册，中华书局2009年版，第85页。

③　（清）阮元校刻：《十三经注疏（清嘉庆刊本）》第一册，中华书局2009年版，第55页。

嘉,吉。"朱熹解曰:"阳刚中正,下应中正,是信于善也。"①他认为应当在善美的事情上讲究诚信。"孚"在这里包含诚信的意思,但更多的是指专注于某事,意谓专心致力于嘉善之事,躬行不倦,一定会得到吉利的结果。这与《坤·文言》所说的"积善之家,必有馀庆"②意思是相通的。孚于嘉当然大吉,真善美的孪生姊妹是大吉大利,《周易》还从反面说明了这个道理。《兑》九五:"孚于剥,有厉。"③专心致力于剥落这种性质的行为,将导致危险的光临。这里的"剥"不仅仅指剥落这一种行为,而且泛指破坏性的行为。一味地倒行逆施,终将如《坤·文言》所说:"积不善之家,必有馀殃。"④《周易》不是在进行道德说教,只是从质朴的客观现实出发,将规律性的东西用简洁的语言加以高度概括。积善即修福,积恶必致祸,两相对照,何去何从不言自明。将心力投入嘉善事业中才是正途,利己利人,祥云吉征自会源源而至。

"孚"主要是指一种心理状态,一种精神状态,并没有具体的形象,难以效法;而形体言语动作则直观可见,易为楷模。"孚"的外在表现之一是"威","威"因此受到人们的重视。《左传·成公十三年》记载刘康公的话颇有代表性,刘曰:"吾闻之:民受天地之中以生,所谓命也。是以有动作礼义威仪之则,以定命也。能者养以之福,不能者败以取祸。是故君子勤礼,小人尽力。勤礼莫如致

---

① (宋)朱熹撰,廖名春点校:《周易本义》,中华书局 2009 年版,第 92 页。
② (清)阮元校刻:《十三经注疏(清嘉庆刊本)》第一册,中华书局 2009 年版,第 33 页。
③ (清)阮元校刻:《十三经注疏(清嘉庆刊本)》第一册,中华书局 2009 年版,第 143 页。
④ (清)阮元校刻:《十三经注疏(清嘉庆刊本)》第一册,中华书局 2009 年版,第 33 页。

敬,尽力莫如敦笃。"①刘康公把威仪之则视为安身立命之本,又把威仪之则与福祸直接挂钩,有则得福,无则取祸。他所说的"致敬""敦笃",正是"孚"的内容,威仪与敬笃密不可分。《礼记·祭义》云:"天则不言而信,神则不怒而威。"②这两句话互文见义,天、神都既诚信且威严,威与孚紧密相连,如声之与响,影之与形。《左传·襄公三十一年》记北宫文子论述威仪的话十分周详,文曰:"有威而可畏谓之威,有仪而可象谓之仪。君有君之威仪,其臣畏而爱之,则而象之,故能有其国家,令闻长世。臣有臣之威仪,其下畏而爱之,故能守其官职,保族宜家……故君子在位可畏,施舍可爱,进退可度,周旋可则,容止可观,作事可法,德行可象,声气可乐,动作有文,言语有章,以临其下,谓之有威仪也。"③他阐明了威仪的作用及具体内涵,对它大加推崇。这段话可以补足《周易》之简省,可以视为对《周易》中《大有》六五"厥孚交如,威如",《家人》上九"厥孚威如"④的具体阐释。追本溯源,不离《观》卦"有孚颙若"所摹写的敬慎威严之象。《礼记·大学》曰:"欲治其国者,先齐其家。欲齐其家者,先修其身。欲修其身者,先正其心。欲正其心者,先诚其意。"⑤观之《周易》,我们发现二者思路大体一致,

---

① 杨伯峻编:《春秋左传注(修订本)》第三册,中华书局 2009 年版,第 861 页。

② (清)阮元校刻:《十三经注疏(清嘉庆刊本)》第三册,中华书局 2009 年版,第 3468 页。

③ 杨伯峻编:《春秋左传注(修订本)》第四册,中华书局 2009 年版,第 1194—1195 页。

④ (清)阮元校刻:《十三经注疏(清嘉庆刊本)》第一册,中华书局 2009 年版,第 59、103 页。

⑤ (清)阮元校刻:《十三经注疏(清嘉庆刊本)》第三册,中华书局 2009 年版,第 3631 页。

小至修身,齐家,大至治国,敬神,无不"孚"字先行,以诚为本。《礼记·聘义》假孔子之口论君子比德于玉,玉德之一是:"孚尹旁达,信也。"①后世把诚信作为立身做人的根本,作为交友准则,衡量一个人品格高下的重要条件,这一观念绵延不绝,深入人心。沿波讨源,《易》之"孚"体现了这一民族文化心理,值得重视。

(此文原刊于《绥化师专学报》1997 年第 4 期)

---

① (清)阮元校刻:《十三经注疏(清嘉庆刊本)》第三册,中华书局 2009 年版,第 3679 页。

附录二 《易·坤》卦"黄裳"考释

　　《周易》本是一部用于占卜的著作,它的特点是立象以尽意,文字甚为简约。以象说理,文简而义繁,便于应用者随机解说,但同时也造成了词意的扑朔迷离,使人难以确解。后世距《周易》创制年代愈来愈久,对当时的礼仪制度和思想观念颇多隔膜,因此以后代的观念诠释前代之文义在所难免,而这又为解读古老的《周易》增加了障碍,使其本义隐约缥缈于明确无误的文词之后,宛然若在,逐之而不得。虽然古人原初之义很难得到确证,但力求揭示庐山真貌还是有必要的。

　　对《坤》卦各条爻辞的解释历来歧义纷出,其六五"黄裳元吉"①,尤其值得重新探讨。"黄裳"就是黄色的下衣,对此无甚异议,已成定论。但黄色有何属性,黄裳有何内在意蕴,为什么黄裳这一物象成为元吉的象征?前人对这些问题解说虽多,然而都不能令人满意。这里不揣浅陋,意欲重为之说,期望或能得其真义之一二。还是让我们从旧说说起。诸家对黄色的理解主要有四种。

　　一、黄为中之色。《左传·昭公十二年》记载子服惠伯为南蒯

---

①　(清)阮元校刻:《十三经注疏(清嘉庆刊本)》第一册,中华书局 2009 年版,第33 页。

解说此爻云："黄,中之色也;裳,下之饰也。"①唐代李鼎祚《周易集解》引干宝之论、王弼《周易注》、孔颖达《周易正义》、程颐《周易程氏传》、朱熹《周易本义》等书均持此说,仅文字稍异。何谓"中之色"?中指方位,相对于上下而言;中色指对应于中位的颜色是黄色。"五"处上卦中位,故云。《左传》中子服惠伯的解释是:"中美能黄,上美为元,下美则裳。"②尚秉和云:"五位正中,黄色中色,故曰'黄裳元吉'。"③这都是从爻位角度考虑的。至于为什么中色为黄,则渊源于战国时始流行的五行五方说。《逸周书·作雒解》将五行与五个方位五种颜色对应相配,曰:"其墣东青土,南赤土、西白土、北骊土,中央叠以黄土。"④即东青、南赤、西白、北黑、中黄。诸家将黄裳条爻辞的爻位与五行说结合,所以得出黄为中色的释词。

二、黄为美之色。《坤·六五象》:"黄裳元吉,文在中也。"《坤·文言》:"君子黄中通理,正位居体,美在其中,而畅于四支,发于事业,美之至也。"⑤王夫之云:"以黄为美饰。五位中而纯阴不杂,以居之,斯以为中之美也。"⑥这几种解释都认为黄色是美好的颜色。这是从黄色给人的视觉感受,从审美经验角度出发作

---

①　杨伯峻编:《春秋左传注(修订本)》第五册,中华书局 2009 年版,第 1482—1483 页。
②　杨伯峻编:《春秋左传注(修订本)》第五册,中华书局 2009 年版,第 1483 页。
③　尚秉和:《周易尚氏学》,中华书局 1980 年版,第 37 页。
④　黄怀信:《逸周书校补注译》,三秦出版社 2006 年版,第 237 页。
⑤　(清)阮元校刻:《十三经注疏(清嘉庆刊本)》第一册,中华书局 2009 年版,第 33、34 页。
⑥　(明)王夫之:《周易稗疏》,(明)王夫之著,杨坚总修订:《船山全书》第一册,岳麓书社 2011 年版,第 751 页。

出的解释。

三、黄为德之色。《左传》中子服惠伯解云："中不忠，不得其色。"①他认为人内心应怀忠信之德，黄为中色，中德为忠，黄色也就是忠的象征，是善德之色。朱熹云："中顺之德，充诸内而见于外。"②将黄解为中顺之德，也是视其为德之色。这是从道义伦理及社会规范角度赋予黄色的意义。

四、黄为土之色。李鼎祚引虞翻释《文言》辞云："地色黄。"③他从坤卦所象之物的特征方面考虑，坤为地，所以得出这样的结论。《黄庭内景玉经》称："脾部之宫属戊己，中有明童黄裳里。"注云："土宫也。戊己，中央之辰也。明童为魂停。黄裳，土之色。"④这还是把黄与土相配，按五行说的划分，脾属土，故以黄裳相附会，和虞翻的注一脉相承。

黄裳是下衣，这种服饰在古代有何特定内涵？王夫之云："黄裳者，玄端服之裳，自人君至命士皆服之。若下士则杂裳，不成章美。"⑤朱骏声亦作此说。⑥ 高亨云："周人认为黄裳是尊贵吉祥之服，代表吉祥之征，故筮遇此爻大吉。"⑦这几家或认为黄裳是上层贵族的特有一服饰，标志着身份，区别等级贵贱，或直接将它解释为尊贵吉祥的表征，看似无可辩驳，实则查无实证。他们大概受后

① 杨伯峻编：《春秋左传注（修订本）》第五册，中华书局 2009 年版，第 1337 页。
② （宋）朱熹撰，廖名春点校：《周易本义》，中华书局 2009 年版，第 46 页。
③ （唐）李鼎祚撰，王丰先点校：《周易集解》，中华书局 2016 年版，第 44 页。
④ （宋）张君房编，李永晟点校：《云笈七签》，中华书局 2003 年版，第 221 页。
⑤ （明）王夫之：《周易稗疏》，（明）王夫之著，杨坚总修订：《船山全书》第一册，岳麓书社 2011 年版，第 751 页。
⑥ 朱骏声：《六十四卦经解》，中华书局 1958 年版，第 17 页。
⑦ 高亨：《周易大传今注》，齐鲁书社 1979 年版，第 81 页。

代皇室以黄色为尊的影响,因而有此推想。

为什么六五之位与"黄裳"物象配合就得出断辞"元吉",三者之间存在什么样的逻辑关系?前人之说可分为三种。

一、以立身处世之道解说。从爻象上看,"六"为阴爻,"五"为尊位,这是阴柔居尊位之象,以阴柔之体而居高尊之位,恐力不能胜,本为凶险之征,但若能以"黄裳"之意处之,即内怀忠信,自是大吉大利。干宝曰:"阴登于五,柔居尊位,若成昭之主、周霍之臣也。百官总己,专断万机,虽情体信顺,而貌近僭疑,周公其犹病诸。言必忠信,行必笃敬,然后可以取信于神明,无尤于四海也。故曰:'黄裳元吉'也。"①他把爻辞的抽象意蕴具体化了,举了周公和霍光的例子。二人以臣的身份居于"百官总己,专断万机"的高职要位,辅佐幼主治理国家,这正是阴居尊位,六五之象,难免有僭越之嫌。但他们能够"言必忠信,行必笃敬",一举一动均合乎"黄裳"的要旨,因此能"无尤于四海",普天之下无有非议。朱熹曰:"六五以阴居尊,中顺之德,充诸内而见于外,故其象如此,而其占为大善之吉也。占者德必如是,则其占亦如是矣。"②朱熹以人内心含怀中顺善德,德充实于内表现于外——黄裳之美,故能得吉,此吉乃是因大善大德而得之。无论干宝所说的"言必忠信,行必笃敬",还是朱熹解释的"中顺之德""大善之吉",二者的着眼点都是立身之道,他们认为爻象与黄裳物象相结合昭示的是一种生存哲学。在他们看来,内怀忠信之德,必然会有吉祥的结果,道德上的善和行为上的吉相伴随,善与吉呈因果关系。

---

① (唐)李鼎祚:《周易集解》,中华书局2016年版,第38页。
② (宋)朱熹撰,廖名春点校:《周易本义》,中华书局2009年版,第46页。

　　二、从美学观念角度阐释。《坤·六五象》曰："黄裳元吉，文在中也。"《坤·文言》曰："美在其中"，"美之至也"①，认为黄裳为美饰，上衣下裳，衣外裳内，故云"文在中"，因为内含美质，所以大吉。王夫之亦云黄裳之意为"在中之美"，这些都立足于审美，从美联想到吉，体现出将审美层面的美与功用层面的吉相沟通的思维特征及思想观念。

　　三、从社会地位视角观照，王夫之《周易稗疏》与朱骏声《六十四卦经解》将黄裳释为贵族服装，高亨认为周人以其为尊贵之服，三者都遵循这样的思路：社会地位高是吉祥的征象，吉与贵如影随形，紧密相连。

　　关于"黄裳元吉"的解释，前人之说大体如上。可是，对上述诸说，有些地方还有进一步研讨的必要。

　　首先，黄为中之色的说法显系受战国之学的影响，《周易》时代尚无此观念，以中色释黄，是用后代的观念解说历史，并不符合当时的情况。至于黄为地色、土色，虽然不错，但对于理解黄裳无所裨益，二者实不相干。

　　其次，黄在上古周初既非美之色、贵之色，更谈不上德之色。夏人尚黑，殷人尚白，周人崇尚的色彩是赤，不是黄色。《礼记·檀弓上》云："周人尚赤，大事敛用日出，戎事乘骒，牲用骍。"②他们出兵作战选乘红马，祭祀用红毛牲畜。《左传》成公十三年曰："国

---

① （清）阮元校刻：《十三经注疏（清嘉庆刊本）》第一册，中华书局2009年版，第33、34页。
② （清）孙希旦撰，沈啸寰、王星贤点校：《礼记集解》上册，中华书局1989年版，第173页。

之大事,在祀与戎"①,祭祀与征伐这样的重大事件都找不到黄色的踪迹。周代上层贵族用红色标示身份。《诗经·豳风·狼跋》写周成王(或云周公)的穿着:"赤舄几几"②,脚穿红鞋。《诗经·小雅·采芑》写周宣王的大臣方叔南征楚国,"服其命服,朱芾斯皇"③,他身穿朝廷命服,腿缠红色蔽膝,身份尊贵。《周易》中也涉及红色蔽膝。《困》九二云:"困于酒食,朱绂方来,利用享祀。"④某人正为酒食所困,醉饱过度,君主赐其红色蔽膝,当此之时利于祭祀。君主嘉奖大臣,会赏赐红色物品,这在其他古籍中也可以找到旁证。《尚书·文侯之命》载周平王赐予晋文侯"彤弓一,彤矢百"⑤;《诗经·大雅·韩奕》写道:"王锡韩侯……玄衮赤舄。"⑥《周易·困》卦九二爻辞正是当时风尚的写照。《礼记·礼器》云:"礼有以文为贵者……士玄衣纁裳。"⑦《尔雅·释器》云:"三染谓之纁。"郭璞注:"纁,绛也。"⑧纁是红色,玄衣绛裳是以文

---

① 杨伯峻编:《春秋左传注(修订本)》第三册,中华书局 2009 年版,第 861 页。

② (清)阮元校刻:《十三经注疏(清嘉庆刊本)》第一册,中华书局 2009 年版,第 854 页。

③ (清)阮元校刻:《十三经注疏(清嘉庆刊本)》第一册,中华书局 2009 年版,第 911 页。

④ (清)阮元校刻:《十三经注疏(清嘉庆刊本)》第一册,中华书局 2009 年版,第 121 页。

⑤ (清)阮元校刻:《十三经注疏(清嘉庆刊本)》第一册,中华书局 2009 年版,第 540 页。

⑥ (清)阮元校刻:《十三经注疏(清嘉庆刊本)》第一册,中华书局 2009 年版,第 1233 页。

⑦ (清)孙希旦撰,沈啸寰、王星贤点校:《礼记集解》下册,中华书局 1989 年版,第 640 页。

⑧ (晋)郭璞注,(宋)邢昺疏:《尔雅注疏》,(清)阮元校刻:《十三经注疏(清嘉庆刊本)》第五册,中华书局 2009 年版,第 5657 页。

为贵的表现。郑玄注《礼记·檀弓》"练衣黄里"曰："黄之色卑于缥"①，黄并非尊贵之色，非文非美。

那么，究竟黄裳为何人所服？黄裳本是田野农夫的服装。《礼记·郊特牲》云："蜡之祭，仁之至，义之尽也。黄衣、黄冠而祭，息田夫也。野夫黄冠。黄冠，草服也。"②周人在十二月合祭司掌农业的各位神灵，是为蜡祭。祭祀之后民众饮酒宴乐，举国若狂，农夫得到充分彻底的休息。蜡祭本意在于祭农神，息田夫，因此，主祭之人穿着农夫日常所着服饰黄衣黄冠。由此看来，黄裳是野夫之服，是卑贱下民的服装，与贵族绝缘。贵族之裳是红裳，不是黄裳。《诗经·豳风·七月》云："八月载绩，载玄载黄；我朱孔阳，为公子裳。"③妇女们八月份开始纺线，丝麻有黑有黄，染成鲜亮的红色之后再为贵族公子缝制下裳。黄裳在《诗经》中也出现过，是平民所服。《诗经·邶风·绿衣》云"绿衣黄裳""绿衣黄里"④。此诗悼念亡妻，睹物思人。衣在外、裳在内，绿衣黄裳和绿衣黄里，黄里即黄裳，是其妻日常穿着，再从后文所言"缔兮绤兮，凄其以风"上看，缔是细葛布，绤是粗葛布，这黄裳无疑是葛布衣服，是平民服装。在《周易》中，黄色物象多与初低爻位相配，这与黄裳本为下民服饰所体现的黄为卑贱之色是一以贯之的。例如

---

① （清）孙希旦撰，沈啸寰、王星贤点校：《礼记集解》上册，中华书局1989年版，第233页。

② （清）孙希旦撰，沈啸寰、王星贤点校：《礼记集解》中册，中华书局1989年版，第697页。

③ （清）阮元校刻：《十三经注疏（清嘉庆刊本）》第一册，中华书局2009年版，第832页。

④ （清）阮元校刻：《十三经注疏（清嘉庆刊本）》第一册，中华书局2009年版，第625—626页。

《革》初九:"巩用黄牛之革",《遯》六二:"执之用黄牛之革",《离》六二:"黄离,元吉"①,初、二都处在爻位的低下位置,与之相应出现黄色物象,由此也可知黄非贵色。

黄本是卑贱之色,黄裳是下民之服,了解这一点,对《坤》六五爻辞似乎应作这样的解说:阴爻居尊位而谦恭自抑,犹如身处高位的贵人却穿着下民卑服,不以高位骄人,因此大吉。这条爻辞讲述的是以上处下之道。以谦下为吉兆的观念在《周易》中很突出,《谦》卦就以此为宗旨。此卦卦象是山在地中,是为谦之象,卦辞云:"亨,君子有终。"②守谦下之道则事事通达,有好的结果。《谦·彖》云:"亨,天道下济而光明"③,日月高居天上,光照下土,天之道下行,这是谦下之举,与黄裳意蕴差可对应。另外,作《易》者选择"裳"(下衣)这一物象喻示道理,与当时的服饰习俗有关。《诗经》中《小雅·采芑》《豳风·狼跋》描述贵族大臣衣着均注重下装,曰"朱芾""赤舄",《大雅·韩侯》记周王之赐亦有"赤舄",他们把下装作为身份地位的重要标志。"裳"是主要的下装,因此,《坤》六五以黄裳立象符合当时人的等级观念,易于为人接受并领会。可是这对后人来说却难以理解,因此在解读过程中出现了许多误会和偏差。

(此文原刊于《古籍整理研究学刊》1997 年第 5 期)

---

① (清)阮元校刻:《十三经注疏(清嘉庆刊本)》第一册,中华书局 2009 年版,第124、98、87 页。

② (清)阮元校刻:《十三经注疏(清嘉庆刊本)》第一册,中华书局 2009 年版,第60 页。

③ (清)阮元校刻:《十三经注疏(清嘉庆刊本)》第一册,中华书局 2009 年版,第60 页。

附录三 《周易·革》卦"己日"考释

  《周易·革》卦辞有"巳日乃孚"之语,六二爻辞亦称"巳日乃革之"①。由于"己""巳""巳"三个字极易混淆,所以对"巳日"的解释也就歧义甚多。辨析清楚"巳日"的真正内涵,有助于我们对于变革时机的正确理解。

  《周易正义》分别作"巳日乃孚""巳日乃革之"。"巳日乃孚"王弼注:"夫民可与习常,难与适变:可与乐成,难与虑始。故革之为道,即日不孚,巳日乃孚也……巳日而不孚,革不当也。"②他理解为"巳日",即结束、终止之日,亦即改革完成之日。六二爻辞"巳日乃革之"王弼注:"阴之为物,不能先唱,顺从者也。不能自革,革巳乃能从之。"③革巳,指变革成功。后代注家沿袭王弼之说的较多,都把"巳日"解释为变革完成之日。"巳"字确实有完结之义,但是,巳日连言,在《周易》产生的时代找不到其他语言文献作为例证,因此,王弼的注引起许多学者的怀疑,因为他立论不牢,经

---

① （清）阮元校刻:《十三经注疏(清嘉庆刊本)》第一册,中华书局 2009 年版,第 124、125 页。

② （清）阮元校刻:《十三经注疏(清嘉庆刊本)》第一册,中华书局 2009 年版,第 124 页。

③ （清）阮元校刻:《十三经注疏(清嘉庆刊本)》第一册,中华书局 2009 年版,第 125 页。

不起推敲,如果说对"巳日乃孚"的解释还勉强可通,那么,对"巳日乃革之"的诠释就显得很牵强。

还有一种说法,认为《周易》的原文应是"巳日乃孚","巳日乃革之"。巳,通祀。高亨持这种观点,他解释六二爻辞云:"巳,借为祀。革,改也。古人祭祀,皆先占筮日期,改期则另占筮。筮与此爻,祭祀之日乃改之。"①李镜池也认为"巳"为祭祀。② 高氏之说难以成立,《革》卦围绕变革编撰卦爻辞,而不是讲论祭祀是否改期。

第三种说法认为,《周易》原文应是"己日乃孚""己日乃革之",这种观点以虞翻为代表。李鼎祚在"己日乃孚"条下引虞翻说:"离为日,孚谓坎,四动体离,五在坎中,故曰'己日乃孚'。"③虞翻认定《周易》原文为"己日乃孚",和他同时代的荀爽也持这种看法。李鼎祚在"己日乃革之"条目下引荀爽说:"日以喻君也,谓五己居位为君,二乃革,意去三应五,故曰'己日乃革之'。"④虞翻、荀爽都断定《周易》原文应作"己日",而不是"巳日",但他们对于"己日"所作的解释显得含混、神秘,不够明确。真正对"己日"做出比较明确解释的,当是宋代的朱震。他在《汉上易传》中说:"'己日',先儒读作'巳事'之'巳',当读作'戊己'之'己'。十日至'庚'而更,更,革也,至庚至己,十日浃矣。"⑤明清之际的

① 高亨:《周易大传今注》,齐鲁书社 1979 年版,第 409 页。
② 李镜池著,李铭建整理:《周易通义(1970)》,中华书局 2019 年版,第 623 页。原文曰:"'巳'借为祀。祭祀要用人牲,才去捉俘虏。古代战争频频,俘人为奴,抢掠财资。周人说祀日乃俘,即到了祭祀那天才捉俘虏来做人牲。这已有不再频繁杀掠的意思。"
③ (唐)李鼎祚撰,王丰先点校:《周易集解》,中华书局 2016 年版,第 301 页。
④ (唐)李鼎祚撰,王丰先点校:《周易集解》,中华书局 2016 年版,第 304 页。
⑤ (宋)朱震撰,种方点校:《汉上易传》,中华书局 2020 年版,第 293 页。

顾炎武继承了这种说法,又进一步加以申述。《日知录》卷一专门解释"己日"如下:

> 《革》:"己日乃孚。六二,己日乃革之"。朱子发读为"戊己"之己。天地之化,过中则变,日中则昃,月盈则食,故《易》之所贵者中。十干则戊己为中,至于己则过中,而将变之时矣,故受之以庚。庚者,更也。天下之事当过中而将变之时,然后革而人信之矣。①

顾炎武认为己日指按天干纪时的第六位,《周易》所说的"己日"正是如此。尚秉和同意顾炎武的说法,解释"己日乃孚"云:

> 革,改也,言水火更代用事也。离为日贞己,故曰己日。己日谓二,二离主爻,承阳应五,故曰己日乃孚。王弼等谓即日不孚,己日乃孚,训己为过往,不辞甚矣。顾炎武《日知录》,谓朱子发读为戊己之己,当从之。按虞氏注云:"离为日,孚谓坎,四动体离,故己日乃孚。"是虞氏亦以离为己日,读为戊己之己明甚,而非始于朱子发。②

尚氏在梳理定"己日"为十天干之一的源流方面条理清晰,但对"己日"的解释基本是沿袭虞翻、荀爽旧说,没有太多新的发明,较之顾炎武的阐释又后退了许多。黄寿祺、张善文所著《周易译注》一书,也持这种观点,认为"古代以'十干'纪日,'己'正当前五数

---

① (清)顾炎武著,(清)黄汝成集释,秦克诚点校:《日知录集释》,岳麓书社 1994 年版,第 15—16 页。笔者按:朱震(1072—1138),字子发,宋代理学家。《日知录集释》以"朱子《发读》"为句,误。

② 尚秉和:《周易尚氏学》,中华书局 1980 年版,第 224 页。

与后五数之中而交转相变之时,故有'转变'的象征寓意;其后一数'庚',则有'己变更'之义"①。

断定己日为天干纪时的用语,这种说法合乎《周易》的实际,是可信的。《周易》确实以天干来标示日期。《蛊》卦辞称:"蛊,元亨,利涉大川。先甲三日,后甲三日。"②古代天干纪时以甲、乙、丙、丁、戊、己、庚、辛、壬、癸为序。先甲三日为辛、壬、癸,后甲三日为乙、丙、丁。甲居二者之间,且为十干之首。卦辞意为终则复始,继往开来,正是长子继承父业之义。既然如此,《革》卦反复出现的"己日",也应从天干纪时方面加以理解。

在进行变革的时候,为什么必须选择己日,为什么在这天变革才能取信于人,即"己日乃孚""己日乃革之",这是顾炎武深入思索的问题,并且作了猜测。沿着这个思路进行探索,不难找出正确的答案。

在上古时代,六是个有特定含义的数字,表示事物发展的程度。《周易》六爻为一卦,其中第六爻居于卦体最上面,表示事物的极端状态。无论上九还是上六,都意味着在一卦之内事物已经发展到尽头,再没有延伸的余地。而上九、上六爻辞也以险象居多,预示物极必反。《复》卦辞称:"反复其道,七日来复。"《象》曰:"反复其道,七日来复,天行也。"《既济》六二:"妇丧其茀,勿逐,七日得。"③为什么断定远行者第七日往回返,妇女丢失的首饰

---

① 黄寿祺、张善文:《周易译注》,上海古籍出版社 1989 年版,第 405 页。

② (清)阮元校刻:《十三经注疏(清嘉庆刊本)》第一册,中华书局 2009 年版,第 70 页。

③ (清)阮元校刻:《十三经注疏(清嘉庆刊本)》第一册,中华书局 2009 年版,第 77、78、149 页。

第七日能够复得,其原因就在于《周易》的编撰者把六看作事物发展的极端状态,物极则反,因此,第七日人要返回,丢失的东西会物归原主。《复·彖》称"七日来复"为"天行",是天道的运行规律,古人确实持有这种观点。《黄帝内经·素问·六节脏象论篇》称:"天以六六之节……天有十日,日六竟而周甲,甲六复而终岁,三百六十日法也。"①六十日为一甲子,六甲子为一岁,六表示一个时段的终结、极点。《管子·幼官》以数字与季节相配,春为八,夏为七,季夏为五,秋为九,冬为六。《礼记·月令》也以六配冬。冬季是一年的终结,六也包含这种意义,所以二者相配。《汉书·律历志上》:"理纪于己,敛更于庚。"②也把己日视为适于治理之时,是事物发展到极端状态的阶段。对此,顾炎武已经引录。

由此看来,《周易·革》卦的"己日乃孚""己日乃革之",讲的是变革的时机,己日是天干的第六位,象征事物的极端终结。既指变革者本身的状态,也指变革对象的情况。对于变革者来说,要蓄积足够的力量,处于最佳状态;对于变革对象来说,则是腐败到了极点,即将土崩瓦解。在这种形势下进行变革,才能取得民众的信任,才有成功的把握。

在天干的排列顺序上,紧接着己日的是庚日,"庚"与"更",读音相同,更有变革之义,所以顾炎武以庚释变。《周易》的编撰者可能注意到天干次序的这种特点,也可能是偶然的巧合,但这不是破译己日变革的关键。顾炎武从过中则变的角度解释"己日乃革",他已经猜到了变革与事物发展限度的关系,与卦爻辞的原义

---

① 姚春鹏译注:《黄帝内经》,中华书局2010年版,第92页。
② (汉)班固撰,(唐)颜师古注:《汉书》第四册,中华书局1962年版,第964页。

已经十分接近。但是,他未能深入挖掘"六"和"己日"象征事物终结状态的意义,因此,他的解释总还有一层隔膜,可谓差之毫厘,失之交臂,但他的开拓之功还是不可忽视的。

(此文原刊于《古籍整理研究学刊》2001 年第 2 期)

参考文献

一、《周易》注疏及相关论著

（魏）王弼注，（晋）韩康伯注，（唐）孔颖达疏：《周易正义》，（清）阮元校刻：《十三经注疏（清嘉庆刊本）》，中华书局 2009 年版。

（魏）王弼撰，楼宇烈校释：《周易注：附周易略例》，中华书局 2011 年版。

（唐）李鼎祚撰，王丰先点校：《周易集解》，中华书局 2016 年版。

（宋）朱熹撰，廖名春点校：《周易本义》，中华书局 2009 年版。

（宋）朱震撰，种方点校：《汉上易传》，中华书局 2020 年版。

（明）王夫之：《周易稗疏》，（明）王夫之著，杨坚总修订：《船山全书》，岳麓书社 2011 年版。

（清）朱骏声：《六十四卦经解》，中华书局 1958 年版。

（清）孙星衍：《周易集解》（全二册），上海书店出版社 1988 年版。

（清）李道平，潘雨廷点校：《周易集解纂疏》，中华书局 1994 年版。

（清）惠栋撰，郑万耕点校：《周易述》，中华书局 2007 年版。

（清）李光地撰，刘大钧整理：《康熙御纂周易折中》，巴蜀书社 2013 年版。

马王堆汉墓帛书整理小组：《马王堆帛书周易六十四卦释文》，《文物》1984 年第 3 期。

陈鼓应：《易传与道家思想》，生活·读书·新知三联书店 1996 年版。

陈良运：《〈周易〉与中国文学》，百花洲文艺出版社 1999 年版。

高亨：《周易大传今注》，齐鲁书社 1979 年版。

高亨：《周易杂论》，齐鲁书社 1979 年版。

高亨：《周易古经今注》（重订本），中华书局 1984 年版。

胡朴安：《周易古史观》，上海古籍出版社 1986 年版。

黄玉顺:《易经古歌考释》,巴蜀书社 1995 年版。

黄凡:《周易——商周之交史事录》,汕头大学出版社 1995 年版。

黄寿祺、张善文:《周易译注》,上海古籍出版社 1989 年版。

李炳海:《周易释读》,南海出版公司 1992 年版。

李镜池:《周易探源》,中华书局 1978 年版。

李镜池著,李铭建整理:《周易通义(1970)》,《李镜池周易著作全集》第一册,中华书局 2019 年版。

黎翔凤:《周易新释》,辽宁大学出版社 1994 年版。

吕绍纲:《周易辞典》,吉林大学出版社 1992 年版。

牟宗三:《从周易方面研究中国之元学及道德哲学》,天津大公报馆 1935 年版。

潘雨廷:《周易表解》,上海社会科学院出版社 1993 年版。

尚秉和:《周易尚氏学》,中华书局 1980 年版。

王新春、吕颖、周玉凤:《〈易纂言〉导读》,齐鲁书社 2006 年版。

闻一多:《周易义证类纂》,《闻一多全集》第一卷,生活·读书·新知三联书店 1982 年版。

张善文:《周易与文学》,福建教育出版社 1997 年版。

二、古籍

(汉)孔安国传,(唐)孔颖达疏:《尚书正义》,(清)阮元校刻:《十三经注疏(清嘉庆刊本)》,中华书局 2009 年版。

(清)皮锡瑞撰,盛冬铃、陈抗点校:《今文尚书考证》,中华书局 1989 年版。

(清)孙诒让撰,雪克点校:《尚书骈枝》,《大戴礼记斠补(外四种)》,中华书局 2010 年版。

(汉)毛亨传,(汉)郑玄笺,(唐)孔颖达疏:《毛诗正义》,(清)阮元校刻:《十三经注疏(清嘉庆刊本)》,中华书局 2009 年版。

(宋)朱熹撰,赵长征点校:《诗集传》,中华书局 2017 年版。

陈奂:《诗毛氏传疏》,中国书店 1984 年版。

高亨:《诗经今注》,上海古籍出版社 1980 年版。

陈子展:《诗经直解》,复旦大学出版社 1983 年版。

程俊英：《诗经译注》，上海古籍出版社 1985 年版。

（汉）韩婴撰，许维遹校释：《韩诗外传集释》，中华书局 1980 年版。

（汉）郑玄注，（唐）孔颖达疏：《礼记正义》，（清）阮元校刻：《十三经注疏（清嘉庆刊本）》，中华书局 2009 年版。

（清）孙希旦撰，沈啸寰、王星贤点校：《礼记集解》，中华书局 1989 年版。

（汉）郑玄注，（唐）贾公彦疏：《周礼注疏》，（清）阮元校刻：《十三经注疏（清嘉庆刊本）》，中华书局 2009 年版。

（清）王聘珍撰，王文锦点校：《大戴礼记解诂》，中华书局 1983 年版。

杨伯峻：《春秋左传注（修订本）》，中华书局 2009 年版。

（晋）范宁集解，（唐）杨士勋疏：《春秋谷梁传注疏》，（清）阮元校刻：《十三经注疏（清嘉庆刊本）》，中华书局 2009 年版。

（清）刘宝楠撰，高流水点校：《论语正义》，中华书局 1990 年版。

（清）焦循撰，沈文倬点校：《孟子正义》，中华书局 1987 年版。

（宋）朱熹：《四书章句集注》，中华书局 1983 年版。

（清）朱彝尊：《经义考》，中华书局 1998 年版。

皮锡瑞：《经学通论》，中华书局 1954 年版。

（晋）郭璞注，（宋）邢昺疏：《尔雅注疏》，（清）阮元校刻：《十三经注疏（清嘉庆刊本）》，中华书局 2009 年版。

周祖谟校笺：《方言校笺（附释名校笺）》，中华书局 2022 年版。

（清）张玉书等编：《佩文韵府》，上海书店 1988 年版。

黄怀信：《逸周书校补注译》，三秦出版社 2006 年版。

徐元诰撰，王树民、沈长云点校：《国语集解（修订本）》，中华书局 2002 年版。

（汉）司马迁撰，（南朝宋）裴骃集解，（唐）司马贞索引，（唐）张守节正义：《史记》，中华书局 1982 年版。

（汉）班固著，（唐）颜师古注：《汉书》，中华书局 1962 年版。

（南朝宋）范晔撰，（唐）李贤等注：《后汉书》，中华书局 1965 年版。

（晋）陈寿撰，（南朝宋）裴松之注，陈乃乾校点：《三国志》，中华书局 1982 年版。

（晋）皇甫谧撰，徐宗元辑：《帝王世纪辑存》，中华书局 1964 年版。

（唐）房玄龄等撰：《晋书》，中华书局1974年版。

（北齐）魏收撰：《魏书》，中华书局1974年版。

（唐）李百药撰：《北齐书》，中华书局1972年版。

周明著：《路史笺注》，巴蜀书社2021年版。

（唐）刘知几著，（清）浦起龙通释，王煦华整理：《史通通释》，上海古籍出版社2009年版。

（清）章学诚著，叶瑛校注：《文史通义校注》，中华书局1994年版。

四库全书研究所整理：《钦定四库全书总目（整理本）》，中华书局1997年版。

（清）王先谦撰，沈啸寰、王星贤点校：《荀子集解》，中华书局1988年版。

（汉）贾谊撰，阎振益、钟夏校注：《新书校注》，中华书局2000年版。

（汉）刘向撰，向宗鲁校证：《说苑校证》，中华书局1987年版。

（汉）刘向编著，赵仲邑注：《新序详注》，中华书局1997年版。

（汉）扬雄撰，汪荣宝注疏，陈仲夫点校：《法言义疏》，中华书局1987年版。

（宋）黎靖德编，王星贤点校：《朱子语类》，中华书局1986年版。

（唐）李筌著，张文才、王陇译注：《太白阴经全解》，岳麓书社2002年版。

黎翔凤撰，梁运华整理：《管子校注》，中华书局2004年版。

（清）王先慎撰，钟哲点校：《韩非子集解》，中华书局2016年版。

姚春鹏译注：《黄帝内经》，中华书局2010年版。

（清）孙诒让撰，孙启治点校：《墨子间诂》，中华书局2001年版。

许维遹：《吕氏春秋集释》，中华书局2009年版。

陈奇猷：《吕氏春秋校释》，学林出版社1984年版。

张双棣：《淮南子校释》，北京大学出版社1997年版。

刘文典：《淮南鸿烈集解》，中华书局2013年版。

（汉）王充著，黄晖撰：《论衡校释》，中华书局1990年版。

（唐）张鷟撰，赵守俨点校：《朝野佥载》，中华书局1979年版。

（宋）王楙著，王文锦点校：《野客丛书》，中华书局1987年版。

（清）顾炎武著，（清）黄汝成集释，秦克诚点校：《日知录集释》，岳麓书社1994年版。

（唐）欧阳询撰，汪绍楹校：《艺文类聚》，上海古籍出版社 1999 年版。

（宋）李昉等撰：《太平御览》，中华书局 1960 年版。

袁珂校注：《山海经校注》，巴蜀书社 1993 年版。

（魏）王弼注，楼宇烈校释：《老子道德经注校释》，中华书局 2008 年版。

王卡点校：《老子道德经河上公章句》，中华书局 1993 年版。

朱谦之：《老子校释》，中华书局 1984 年版。

黄瑞云：《老子本原》，人民文学出版社 1995 年版。

（宋）林希逸撰，周启成校注：《庄子鬳斋口义校注》，中华书局 1997 年版。

（宋）褚伯秀撰，张京华点校：《庄子义海纂微》，华东师范大学出版社 2014 年版。

（清）郭庆藩撰，王孝鱼点校：《庄子集释》，中华书局 2012 年版。

（宋）洪兴祖撰，黄灵庚点校：《楚辞补注》，上海古籍出版社 2015 年版。

（汉）贾谊撰，（明）何孟春订注，彭昊、赵勖点校：《贾谊集》，岳麓书社 2010 年版。

（汉）扬雄撰，张震泽笺注：《扬雄集校注》，上海古籍出版社 1993 年版。

（汉）张衡撰，张震泽校注：《张衡诗文集校注》，上海古籍出版社 2009 年版。

（三国魏）曹植著，赵幼文校注：《曹植集校注》，中华书局 2016 年版。

（三国魏）阮籍著，陈伯君校注：《阮籍集校注》，中华书局 2012 年版。

（三国魏）嵇康撰，戴明扬校注：《嵇康集校注》，中华书局 2014 年版。

（晋）陆机撰，刘运好校注：《陆士衡文集校注》，凤凰出版社 2007 年版。

（南朝宋）鲍照著，钱仲联增补集说校：《鲍参军集注》，上海古籍出版社 2021 年版。

（唐）骆宾王著，陈熙晋笺注：《骆临海集笺注》，上海古籍出版社 1985 年版。

（唐）王勃著，（清）蒋清翊注，汪贤度校点：《王子安集注》，上海古籍出版社 1995 年版。

（唐）张九龄撰，熊飞校注：《张九龄集校注》，中华书局 2008 年版。

（唐）王维撰，陈铁民校注：《王维集校注》，中华书局 1997 年版。

（唐）杜甫撰，谢思炜校注：《杜甫集校注》，上海古籍出版社 2015 年版。

（唐）刘禹锡撰，陶敏、陶红雨校注：《刘禹锡全集编年校注》，中华书局2019年版。

（宋）苏轼著，邹同庆、王宗堂校注：《苏轼词编年校注》，中华书局2007年版。

（宋）李纲撰，王瑞明点校：《李纲全集》，岳麓书社2004年版。

（宋）陆游著，钱仲联、马亚中主编：《陆游全集校注》，浙江古籍出版社2015年版。

（元）郝经著，吴广隆编审、马甫平点校：《陵川集》，山西古籍出版社2006年版。

（清）阮元撰，邓经元点校：《揅经室集》，中华书局1993年版。

（三国）孔融等著，俞绍初辑校：《建安七子集》，中华书局2005年版。

（南朝陈）徐陵编，（清）吴兆宜注，程琰删补，穆克宏点校：《玉台新咏笺注》，中华书局1985年版。

（南朝梁）萧统编，（唐）李善注：《文选》，上海古籍出版社2019年版。

（宋）郭茂倩编：《乐府诗集》，中华书局1979年版。

（清）严可均校辑：《全上古三代秦汉三国六朝文》，中华书局1958年版。

（清）董诰等编：《全唐文》，中华书局1983年版。

（清）姚鼐纂集，胡士明、李祚唐标校：《古文辞类纂》，上海古籍出版社2016年版。

逯钦立辑校：《先秦汉魏晋南北朝诗》，中华书局1983年版。

费振刚等辑校：《全汉赋》，北京大学出版社1993年版。

（南朝梁）刘勰著，詹锳义证：《文心雕龙义证》，上海古籍出版社1989年版。

（南宋）陈骙著，王利器校点：《文则》，人民文学出版社2016年版。

（宋）严羽著，郭绍虞校释：《沧浪诗话》，人民文学出版社1983年版。

沈德潜著，霍松林校注：《说诗晬语》，人民文学出版社1979年版。

三、现当代论著

陈鼓应：《庄子今注今译》，中华书局1983年版。

陈鼓应：《老庄新论》，上海古籍出版社1992年版。

崔大华：《庄学研究》，人民文学出版社1992年版。

丁山：《中国古代宗教与神话考》，上海文艺出版社 1988 年版。

顾颉刚：《古史辨》第三册，上海古籍出版社 1982 年版。

郭杰、李炳海、张庆利：《先秦诗歌史论》，吉林教育出版社 1995 年版。

郭沫若：《中国古代社会研究》，新新书店（出版地不详）1930 年版。

郭预衡：《中国散文史》，上海古籍出版社 1986 年版。

刘师培：《论文杂记》，人民文学出版社 1959 年版。

刘笑敢：《庄子哲学及其演变》，中国社会科学出版社 1988 年版。

鲁迅：《汉文学史纲要》，人民文学出版社 1973 年版。

李炳海：《道家与道家文学》，东北师范大学出版社 1992 年版。

李炳海：《周代文艺思想概观》，东北师范大学出版社 1993 年版。

李炳海：《部族文化与先秦文学》，高等教育出版社 1995 年版。

李炳海：《民族融合与中国古代文学》，东北师范大学出版社 1997 年版。

李炳海：《汉代文学的情理世界》，东北师范大学出版社 2000 年版。

李幼蒸：《结构与意义》，中国社会科学出版社 1996 年版。

李泽厚、刘纲纪：《中国美学史》第一卷，中国社会科学出版社 1984 年版。

李泽厚：《中国古代思想史论》，人民出版社 1986 年版。

李泽厚：《美的历程》（附：华夏美学、美学四讲），安徽文艺出版社 1994 年版。

林惠祥：《文化人类学》，商务印书馆 1991 年版。

姜亮夫：《古史学论文集》，上海古籍出版社 1996 年版。

马昌仪：《中国神话学文论选萃》，中国广播电视出版社 1994 年版。

茅盾：《神话研究》，百花文艺出版社 1981 年版。

聂石樵：《先秦两汉文学史稿》（全二册），北京师范大学出版社 1994 年版。

潜明兹：《中国神话学》，宁夏人民出版社 1994 年版。

钱穆：《中国文化史导论（修订本）》，商务印书馆 1994 年版。

钱志熙：《唐前生命观和文学生命主题》，东方出版社 1997 年版。

钱钟书：《管锥编》，中华书局 1986 年版。

王力：《古代汉语（修订本）》，中华书局 1981 年版。

王煦华编选：《古史辨伪与现代史学——顾颉刚集》，上海文艺出版社

1998 年版。

　　萧兵:《楚辞与神话》,江苏古籍出版社 1987 年版。

　　徐复观:《中国艺术精神》,春风文艺出版社 1987 年版。

　　徐旭生:《中国古史的传说时代》,文物出版社 1985 年版。

　　杨伯峻:《经书浅谈》,中华书局 1984 年版。

　　杨公骥:《中国文学》(第一分册),吉林人民出版社 1980 年版。

　　杨若木选编:《杨公骥文集》,东北师范大学出版社 1998 年版。

　　杨希枚:《先秦文化史论集》,中国社会科学出版社 1995 年版。

　　叶舒宪选编:《神话—原型批评》,陕西师范大学出版社 1987 年版。

　　叶舒宪:《中国神话哲学》,中国社会科学出版社 1992 年版。

　　袁珂、周明:《中国神话资料萃编》,四川省社会科学院出版社 1985 年版。

　　袁珂:《中国神话学论文集》,巴蜀书社 1993 年版。

　　张隆溪:《二十世纪西方文论述评》,生活·读书·新知三联书店 1986
年版。

　　张光直:《中国考古学论文集》,生活·读书·新知三联书店 1999 年版。

　　张光直:《中国青铜时代》,生活·读书·新知三联书店 1999 年版。

　　张丽:《述异记汇笺及情节单元分类研究》,商务印书馆 2024 年版。

　　宗白华:《美学散步》,上海人民出版社 1981 年版。

　　朱天顺:《原始宗教》,上海人民出版社 1978 年版。

　　朱天顺:《中国古代宗教初探》,上海人民出版社 1982 年版。

　　朱自清:《经典常谈》,生活·读书·新知三联书店 1998 年版。

四、中文译著

　　[德]恩斯特·卡西尔:《人论》,甘阳译,上海译文出版社 1985 年版。

　　[法]伏尔泰:《风俗论》,梁守锵译,商务印书馆 1995 年版。

　　[德]黑格尔:《美学》,朱光潜译,商务印书馆 1979 年版。

　　[瑞]卡尔·G.容格:《人及其象征》,史济才等译,河北人民出版社 1989
年版。

　　[德]列维-布留尔:《原始思维》,丁由译,商务印书馆 1981 年版。

　　[法]列维·斯特劳斯:《野性的思维》,李幼蒸译,商务印书馆 1987 年版。

　　[法]列维·斯特劳斯:《结构人类学》,陆晓禾等译,文化艺术出版社

1989 年版。

　　［美］路易斯·亨利·摩尔根:《古代社会》（新译本），杨东莼、马雍距译，商务印书馆 1977 年版。

　　［美］马斯洛:《动机与人格》，许金声、程朝翔译，华夏出版社 1987 年版。

　　［意］维柯:《新科学》，朱光潜译，商务印书馆 1989 年版。

　　［英］詹·乔·弗雷泽:《金枝》，徐育新等译，中国民间文艺出版社 1987 年版。

　　张京媛主编:《新历史主义与文学批评》，北京大学出版社 1993 年版。

　　张文杰等编译:《现代西方历史哲学译文集》，上海译文出版社 1984 年版。

后　记

　　这本书原是我的博士论文,动笔于 1997 年初秋,完成于 2000 年仲春。其后,断断续续对个别篇章做过一些修改。2002 年初冬,我幸运地得到北京市社会科学理论著作基金资助,将它交付北京师范大学出版社。因事延搁,转眼又过去了两年,四年后再次通读书稿,心情十分复杂。越来越浓重的忐忑大大冲淡了本应有的喜悦。

　　我力图以古释古,进行还原研究,寻找出文学发生时期的诸多特征。然而,《周易》是本极其晦涩难读的书,所谓"还原",谈何容易! 不知有多少地方误解、曲解了古人?

　　本书有不少章节运用了比较研究的方法。本意是以《周易》为中心,辐射到其他典籍。可是,所做的比较是否都有价值?

　　对《周易》及其他典籍的文学特点的挖掘与阐释,是否得当? 是否有为研究而研究、牵强附会之嫌?

　　怀着诸多不安与困惑,我之所以还有勇气将此书奉献给读者,原因就在于,能够给人以一种并非人云亦云的感悟和视角,或许,就是这本小书的价值。凝结着一个学术研究者的心血,记载了一个学子的成长,或许,也是这本小书的价值。

　　如果说这本书还有些可取之处,那要归功于我的博士生导师李炳海先生。从整体框架的设计到具体观点的论证，甚至引文、修辞，先生都倾注了大量心力。还不止如此。从攻读硕士学位时起，带我走上学术研究之路的，正是先生。没有先生的指导和鼓励，我不可能完成这个选题；即使完成，也不知会走进多少个误区。限于学养与悟性，我没能充分领会先生的许多极好的意见，留下不少遗憾。还要特别感谢我在北师大博士后流动站工作期间的导师郭英德先生。当本书还是博士论文时，郭先生就曾评议过，提出了十分中肯的意见。在做学问的方法上，郭先生给了我很多有益的教诲，可惜，愚钝的我至今还未能完全付诸实践。在《后记》中写上一些感谢的话，似乎已经成为一种程式。然而，我还是用这种形式来表达感激之情。相信诚挚的心声，不会被有程式化之嫌的感谢所掩盖。

这本书在完成之初，曾请褚斌杰、刘敬圻、张燕瑾、赵敏俐、张人和、盛广智诸先生评议，他们从不同角度提出了一些宝贵的修改意见。这里谨致谢忱！

本书的一些章节，曾以单篇论文的形式在《北方论丛》《中州学刊》《社会科学战线》《古籍整理研究学刊》《文学前沿》《汉学研究集刊》《周易研究》等学术刊物上发表。谨向郭明志、汤漳平、林忠军、韩格平、王凤霞等诸位学长致以真挚的谢意！

北京师范大学出版社的李音祚老师，为本书的出版做了大量工作。在此一并致谢！

这本书的出版，适逢新的一年的开始。在我的问学之旅上，希望它是一个好的开端。

于雪棠

2005 年 1 月于北京师范大学

再版后记

这是 20 年前的旧作。感谢人民出版社的崔秀军老师,他是哲学专业的编辑,欣然接纳了此书,工作效率很高,这是一次非常愉快的合作。

这次再版,只修改了个别表述,整齐体例,观点并无变化。本想在每章章题下补写一段引言,然而时过境迁,难以回到本书的论述语境中,最后决定还是保持原貌。

最大的改动有两方面:一是增加了附录,它们是我攻读博士学位期间撰写的三篇小文章。二是书中引述的大量古籍原文,最初只括注了篇卷,没有注明出版信息及页码。我请三位博士生兰润民、王逸飞、朱家锡帮忙,采用了一些较新的版本,补充了典籍出处脚注,并核校了全书引文。他们付出的辛劳为这本小书增色不少。在此特别致谢!

如今也在带博士生的我,越发崇敬我的导师李炳海先生。学识自不必说,导师无私的品格尤其令我感念。当年如果没有导师严格的训练和切实的帮扶,我不可能完成博士论文。论文是一节一节地写,每写一节就提交给先生过目。每交一稿,先生就在上面勾勾画画,再另纸写下修改意见和补充材料,我重写后再交上去。记得有一节,1 万多字,当时是手写,我写了 5 稿才勉强过关。有时,我实在愚不可及,不能领会先生的指导,最后先生只能无奈地自己动手帮我增删修改。这本小书实实在在包含着导师的智识和心血,先生教诲之恩,永铭在心。

于雪棠

2024 年 12 月 6 日

责任编辑：崔秀军

封面设计：汪　阳

图书在版编目(CIP)数据

《周易》与中国上古文学 / 于雪棠著. -- 修订版. -- 北京 ：人民出版社，2025.7. -- ISBN 978-7-01-027283-2

Ⅰ. B221；I206.2

中国国家版本馆 CIP 数据核字第 2025AJ3056 号

《周易》与中国上古文学

ZHOUYI YU ZHONGGUO SHANGGU WENXUE

（修订版）

于雪棠　著

人 民 出 版 社 出版发行

（100706　北京市东城区隆福寺街 99 号）

北京汇林印务有限公司印刷　新华书店经销

2025 年 7 月第 1 版　2025 年 7 月北京第 1 次印刷
开本：880 毫米×1230 毫米 1/32　印张：10.125
字数：230 千字

ISBN 978-7-01-027283-2　定价：49.00 元

邮购地址 100706　北京市东城区隆福寺街 99 号
人民东方图书销售中心　电话 (010)65250042　65289539